网店运营

（提高版）

（第 2 版） 淘宝教育 / 主编

电子工业出版社
Publishing House of Electronics Industry
北京·BEIJING

内 容 简 介

当今电子商务正以惊人的速度在发展，使得掌握专业电商知识和技能的人才愈发重要。电商人才不仅需要具备深厚的商业洞察力，还需要掌握先进的数字化技术手段，如数据分析、新媒体营销等。

本书的出版主要针对电商运营这一课题。本书提供了全方位的系统知识，目的是培养电商实战人才。在上一版的基础上，本书全面梳理了电商运营中的核心知识板块，并针对当下电商业态的变化做了内容上的更新，同时配备了PPT课件、微视频学习课程等资源。

本书包含10章，全面阐述了电商运营中的9大核心板块：商品运营、视觉运营、流量运营、店铺运营、客服运营、会员运营、数据运营、团队运营、平台规则。本书还附有全域运营中主流平台的特性与玩法简介。

本书以提升电商岗位人才技能为主要目的，结合店铺运营实际，从基础理论到实际操作，从方法论到技巧都进行了深入浅出的讲解。

本书由淘宝教育组织11位认证讲师和行业专家共同写就，可作为电商从业者及高校电商专业学生的学习教材。

未经许可，不得以任何方式复制或抄袭本书之部分或全部内容。
版权所有，侵权必究。

图书在版编目（CIP）数据

网店运营：提高版 / 淘宝教育主编. —2版. —北京：电子工业出版社，2024.4
ISBN 978-7-121-47687-7

Ⅰ．①网… Ⅱ．①淘… Ⅲ．①网店—运营管理 Ⅳ.①F713.365.2

中国国家版本馆 CIP 数据核字（2024）第 073833 号

责任编辑：张彦红　　文字编辑：高丽阳
印　　刷：三河市华成印务有限公司
装　　订：三河市华成印务有限公司
出版发行：电子工业出版社
　　　　　北京市海淀区万寿路173信箱　邮编：100036
开　　本：787×980　1/16　印张：17　字数：331千字
版　　次：2018年1月第1版
　　　　　2024年4月第2版
印　　次：2024年4月第1次印刷
定　　价：69.00元

凡所购买电子工业出版社图书有缺损问题，请向购买书店调换。若书店售缺，请与本社发行部联系，联系及邮购电话：（010）88254888，88258888。
质量投诉请发邮件至 zlts@phei.com.cn，盗版侵权举报请发邮件至 dbqq@phei.com.cn。
本书咨询联系方式：faq@phei.com.cn。

前　言

随着电子商务（简称"电商"）行业的迅猛发展，电商人才短缺的趋势日益凸显。在这个数字化时代，具备电商专业知识和技能的人才成了企业成功的关键因素。

目前，电商领域的人才需求呈现出高速增长的趋势，但供应却远远跟不上。这导致了许多企业在招聘电商人才时面临困难，也限制了企业在电商领域的发展。在面对日益激烈的市场竞争时，拥有一支高素质的电商团队无疑是企业取得成功的关键。

电商人才需具备创新思维和敏锐的市场嗅觉，能够及时捕捉市场趋势，为企业制定切实可行的电商战略。他们对于消费者行为和喜好的深入了解，有助于企业更好地满足客户需求，提升客户满意度。

因此，解决电商人才短缺问题至关重要。企业需要加大对电商人才的培养和引进力度。同时，社会及高校也应加强电商教育的普及，培养更多适应市场需求的专业人才。只有这样，企业才能在电商时代立于不败之地，实现可持续发展。

为了推动解决企业电商人才的短缺及实战能力的提升问题，淘宝教育特别组织了本书的写作，针对不同层级和专业的电商人员提供了全方位的电商运营知识体系。

本书有两个突出特点：

一、知识体系完备。本书包含10章，全面阐述了电商运营中的9大核心板块：商品运营、视觉运营、流量运营、店铺运营、客服运营、会员运营、数据运营、团队运营、平台规则。本书还附有全域运营中主流平台的特性与玩法简介。本书以提升电商岗位人才技能为主要目的，结合店铺运营实际，从基础理论到实际操作，从方法论到技巧都进行了深入浅出的讲解，逻辑清晰，内容丰富。

二、实践指导性强。本书非常重视实践操作技能的落地，引用了大量案例和操作流程的图示，包括店铺日常维护、搜索优化、付费推广、促销工具、店铺活动、店铺装修、会员运营、售前销售和售后服务流程、平台规则、投诉处理、团队管理等内容，帮助读者在实践中学以致用。

通过对本书的学习，读者将了解到电商行业的最新趋势和创新模式，掌握如何打造一个成功的电商店铺，以及如何运用有效的营销手段吸引并留住客户。本书还将教读者如何进行数据分析以优化业务，提升用户体验，建立高效的货品管理体系。无论你是初入电商行业的新手，还是希望提升自己能力的从业者，都能从本书中找到宝贵的资源和灵感。

电商人才的重要性不言而喻，他们是企业实现数字化转型的关键推动力量。因此，企业应高度重视电商人才的培养与引进，以确保在日新月异的电商领域中立于不败之地。

目 录

第1章 电商概论 1

    1.1 电子商务的认知 2

    1.2 电子商务常见商业模式 2

    1.3 电子商务的发展趋势 3

第2章 商品运营 4

    2.1 找货 5

        2.1.1 行业趋势分析 6

        2.1.2 行业体量分析 7

        2.1.3 行业的竞争度分析 8

        2.1.4 客群分析 12

    2.2 选品 15

        2.2.1 根据市场热度选品 15

        2.2.2 商品价格带与属性确认 16

        2.2.3 商品运营场景分类与商品布局 18

    2.3 商品运营的执行与优化 19

        2.3.1 商品生命周期管理 19

        2.3.2 商品核心数据监控与优化 21

第3章 视觉运营 ... 23

3.1 视觉策划 ... 24
3.1.1 客群洞察 ... 24
3.1.2 流转路径 ... 45

3.2 店铺装修 ... 57
3.2.1 详情装修 ... 58
3.2.2 首页装修 ... 69

第4章 流量运营 ... 77

4.1 搜索流量运营 ... 78
4.1.1 搜索流量的认知 ... 78
4.1.2 搜索流量的优化 ... 81

4.2 推荐流量运营 ... 83
4.2.1 推荐流量的认知 ... 83
4.2.2 推荐流量的优化 ... 86

4.3 付费流量运营 ... 92
4.3.1 直通车原理及优化 ... 92
4.3.2 引力魔方原理及优化 ... 100
4.3.3 万相台原理及优化 ... 105

第5章 店铺运营 ... 112

5.1 活动运营 ... 113
5.1.1 活动运营的类型 ... 113
5.1.2 官方活动玩法 ... 113
5.1.3 自主活动玩法 ... 116

5.2 短视频图文运营 ... 117
5.2.1 短视频图文创作 ... 122
5.2.2 什么是电子商务 ... 124
5.2.3 短视频剪辑 ... 130

　　　　5.2.4　短视频图文发布 136
　　　　5.2.5　短视频图文数据分析 143
　　5.3　直播运营之筹备与测试 145
　　　　5.3.1　直播账号筹备 145
　　　　5.3.2　直播人物 149
　　　　5.3.3　直播场地和直播场景 154
　　　　5.3.4　其他要素 156
　　　　5.3.5　直播发布流程 159
　　5.4　直播运营之策划与执行 162
　　　　5.4.1　直播主题 163
　　　　5.4.2　选品排品 164
　　　　5.4.3　互动玩法 167
　　　　5.4.4　商品讲解 168
　　5.5　直播运营之数据优化 169
　　　　5.5.1　数据监测 169
　　　　5.5.2　策略优化 170

第 6 章　客服运营 172

　　6.1　售前客户承接 173
　　　　6.1.1　人工客服接待流程与技巧 173
　　　　6.1.2　智能客服业务技能和配置技巧 178
　　6.2　售后问题处理 188
　　　　6.2.1　售后工作职责与操作流程 188
　　　　6.2.2　售后服务场景 189
　　　　6.2.3　售后问题处理 191
　　　　6.2.4　售后服务核心评估指标 193

第 7 章　会员运营 195

　　7.1　势在必行的企业会员数字化 196

7.1.1 传统会员与数字化会员的区别 196
7.1.2 数字经济时代的会员运营目标 196
7.2 实现客户分层的会员等级 196
7.2.1 会员等级的划分 197
7.2.2 不同等级会员的权益打造 198
7.3 细化客户画像的会员标签 199
7.3.1 会员的属性标签 199
7.3.2 会员的行为标签 199
7.3.3 会员的价值标签 200
7.4 提升客户留存率的会员积分 201
7.4.1 会员积分吸引力不够的原因分析 201
7.4.2 获取积分的途径 202
7.4.3 消耗积分的玩法 202
7.5 探寻会员招募底层逻辑 204
7.5.1 多场景多触点招募潜在会员 204
7.5.2 差异化权益服务引导入会 209
7.6 解读会员促活商业模式 211
7.6.1 用活动引导会员首次转化 211
7.6.2 用互动提升会员活跃度 213
7.7 用数智化设计促进会员留存 214
7.7.1 用体验设计提升会员忠诚度 214
7.7.2 解读大促会员运营链路 214

第8章 数据运营 216

8.1 数据运营总体策略 217
8.2 生意参谋数据详解 217
8.2.1 流量数据分析 217
8.2.2 品类数据分析 221
8.2.3 交易数据分析 228

			8.2.4 内容数据分析	229
			8.2.5 服务数据分析	230
			8.2.6 市场数据分析	232
			8.2.7 竞争数据分析	235
			8.2.8 活动数据分析	236

第 9 章 团队运营 ... 238

- 9.1 电商团队组织架构 ... 239
- 9.2 电商岗位分工协同 ... 242
  - 9.2.1 电商岗位配置 ... 242
  - 9.2.2 岗位分工职责 ... 244
  - 9.2.3 团队协同配合 ... 247
- 9.3 电商团队绩效考核 ... 248
  - 9.3.1 合理的薪酬体系 ... 248
  - 9.3.2 绩效考核制度 ... 248

第 10 章 平台规则 ... 250

- 10.1 电商平台规则 ... 251
  - 10.1.1 淘宝规则获取途径 ... 251
  - 10.1.2 开店规则 ... 251
  - 10.1.3 支付宝与淘宝账户绑定规则 ... 252
  - 10.1.4 商品发布管理规则 ... 252
  - 10.1.5 网店名及其他信息规则 ... 253
- 10.2 电商交易规则 ... 254
  - 10.2.1 虚假交易 ... 254
  - 10.2.2 七天无理由退货 ... 255
  - 10.2.3 违背承诺问题 ... 255
  - 10.2.4 发票问题 ... 256

附录 A 全域运营 ... 257

第 1 章

电商概论

1.1 电子商务的认知

电子商务（Electronic Commerce，EC）简称为"电商"，顾名思义，其含义包含两个方面，一是电子方式，二是商务活动。电子商务是以信息技术为手段，以商品交换为核心的商务活动。在过去几十年的发展中，我国电子商务在各个层面的价值观念逐渐趋于成熟，人们对于"电子商务"有了更为清晰的认知。

1.2 电子商务常见商业模式

电子商务的商业模式有很多，常见的有以下几种：B2C、B2B、C2B、C2C、O2O。

B2C：Business to Consumer，它是企业对消费者直接开展商业活动的一种电子商务模式。这种形式的电子商务一般以直接面向消费者开展零售业务为主，主要借助于互联网开展在线销售活动。国内 B2C 电商的代表如阿里巴巴集团的天猫商城。

B2B：Business to Business，指进行电子商务交易的供需双方都是企业或公司，它们使用互联网的技术或各种商务网络平台完成商务交易。国内 B2B 电商的代表如阿里巴巴集团的 1688 平台。

C2B：Consumer to Business，它是互联网经济时代新的商业模式，即先有消费者提出需求，后有生产企业按需求组织生产。通常情况为消费者根据自身需求定制商品和价格，或主动参与商品设计、生产和定价，商品、价格等彰显消费者的个性化需求，生产企业进行定制化生产。

C2C：Consumer to Consumer，它是个人与个人之间的电子商务，其中 C 指的是消费者。比如一个消费者有一台电脑，通过网络进行交易，把它出售给另外一个消费者，此种交易类型就称为 C2C 电子商务。国内 C2C 电商的代表如阿里巴巴集团的淘宝网。

O2O：Online to Offline，即将线下商务的机会与互联网结合在了一起，让互联网成为线下交易的前台。这样线下服务就可以从线上揽客，消费者可以线上筛选服务，成交后也可以在线结算。国内 O2O 电商的代表如阿里巴巴集团的饿了么。

1.3 电子商务的发展趋势

随着电商的不断发展,未来电商主要的发展趋势有以下几个。

第一,跨境电商。在经济全球化背景下,我国的外贸发展十分迅速,跨境电商作为外贸发展的新模式,更是势头正盛。《中国跨境电商出口电商发展报告(2022)》数据显示,2021年,我国跨境电商进出口1.98万亿元,同比增长15%,其中出口1.44万亿元,增长24.5%。

第二,农村电商。农村居民可以通过电商体验个性化、品牌化、多元化的消费,农村市场的消费潜力不断释放。城镇居民也可以通过电商选择全国各地特色优质农产品,减少交易环节,不受地域、时间限制,方便快捷。

第三,兴趣电商。购物已成为娱乐消遣的一种方式,而并不只是满足刚性需求。现实生活中,消费者有大量的购买需求属于非计划性的购物。除了有目的的聚餐、聚会娱乐外,实际上客户在"闲逛"的间隙,也会被各种漂亮的门店、商品、促销活动的"现场"吸引驻足,并最终进行计划外的消费。有能力进行这些计划外的、兴趣使然的消费,是生活富裕、消费水平高的体现。从物质稀缺到品质稀缺再到消费者为兴趣买单,也是国民经济持续发展和居民消费水平提升的自然进程。我国已成为全球第二大消费市场,伴随着居民收入水平的不断提高和恩格尔系数的不断下降,消费升级成为一大趋势,所以直播、短视频等兴趣内容的产出会越来越重要。

第 2 章
商品运营

商品运营在整个电商运营体系中占据重要地位。在电商发展的各阶段，商品的规划与布局直接影响最终结果。在过去几年中，许多电商从业者采用跟风思维布局店铺，导致店铺商品同质化严重，陷入不健康的价格战。近年来，随着电商平台的升级，"千人千面"的商品展现使得过去的跟风玩法失效。同时，随着消费者消费理念的成熟，同质化和低价化的商品运营思维逐渐失去优势，个性化和精细化的商品运营变得更加高效。通过了解平台的流量分发逻辑和消费者需求合理制定商品运营规划，通过数据化分析发现和诊断商品问题，已成为电商运营的关键步骤，也是电商从业者的必备技能。

所谓的商品规划解决了电商运营中的三个关键问题：确定销售什么商品（行业），将商品销售给什么样的消费者，以及采用什么样的营销方式。这三个问题能否解决，直接关系到我们能否在电商平台上获取更多流量、促成更多成交以及实现更长远的发展。与传统运营不同，电商平台提供了强大的数据工具，借助这些工具，我们可以进行详细的数据收集和分析，从而得出相对准确的结论，以制定科学高效的运营策略。

本章将以淘系电商平台为例，利用阿里巴巴的生意参谋工具来进行数据分析，以分析结果为依据输出店铺的商品规划，以及运维思路，并且让大家了解在后续的运维实操中如何发现问题和诊断问题。

2.1 找货

找货就是选择什么样的行业作为我们的运营方向，根据店铺的整体规划和我们的销售、盈利目标，我们可以选择一两个行业作为店铺的主营行业，并选几个行业作为辅助行业，选择行业的维度可以从供应链、市场需求、竞争情况等多个方面来考量，一个好的行业通常应该具备如下几个特征。

（1）处于增长趋势下。
（2）体量较大。
（3）竞争度较低。
（4）无明显的品牌垄断。
（5）有足够的利润空间。
（6）有相对的竞争优势。

以上几个特征可以作为我们选择行业时的参考，其具备的特征越多则行业健康度越高，接下来，我们选择其中几个方面，来看一下如何进行行业的分析及特征的判定。

2.1.1 行业趋势分析

一个行业是否有机会，其中一个要点是中长期是否能保持增长状态。分析这一点的方法相对简单，即观察近三年的行业流量和交易额是否呈增长趋势。此外，还可以通过分析行业的增长幅度来预测下一年度的行业增长空间，以确定可以从事的有潜力的行业。

我们用生意参谋的市场大盘进行分析，如图2-1所示。

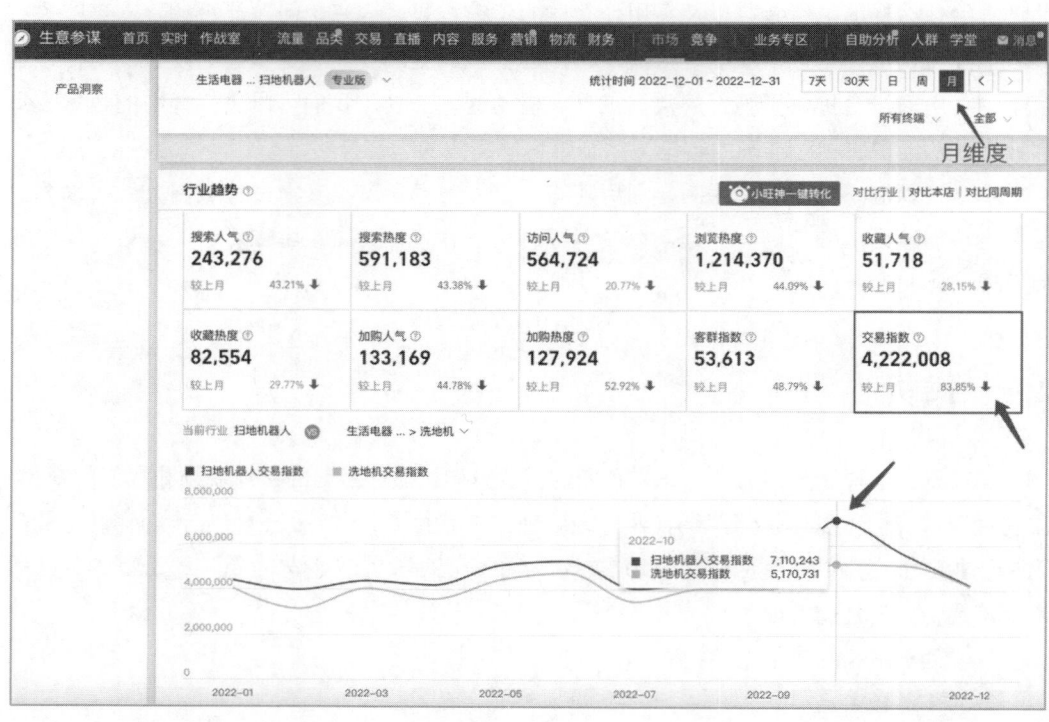

图 2-1

1. 取数步骤

（1）选择需要分析的行业，比如，我们的店铺是销售生活电器的，那么就分别选择生活电器行业下的各个子行业（如扫地机器人、洗地机），将分析时间段切换为月维度，并将月份定位在年度的最后一个月。假设我们在 2022 年底分析 2020—2022 年的行业趋势，并预测 2023 年的增长幅度，则需要将月份分别选择为 2022 年、2021 年、2020 年的 12 月份。

（2）分别选择交易指数（代表交易额）、访问人气（代表访客数）、客群指数（代表支付人数），将每月的指数复制并粘贴到 Excel 中，生成行业最近三年的月度基础数据分析表格。将每一个指数进行年度求和后即可得出年度交易指数、年度访问人气、年度客群指数三个维度的数据。

2. 分析方法

（1）通过年度的销售数据对比，我们可以看出行业的总体销售情况是否处于增长状态，将处于增长状态的行业做好标记，列为备选行业。

（2）通常情况下，行业的流量、转化率、客单价的多重增长是相对健康的增长，但现实情况中全面增长的情况并不多，所以我们需要综合判断。

（3）在表 2-1 中，我们可以看到，此行业的客群指数增长率大于交易指数增长率，这代表着客单价同比在下降。而访问人气的增长率则小于交易指数的增长率，代表着转化率在提升，这说明此行业在总体流量和客单价上都出现了下滑，但因为客户的精准度提升等带来了转化率的提升，从而带来了行业的增长。

表 2-1　年度数据比较

年　度	交易指数	增长率	访问人气	增长率	客群指数	增长率
2020	2 000 000		1 000 000		100 000	
2021	2 200 000	10%	1 000 000	0%	120 000	20%
2022	2 500 000	13%	900 000	-10%	150 000	25%
2023	2 800 000	12%	810 000	-10%	183 000	22%

2.1.2　行业体量分析

在进行完行业的趋势分析后，接下来我们要关注的是行业体量，即整个大盘（以生活电器为例）中各子行业相对于大盘的成交占比情况，占比越高的行业，其体量越大。在上一节中，我们已经提取了各行业的年度交易指数、访问人气以及客群指数，将这些行业数值按年度求和后，就可得出行业大盘的总交易指数、总访问人气、总客群指数，再将各行业年度数据与行业大盘的年度数据进行对比，就可以得出各行业相对于大盘的占比，如表 2-2 所示。

表 2-2　家用电器类数据统计

类目名	交易指数占比	访问人气占比	客群指数占比
扫地机及配件耗材	14.34%	3.95%	3.81%
洗地机及配件耗材	12.60%	8.04%	2.43%
暖风机/取暖器	12.31%	0.66%	15.10%
吸尘器及配件耗材	9.02%	10.23%	6.86%
抽湿器/除湿器	6.72%	2.86%	2.37%
干衣机	6.51%	2.13%	9.05%
空气净化器	4.44%	0.33%	1.19%
保温碟/暖菜板/冷暖杯垫/暖桌垫	4.33%	1.84%	3.95%
电热毯/电热垫/电热地毯	4.26%	2.07%	8.04%

从上表中我们可以看到,"扫地机及配件耗材""洗地机及配件耗材""暖风机/取暖器"三个行业成交指数占比较高。其中"暖风机/取暖器"行业为季节性行业,客户消费意向比较明确,从而客群指数占比也较高。所以即便访问人气占比较低,转化效果也可以很好。我们可以根据自身的供应链情况,优先选择表中交易指数占比、客群指数占比较高的行业进行进一步的筛选。

2.1.3　行业的竞争度分析

经过前两节的分析,我们已经筛选出部分趋势好、体量大的行业,接下来我们进一步分析各行业的竞争度情况,选择竞争度较低的行业进行下一步的分析。竞争度分析部分将会涉及两个维度:行业集中度分析与行业可分配资源分析。

1. 行业集中度分析

行业集中度是决定市场结构的最基本、最重要的因素,体现了市场的竞争和垄断程度,一个行业的趋势再好、体量再大,一旦形成了流量的垄断,普通商家也很难在这个行业中健康长久发展。集中度分析主要从行业的头部店铺及单品的行业成交占比、流量占比两个方向来分析。集中度的高低并没有绝对的标准,一般来讲标品行业集中度达到 40%以上就是偏高了,非标品行业可跳过此项分析。

我们用生意参谋中的"市场排行"功能进行分析,如图 2-2 所示。

排名	店铺	交易指数	交易增长幅度	支付转化指数	操作
持平 较前一月	科沃斯旗舰店	4,139.680	-30.53%	533	竞店分析
升1名 较前一月	石头电器旗舰店	2,646.356	-24.33%	505	趋势分析
降1名 较前一月	云鲸旗舰店	2,613.635	-28.06%	483	竞店分析
4 持平 较前一月	追觅电器旗舰店	1,836.915	-29.14%	379	趋势分析
5 持平 较前一月	小米官方旗舰店	1,800.534	56.46%	469	竞店分析
6 升2名 较前一月	科沃斯科瀚专卖店	866.649	86.74%	379	趋势分析
7 降1名 较前一月	yeedi旗舰店	834.784	52.75%	364	趋势分析

图 2-2

取数步骤及分析方法：

（1）进入生意参谋的"市场"→"市场排行"模块，选择要分析的行业，分析时间选择月维度。

（2）从店铺、商品两个维度，按月将最近 6 个月排名靠前的店铺（TOP50）及商品（TOP100）数据复制并粘贴至 Excel 表格中，生成各行业 TOP 店铺及商品表。

（3）将各行业 TOP 店铺的交易指数、访问人气分别进行求和，与 2.1.1 节中取出的各行业月度交易指数、访问人气相除，求出头部店铺及商品的行业占比。

（4）将所有行业的 TOP 店铺交易指数占比、访问人气占比进行比较，选出占比较低的行业作为进一步的备选行业。

取数完成后，我们就可以把近 6 个月头部店铺、头部商品的占比（即集中度）及其趋势制成图表，把集中度偏低以及集中度曲线未处于明显上升趋势的行业，作为我们重点关注的行业。

针对不同的行业集中度特点，我们在运营的策略上也应有所区别，在必须切入的高集中度行业，宜采用个性化的运营方式，与主流商品或者店铺要形成差异化，而针对低集中度的市场则应加大投入，迅速提升市场占有率以稳固自身的竞争力。而在集中度还不高，但已经有上升趋势的行业中，应及早设置差异化的商品布局，以应对未来的竞争环境变化。

2. 行业可分配资源分析

行业竞争分析的另外一个维度是分析行业的平均可分配资源,即分析在行业中商家可获取的平均流量及市场份额比例,一个市场中可分配的资源越多,普通商家可获得的资源就越多。

我们用生意参谋中的"市场排行"功能进行分析,如图2-3所示。

子行业分布			
子行业	卖家数	卖家数占比	有交易卖家数
生活家电配件 较前一月	149,901 -0.46%	36.89% -3.19%	16125 -2.36%
其他生活家电 较前一月	87,817 +1.73%	21.61% -1.05%	2930 +4.05%
加湿器 较前一月	85,252 +2.76%	20.98% -0.05%	5416 +12.79%
暖风机/取暖器 较前一月	75,129 +7.34%	18.49% +4.40%	14507 +25.41%
吸尘器及配件耗材 较前一月	69,128 +1.24%	17.01% -1.53%	4875 -6.56%
电风扇 较前一月	67,912 +0.62%	16.71% -2.13%	2317 -26.70%

图 2-3

(1)进入生意参谋的"市场"→"市场大盘"模块,选择月维度。

(2)下拉页面至"商家概况"模块,将备选行业近一年每月的"有交易卖家数"数值导入表格中。

(3)将"有交易卖家数"与上一节中得到的行业"交易指数"以及"访问人气"相除,分别得到各行业的竞争指数(见图2-4),此指数越大说明可分配的资源越多,越值得我们重点关注。

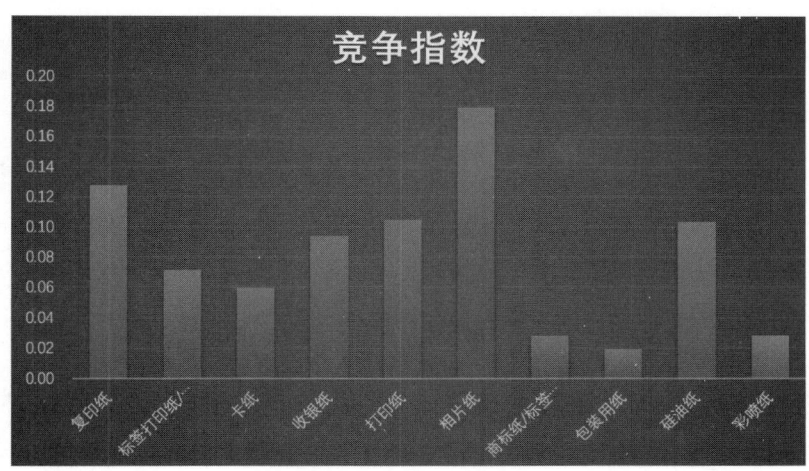

图 2-4

与此同时,我们可将近一年的"有交易卖家数"以及上文提到的"集中度"按月份制成趋势图,将两条曲线结合在一起进行综合分析。

(1)市场集中度高,集中度曲线呈稳定或下降趋势,说明行业中有新的机会,可以关注。

(2)市场集中度低,但集中度曲线呈上升趋势,说明已经有部分品牌或店铺正在加大扩张力度,此时行业中只有短线机会,特别是当"有交易卖家数"曲线同时呈现快速下降趋势时,则说明非头部商家生存环境不佳。

(3)市场集中度低、竞争指数值高的情况下,行业机会较多,可重点关注。

通过以上分析,基本上我们可以锁定部分要重点关注的行业,将这些行业与我们的优势进行匹配,最后选中店铺将要进入的行业大赛道。

这里的行业选择,也可以不仅仅选择一个行业。我们完全可以根据以上分析判断自己的综合优势,选择其中的几个行业进行运营,即 1~2 个主营行业,1 个以上的辅助行业,但需要注意的是,这里我们选择的行业应该具有一定的关联性,比如我们选择的主营行业为"客厅家具",则可以选择"餐厅家具""阳台家具"等作为关联行业。又比如,我们的主营行业为"婴儿奶粉",则可选择与其相关的"婴儿玩具""辅食""营养品"等作为关联行业,其主要目的还是为了提升运营的效率。

2.1.4 客群分析

新电商时代的运营是以人为核心的,在确定了重点运营的行业后,我们还需要了解行业中的客户群体(简称客群)构成,通过简单的客群分析,梳理出店铺运营的主要客群的画像,从而更精准地确定商品布局。

生意参谋提供了基本的客群分析工具,它内置于"市场"功能模块中,接下来我们一起看一下,如何使用工具来做客群分析。

数据源:生意参谋的"市场"→"行业客群"模块,如图 2-5 所示。

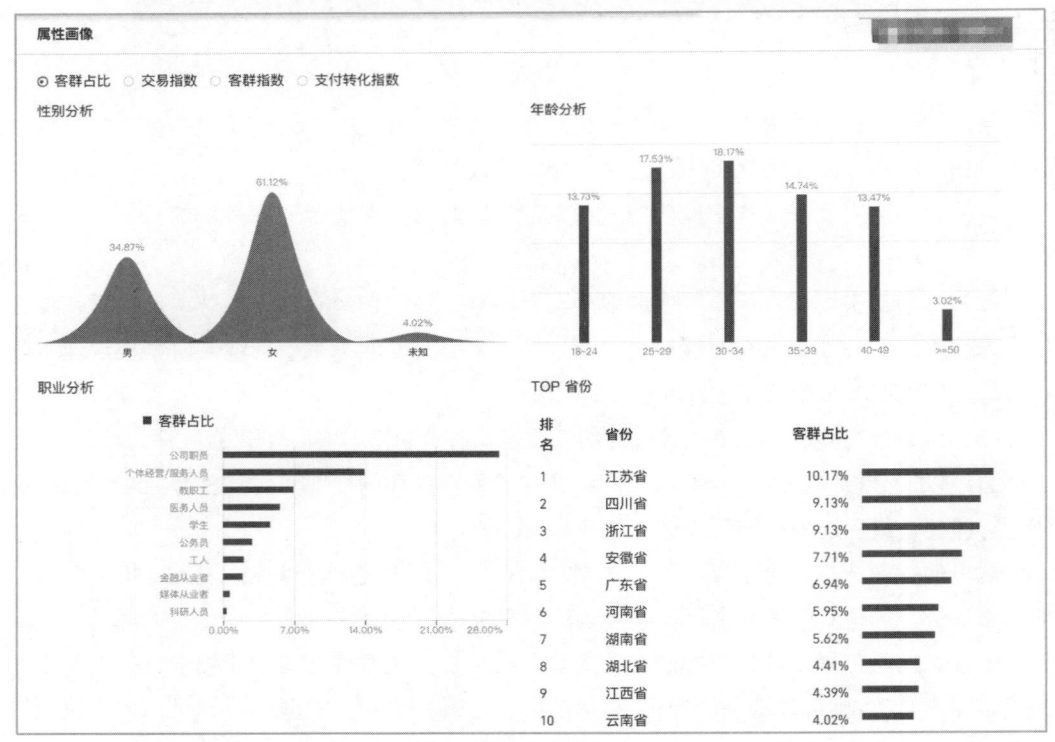

图 2-5

客群分析的核心工作是获取客群画像,通过画像,我们可以了解我们运营的客群的性别、年龄、职业、偏好等信息,从而通过这些信息去匹配商品和营销计划。此处我们用到的主要功能模块是属性画像（客户的基本信息）、商品偏好以及支付偏好（客户的行为偏好）等，下面按客群的基本属性与行为偏好来进行客群的分析。

取数步骤如下。

（1）进入生意参谋的"市场"→"行业客群"模块，选择"最近 30 天"，一般来讲，行业的客群变化不会太大，所以暂不需要进行更长时间段的客群分析。

（2）将属性画像中的性别、年龄、地域、职业等标签中的客群占比数据，以及支付价格段数据记录到表格中。

（3）将购买偏好中的品牌偏好、类目偏好、下单及支付时段、搜索词及属性偏好、支付偏好这五个标签相关数据记录到表格中。

（4）进入生意参谋的"市场"→"搜索人群"模块，选择"最近 30 天"，"搜索人群"模块中的模块布局、数据维度与"行业客群"基本一致。

（5）在"行业客群"的"搜索偏好"中列出的关键词中选择前两个，添加到要分析的关键词中，生成搜索人群数据。

（6）按"行业客群"的取数步骤与维度，将"搜索人群"中的数据也存入表格中备用。

分析方法如下。

（1）将取出的数据制作成表 2-3 所示的表格（因表格太大，在此只展示部分数据）。

表 2-3 行业数据分析

标签	属性	行业数据		
		行业客群	搜索人群	
			英语口语	雅思口语
性别	男	31.70%	35.29%	31.80%
	女	67.54%	64.71%	68.20%
年龄	18～25 岁	31.54%	49.49%	58.83%
	25～30 岁	20.19%	24.06%	18.33%
	30～35 岁	16.17%	13.36%	8.02%
	35～40 岁	14.24%	5.81%	3.46%
	40～50 岁	13.55%	5.16%	7.65%
	50 岁以上	2.08%	2.12%	3.71%
地域	TOP1	广东 13.20%	广东 12.77%	北京 15.16%
	TOP2	上海 12.43%	江苏 10.78%	广东 12.07%
	TOP3	北京 12.10%	上海 8.7%	江苏 9.46%
	TOP4	江苏 8.65%	北京 8.33%	浙江 7.88%

续表

标签	属性	行业数据		
		行业客群	搜索人群	
			英语口语	雅思口语
	TOP5	浙江 8.52%	浙江 7.97%	上海 7.46%
职业	公司职员	53.19%	45.40%	32.10%
	学生	18.50%	32.18%	49.76%
	个体职员/服务人员	9.21%	8.74%	6.42%
	教职工	9.20%	5.86%	5.62%
	医务人员	5.35%	3.79%	2.97%
	公务员	3.25%	2.64%	2.01%
	工人	1.30%	1.39%	1.12%
支付价格段	TOP1	0~5 元 37.97%	0~5 元 7.26%	0~5 元 0.25%
	TOP2	5~10 元 24.43%	5~10 元 32.81%	5~10 元 11.72%
	TOP3	10~15 元 3.06%	10~15 元 2.21%	10~15 元 1.50%
	TOP4	15~20 元 29.54%	15~20 元 34.70%	15~20 元 4.99%
	TOP5	20~25 元 2.02%	20~25 元 22.01%	20~25 元 0.62%
	TOP6	25 元以上 1.95%	25 元以上 23.02%	25 元以上 80.92%

（因数据源问题，某些同类项目百分比之和可能不是100%，但不影响我们进行分析。表中带起止范围的数字段，包含上限数字，不包含下限数字，下同）

（2）在上表中，我们可以通过对行业客群和搜索人群的占比数据进行比较，分析其需求体量及需求满足度（转化效果），搜索人群占比代表对相关商品有明确需求的客户体量，而行业客群则代表已经成交的客户体量。比较后的结果有助于我们梳理出不同人群的标签，从而形成不同的人群组合。

（3）在表中的"年龄"一栏，18~25 岁搜索人群占比达到50%左右，而行业客群的占比为 30%左右，可以理解为，在这些客户中，对"英语培训"有需求的客户占比最高，但其需求满足度较低（转化率低），呈现出"高占比、低转化"的形态，我们可以贴上"机会标签"。而女性客户无论是搜索人群占比还是行业客群占比都比较高，呈现出"高占比、高转化"的形态，我们可以贴上"高效标签"，此外有些数据会呈现出"低占比、高转化"的形态，我们可以贴上"潜力标签"。

（4）将上述标签整理归类并组合后，就可以形成高效人群、机会人群、潜力人群，比如表 2-3 中的性别、年龄、职业、地域等可以组合出"女性，25~35 岁，居住在广东、上海，职业为公司职员"的高效人群，"女性，18~25 岁，居住在北京、江苏，职业为学生"

的机会人群组合。

我们应优先选择高效人群作为核心运营对象，因为此类人群在行业中不仅有较大的体量，也具有良好的转化效果。针对这类人群进行选品时，我们可以将行业中热销的商品作为重点参考品。然而，有时候我们在进入一个行业时，自己的运营能力较弱，特别是在资金受限的情况下。针对这种情况，我们可以分析行业的机会人群，研究当前热销的商品为何对这类人群的转化效果较差。通过差异化的商品布局，避开直接的竞争，有助于提升商品的溢价能力。

对于其他维度的分析，可以参照以上分析过程。一个成熟的店铺或品牌应该尽量在人群的"宽度"上进行覆盖。因此，我们也可以规划一个店铺的运营策略，包括核心高效人群、提升整体销量的辅助潜力人群以及提升利润与综合竞争力的增量潜力人群，以实现更全面的组合式人群运营方案。

2.2 选品

行业与人群确定好后，我们需要开始规划店铺要销售的商品是什么。我们可以通过三个步骤完成整个店铺的选品与规划过程。

（1）参考平台搜索关键词、行业热销排行、媒体商品热度等进行选品。
（2）通过商品属性、价格带分析来进行商品的定性。
（3）通过商品运营场景与人群匹配进行店铺的商品结构规划。

接下来，我们简要了解一下三个选品步骤的具体操作方法。

2.2.1 根据市场热度选品

搜索关键词是客户在有明确商品需求的情况下向电商平台发出的以关键词为核心的请求动作。关键词代表着客户对自己需求商品的基本描述，例如"真丝连衣裙""免烫衬衫""马卡龙色 T 恤"，分别代表客户对要购买的商品核心需求的描述，涵盖了材质、功能、颜色等方面。我们可以参考这些关键词进行选品。通过工具软件中的搜索关键词排行，首先确定排名靠前的关键词，然后以这些关键词作为搜索条件，在结果中按销量进行排序，从而得出当前市场中细分领域的热销商品。此外，我们还可以利用工具软件中的搜索关键词飙升榜，找到最近上升明显的关键词。以这些关键词作为搜索条件，在结果中按销量排序，筛选出具有一定增长趋势的商品。

与上述关键词选品的方法类似，我们可以使用工具直接拉取行业热销商品排行，从而圈定商品，也可以在抖音、今日头条等平台上发现比较热门的商品。将这些商品初步选出后，再结合我们在 2.1 节中所确定的"人群+客户需求场景"的组合进行商品的第一轮筛选。

2.2.2 商品价格带与属性确认

我们使用属性分析和价格带分析进一步筛选商品。

进入生意参谋的"市场大盘"模块，选择最小子行业，将数据时间段切换为月度，此时我们可以正常使用市场红蓝海分析功能。先选择价格带分析，如图 2-6 所示。

将默认显示的图表模式切换为表格模式，如图 2-7 所示。再将横轴与纵轴的数值条件分别按成交金额占比与同比、成交人数占比与同比切换并记录下数据，整理成表格，如表 2-4 所示。

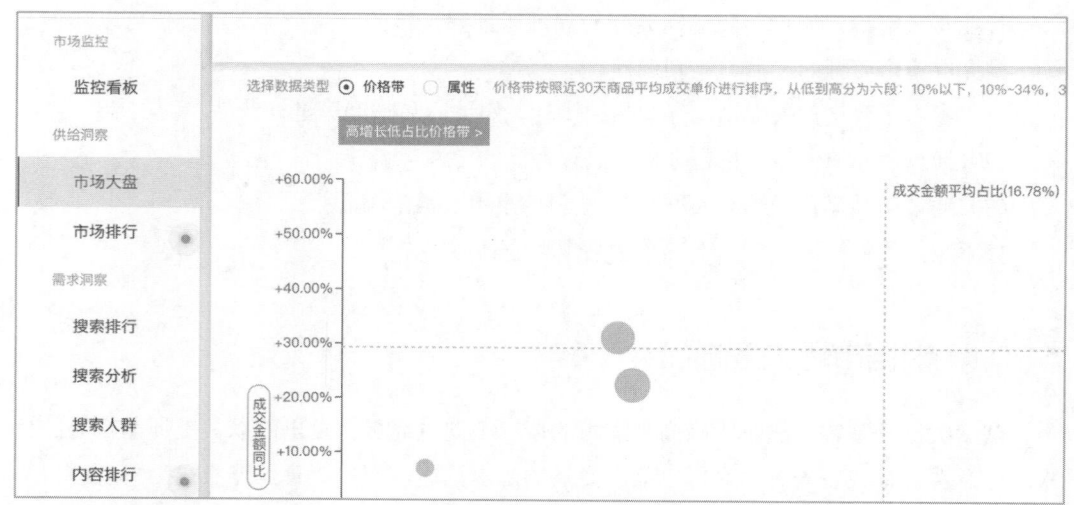

图 2-6

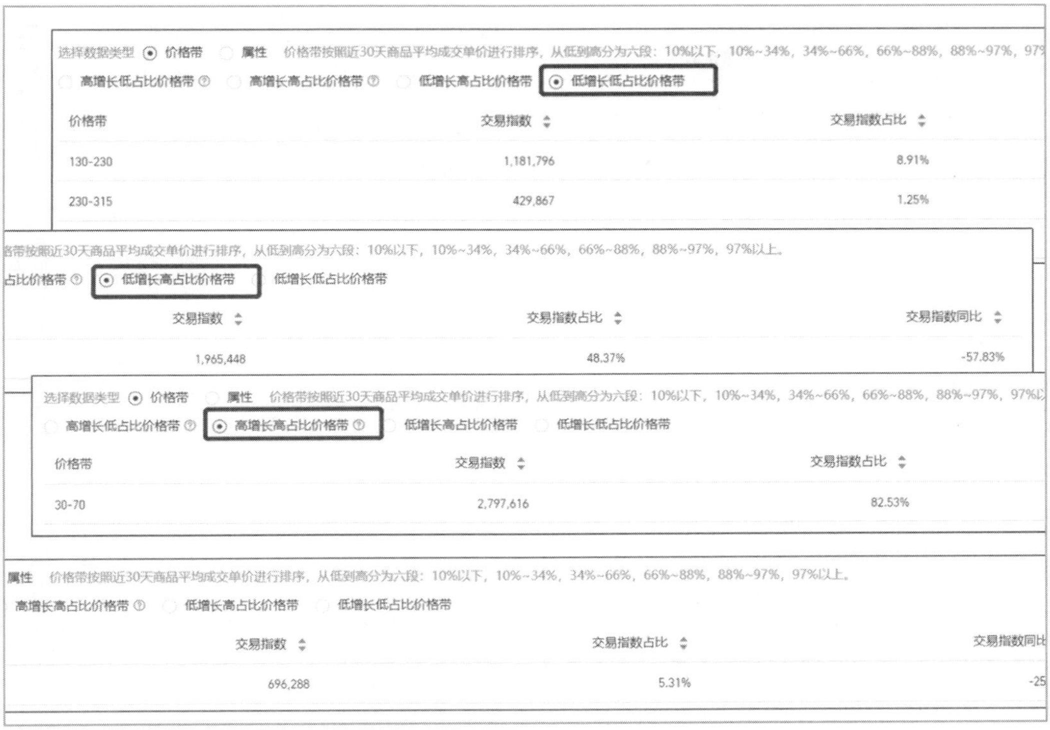

图 2-7

表 2-4 价格带维度数据分析

价格带/元	客群指数	交易指数	搜索人气	成交金额占比	成交金额同比	成交人数占比	成交人数同比
0～25	366 428	8 733 886	611 074	29.75%	-5.62%	82.74%	-7.98%
25～50	94 490	4 499 678	247 168	15.34%	16.91%	26.51%	10.76%
50～95	52 688	4 290 212	197 610	14.63%	17.45%	16.91%	9.49%
95～190	46 800	8 439 995	150 052	28.65%	62.76%	13.54%	44.07%
190～410	4357	1 405 072	26 422	4.78%	-43.43%	0.46%	-64.34%
410 以上	1561	1 992 654	20 679	6.79%	-15.41%	0.14%	-24.26%

在表 2-4 中，我们可以明显地看到在所列出的 6 段价格带中，0～25 元价格带成交金额占比排名第一，成交人数占比排名第一，但成交金额与人数均呈同比下降趋势，可见在此行业中，低客单价商品仍然是大部分客户的选择，但同比下降也往往预示着客户消费习惯或能力的变化，此时我们可以再向前拉取几个月的数据，分析一下整体的趋势。同时，表

中 25～50 元、50～95 元、95～190 元三个价格带的成交金额与成交人数均为同比上涨趋势，且成交金额与人数占比也较高，特别是 95～190 元价格带在成交人数占比不足 14%的情况下，成交金额占比却接近 0～25 元价格带，可以重点关注。通过分析，我们可以根据自己的供应链能力来确定自己要运营的主要价格带，重点关注增长明显、占比高，以及占比中等、增长明显的价格带。表中 0～25 元价格带的商品是多数客户的选择，预示着流量较大，但竞争会比较激烈，而 95～190 元价格带虽然人数占比较低，但增长明显，也可以进行差异化布局。

2.2.3 商品运营场景分类与商品布局

现在我们已经基本确定了店铺需要运营的人群、商品两大要素，但这只是大而全的"平面视图"。在店铺运营中，我们的运营重点是哪些商品？不同的商品应该用什么样的方式来运营？要回答这些问题，还需要我们进行商品的运营场景分类，使其形成更易管理和运营的"商品矩阵"。比如基于人群的商品运营矩阵（见图 2-8），这种矩阵完全基于目标运营人群的需求场景，将"人"和"场"进行组合，每种组合分别匹配不同的商品，根据不同人群在不同场景下的商品需求，更高效地运营。

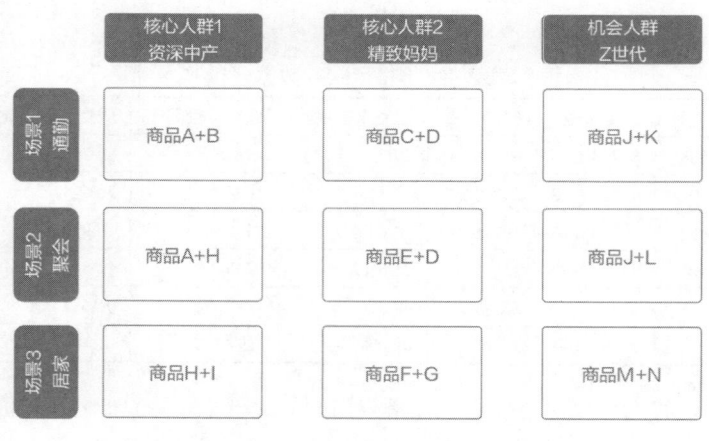

图 2-8

另外，店铺运营通常还会划分为平销运营（日常销售）、活动及大促运营、内容运营三个方向。在商品侧，我们也可以按照运营场景把商品划分为三类，分别为平销商品、活动及大促商品、内容商品。

三个场景下的商品是基于运营特征与商品特征进行区分的。

（1）平销商品：主打日常销售，是一个店铺的"基本盘"，依靠稳定的日销保障店铺在流量获取、营收方面的稳定性。平销运营一般具备人群需求广泛、价格中低、流量渠道丰富等特征。

（2）活动及大促商品：与平销商品的区别在于，活动及大促商品不以平销作为主要销售场景。通常情况下，平销商品用于累积基本销量和人气，在活动和大促期间利用营销手段迅速获得"爆发"。在日常运营中，平销商品和活动及大促商品可能会在不同阶段灵活切换。例如，在前期可以通过活动快速累积销量，获取基础权重，而在中后期转为以平销商品为主。

（3）内容商品：在整体的商品布局中，会有部分商品因为成本、功能、包装、稀缺性甚至品牌调性方面的要求而需要更高的客单价。也会有价格合理的新品，因为客户对新形态、新场景的认知不足而导致的从常规流量渠道获取流量困难。比如搜索渠道，在客户认知不足的情况下，搜索量就会较小。这就需要我们通过内容（短视频、图文、直播等）去触达和"教育"客户，这类商品我们就可以划归为内容商品。

2.3 商品运营的执行与优化

商品运营的执行与优化工作，主要包括商品生命周期管理，以及商品核心数据监控与优化。接下来我们分别来了解这两项重要工作的操作方法。

2.3.1 商品生命周期管理

商品可以分为标品和非标品，也可以分为季节性商品与非季节性商品，无论运营哪种类型的商品，都需要了解商品的运营节奏以及商品的生命周期，如图2-9所示。

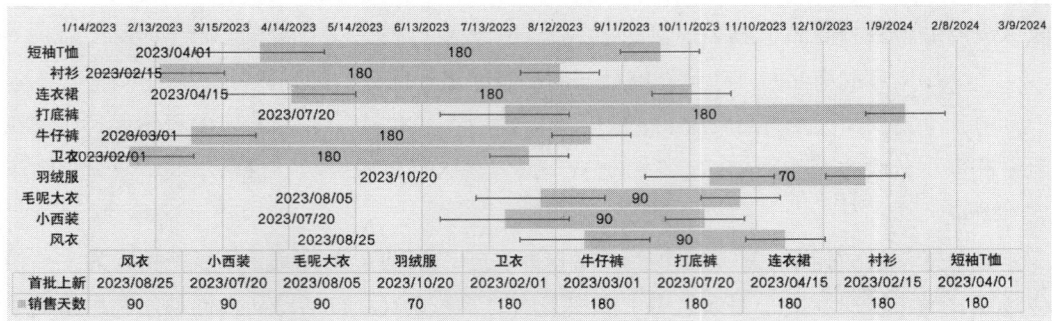

图 2-9

对于单一品类以及单一商品，也要考虑商品的生命周期，在不同的商品阶段，我们要做的运营动作也会有所不同，如图 2-10 所示。

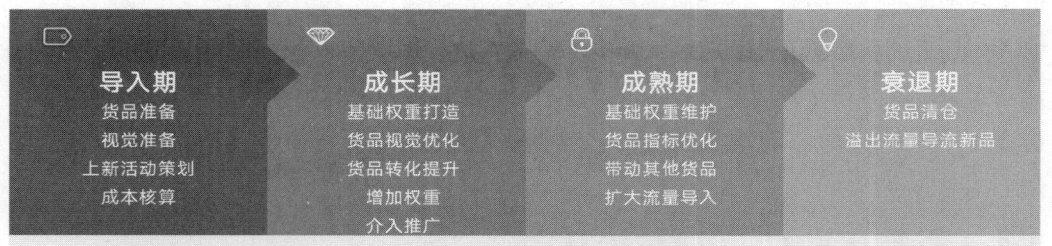

图 2-10

导入期涉及商品上架前的一切准备动作，以及商品的销售目标和需要达到的相关指标要求，如转化率、客单价、商品点击率等（主要参考竞品的数据得出）。在此阶段，我们还需要做好商品的视觉准备，如 PC 端及手机端的详情页、主图视频、主图等。另外我们还需要设计好商品上架后的活动，以便上架后快速"破零"。

成长期是指从商品上架到实现目标排名的阶段，是单一商品运营中最为关键的环节。在这个阶段，我们需要迅速实现商品销量的"破零"，获取基础评价，并获得平台最初的基础权重。然后，根据真实的数据反馈对商品的视觉呈现和营销策略进行优化。这个优化过程是一个反复试验的过程，没有标准答案，需要我们密切关注竞争对手的表现并灵活调整。此外，我们还可以运用付费推广工具，参与平台活动，不断提升商品的权重，确保稳定地获取更多流量。这个阶段类似汽车启动并提速的过程，是行驶中最为"费油"的时期。因此，在这一阶段的营销投入往往会超出我们的预算，导致薄利甚至亏损。但为了使商品快速达到稳定的成熟期，我们可以在此阶段进行更多的让利。

成熟期是指商品达到了预定的排名位置，其流量、转化甚至复购指标都达到了稳定且理想的水平的阶段。这一阶段是整个商品周期的黄金时期，此时我们的主要运营方向是防守，保证商品带来最大的收益。在成熟期，我们可以采用精准的引流策略，确保商品各项指标的稳定性，从而使基础权重最大化。同时，我们可以拓展更多的渠道，增加商品的销售，甚至通过合理设置关联营销来带动店铺内其他相关商品的销售。

衰退期是因行业的变化、供应链问题等原因导致的商品销售到达峰值后转而下降的时期，比如服饰、新鲜水果等因为过季而导致的销售趋势明显下降。在这个阶段我们的主要运营动作有两个：一是尽快通过降价、清仓类活动等进行商品的清仓，二是将商品的流量导向新品以及店铺内的其他商品。

2.3.2 商品核心数据监控与优化

在日常商品运营中，我们需要关注哪些数据指标，如何找到优化方向呢？这还要从消费者行为路径及关键指标（见图 2-11）说起。从消费者看到我们的商品到购买再到复购的过程，实际上也是消费者的一条转化链路，在这个过程中消费者会做出一系列的动作，从而产生一系列的数据指标，通过这些数据指标，我们可以去判断这条路径中哪里出现了问题，从而确定优化方向。

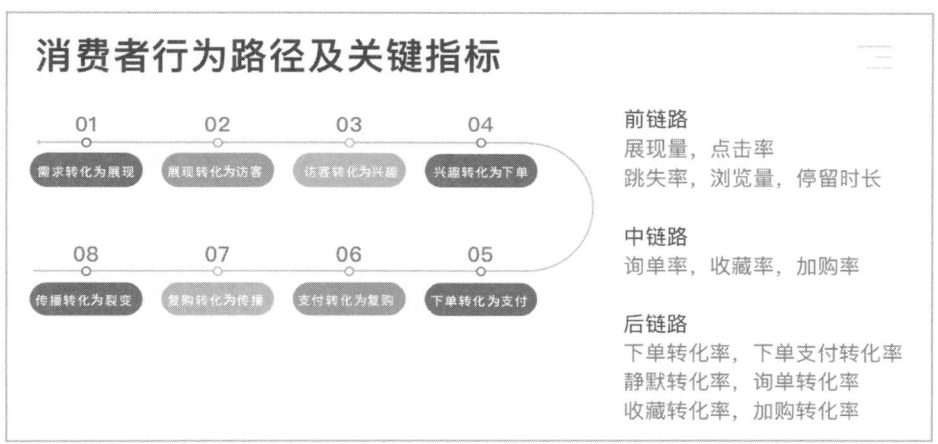

图 2-11

转化的结构呈漏斗状，漏斗最上方来的访客越多、精准度越高，越有利于后面的转化，"访客数"是非常容易看到的指标，"精准度"这个指标就需要用后面的数据指标来反向验证。所以在整条转化链路中，我们可以通过这些关键指标的环比及同比数据来寻找波动规律，通过与整个行业及竞争对手的对比来找到不足，从而判断哪个环节出现了问题，便于我们对症下药。

第 3 章

视觉运营

电商运营中，商品运营是非常重要的一环，优秀的选品加上优秀的视觉呈现往往能得到事半功倍的效果。优秀的视觉呈现不仅可以将商品优秀的一面展示给客户，还能激发客户的需求，打消客户的购买顾虑，促进成交。

众所周知，网店销售额=曝光量×点击率×转化率×客单价。在曝光量和点击率部分，优秀的广告视觉可以引入更多的精准流量。在转化率和客单价部分，优秀的数据表现、视觉呈现可以大幅提升相关数据。由此不难看出，视觉呈现贯穿了整个公式，曝光量、点击率、转化率、客单价都需要视觉的辅助，在点击率和转化率部分视觉更是发挥了举足轻重的作用。

在进行网络购物时，客户无法获得与线下相同的购物体验，此时视觉呈现就变成了商家与客户沟通的重要途径。商家不仅要展示商品优秀的一面，还要尽可能给客户提供更好的体验，使客户处于轻松、舒适的购物环境中。

视觉运营涵盖了视觉策划和店铺装修两大块，而优秀的视觉往往是从策划开始的，需要耗费大量的时间和精力，进行详细周密的规划后，制作出匹配目标客户的图片及页面，再上传到店铺装修后台呈现出来。

3.1 视觉策划

在店铺日常运营过程中，常有商家不重视对视觉设计的策划，简单上传商品图片后就进行推广，从而导致转化率低下，投入产出比较差。

此时要提升效果，可以从"客群洞察"和"流转路径"两个方面进行优化。

"客群洞察"主要用于解决特定消费群体的需求，从而提升转化率。"流转路径"主要用于降低流量进入店铺后的跳失率及提升访问深度。

3.1.1 客群洞察

客群洞察的目的是，站在不同的角度思考，找到目标客户的真实需求。可从信息收集、综合评估、落地运用三个方面着手。

3.1.1.1　信息收集

1. 市场调研

商品在选品阶段，一般要进行详细的市场调研，主要用于评估商品是否契合目前的市场需求。在视觉运营上，同样需要进行相应的调研，主要用于采集相应的卖点关键词。

1）搜索分析

在生意参谋后台的“市场”→“需求洞察”→“搜索分析”中输入相应的关键词后，点击进入“相关词分析”板块，即可看到相关词，如图 3-1 所示。如该商家销售的是“羽绒服”，即可分析这些长尾关键词与自己店铺准备销售的羽绒服是否相关。筛选出强相关的长尾关键词作为备选卖点词，后续的详情页及主图视觉呈现要契合该卖点词，以促进销售转化，承接关键词流量。

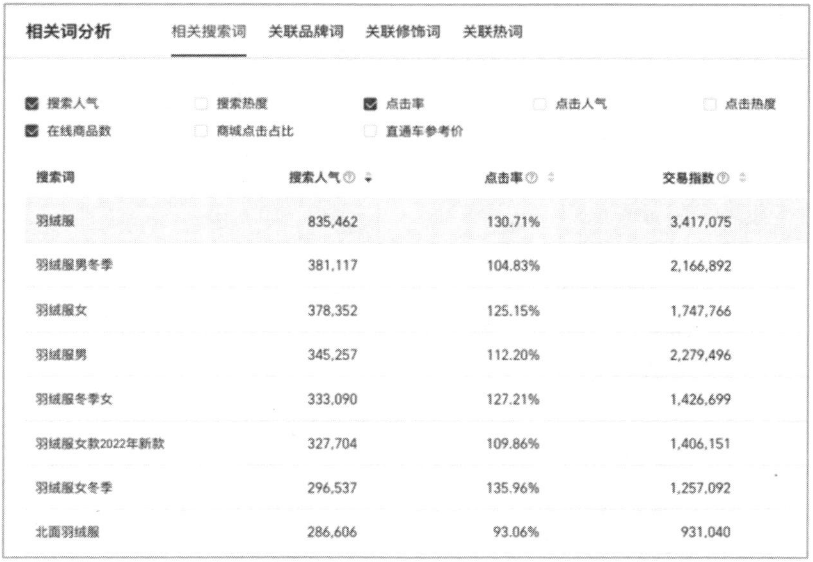

搜索词	搜索人气	点击率	交易指数
羽绒服	835,462	130.71%	3,417,075
羽绒服男冬季	381,117	104.83%	2,166,892
羽绒服女	378,352	125.15%	1,747,766
羽绒服男	345,257	112.20%	2,279,496
羽绒服冬季女	333,090	127.21%	1,426,699
羽绒服女款2022年新款	327,704	109.86%	1,406,151
羽绒服女冬季	296,537	135.96%	1,257,092
北面羽绒服	286,606	93.06%	931,040

图 3-1

2）商机发现

在生意参谋后台的“市场”→“机会洞察”→“商家发现”中，可利用“品类机会”功能，分析蓝海市场和热点机会，如图 3-2 所示。

按照相关性原则，可以查看自己店铺的商品有没有出现在“蓝海推荐”中。

图 3-2

在上图中,围巾羽绒服的需供比及需求热度较高,在线商品量较少,可作为备选款。商家若能生产或者采购该类型商品,即可点击"围巾羽绒服"继续进行分析,如图 3-3 所示。重点关注"消费者都在问"及"消费决策因素"板块,进行消费需求收集。

图 3-3

2. 竞争对手分析

对市场进行简单调研后，还需对竞争对手及竞品进行信息采集。因涉及商业机密，我们无法直接查看竞争对手的具体数据，只能从客户视角进行简单采集。在实际工作中，常从如下几个方面进行采集，如：竞品的主图、视频、销售价格、促销政策、详情页风格、卖点，以及"宝贝评价"和"问大家"板块等。

重点关注"宝贝评价"及"问大家"两个板块，如图3-4所示。"宝贝评价"是客户的购后反馈，"问大家"聚焦的是客户的购前疑虑，如果客户看到宝贝评价里有很多负向反馈（如中差评），则很有可能重新进行商品筛选。如果我们能做到人无我有、人有我优，解决竞品没有解决的问题，做得比竞品更好，则更有可能产生成交，提升转化率。故需对这两个板块的信息进行重点采集。

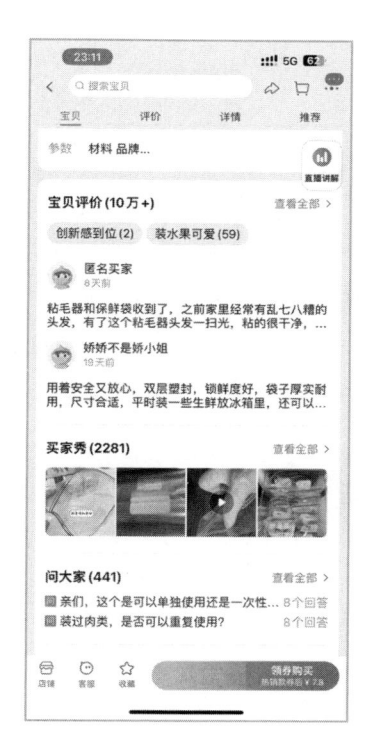

图 3-4

3. 自我分析

通过对市场大盘及竞争对手的信息采集，基本上能判断出市场需要什么样的商品，什么样的商品现在卖得好，竞品做得好的地方和不好的地方是什么。但我们仍然需要对自己的商品进行细致分析，做到知己知彼。

1）FABE分析

销售常用的 FABE 分析法，在视觉运营中也经常用到，一般情况下是对商品的多个卖点进行细致的拆解收集，如表 3-1 所示。

表 3-1　FABE分析

项目	F：特征 （Features）	A：优点 （Advantages）	B：利益 （Benefits）	E：证据 （Evidence）
含义	商品的特征	由这些特征所产生的优点	这些优点能带给客户的好处	可靠可信的证据、证明
举例：服饰	这件衣服是纯棉的	吸水性强、柔软	吸汗透气、不刺激皮肤、穿着舒服	面料的检测报告
举例：密实袋	这个密实袋是加厚的；这个密实袋有滑锁	不易破损；比普通塑料袋保鲜效果要好	使用过程中不会出现破漏等问题；避免蔬菜水果混放滋生细菌，以及保存不当浪费食材	仪器测试结果；新鲜水果保鲜实测对比

2）数据验证

在商品上架销售后，可通过生意参谋后台的"品类"→"商品360"→"标题优化"查看关键词数据。如图 3-5 所示，"密封袋食品级"这个关键词的"支付转化率"只有 8.91%，比较低，后续优化时可根据 FABE 法，增加证据进行相应测试。

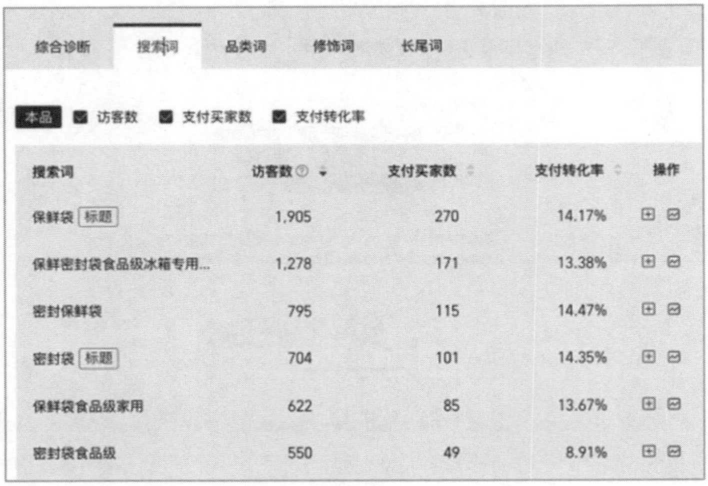

图 3-5

3.1.1.2 综合评估

在市场、竞争对手和自身三个方面的信息采集完毕后，还需从人群校准、阻力拆解、价值提升、优势聚焦四个方面进行综合评估。

1. 人群校准

商家在经营过程中，有时会想当然地认为这款商品要卖给某些客户，而实际上可能存在一定的偏差。此时就需要做人群校准，常见的解决方法是，通过生意参谋后台的"品类"→"商品360"→"客群洞察"进行人群分析，如图3-6所示。

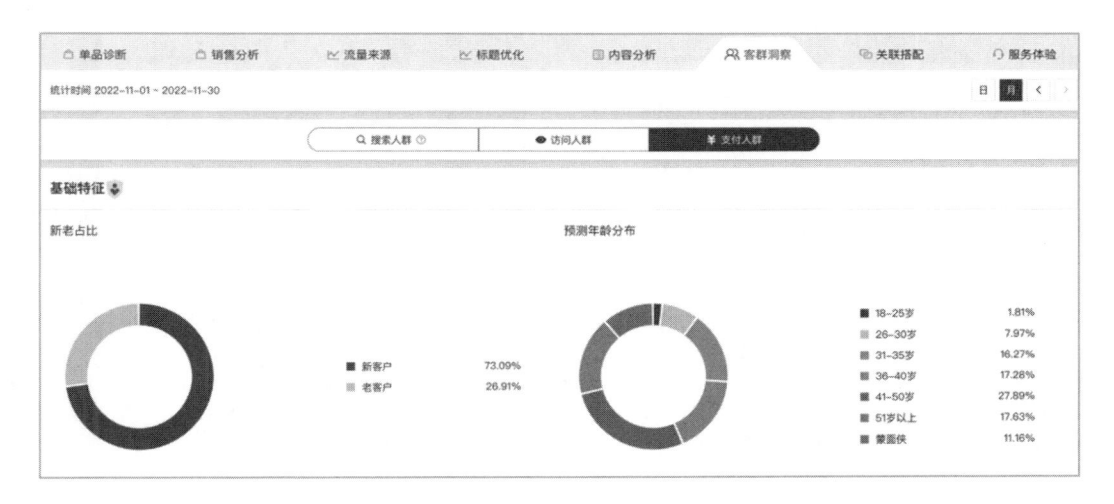

图 3-6

注意观察性别、地域等数据，如图3-7所示。

还可以关注相应的偏好特征及消费特征，如图3-8所示。

从以上信息中可大致判断出，这款商品比较适合年龄为41～50岁，爱好烹饪、收纳，注重品牌及性价比的女性群体。如果需要进行视觉优化，可根据此类人群特征进行侧重优化。商家重在从这些特征上判断支付人群是否符合预期，如与预期相差较大，则在做视觉策划时需进行相应的调整。

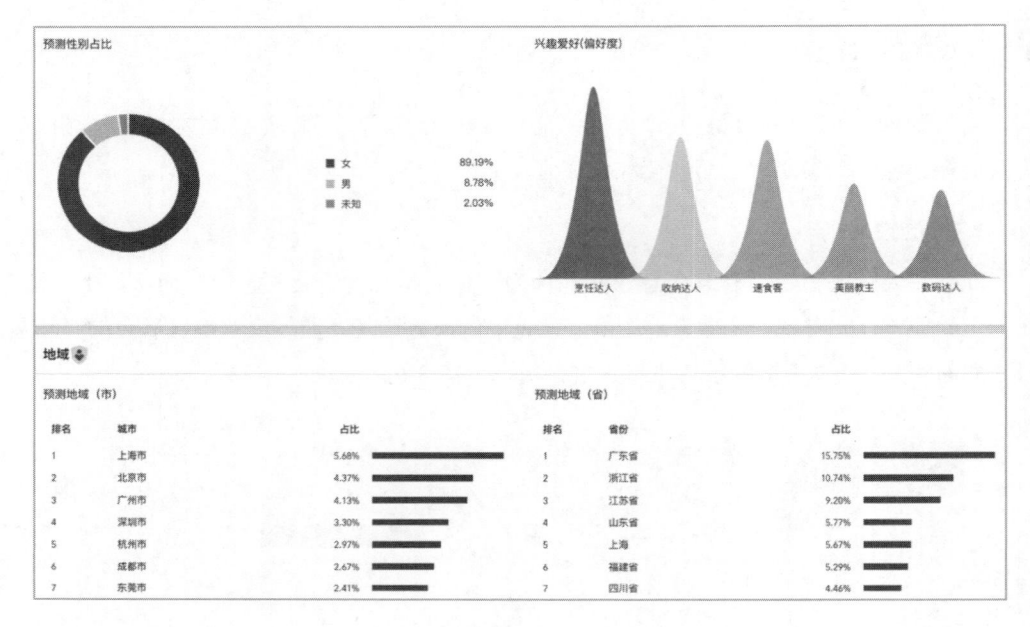

图 3-7

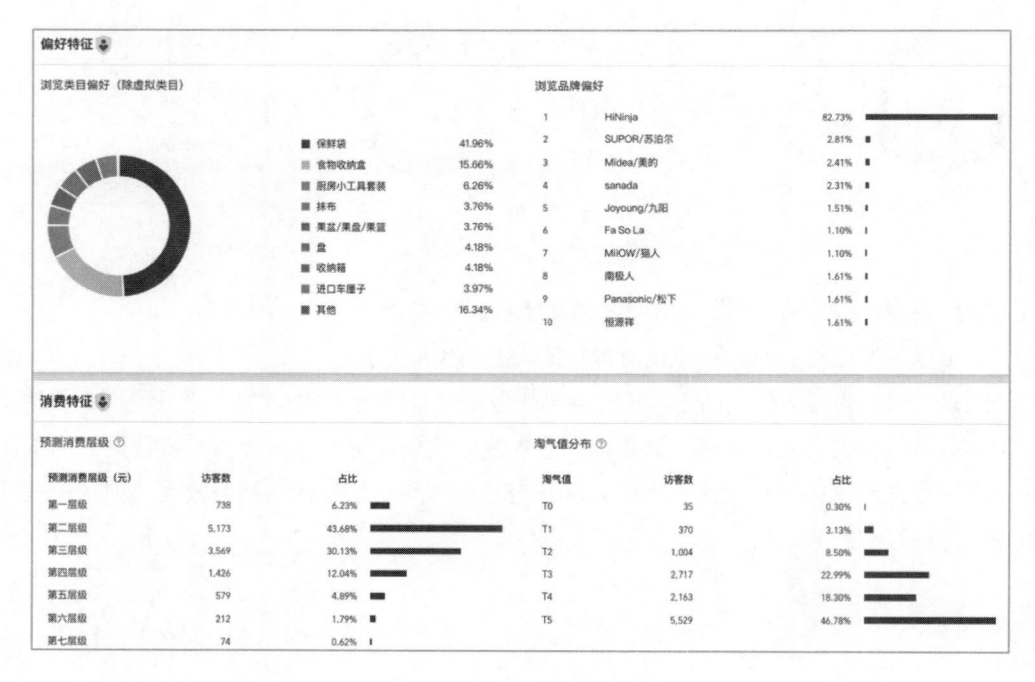

图 3-8

在人群校准方面，还有一个不容忽视的方面就是人群聚焦。比如，该商品的购买者和使用者是否存在分离的情况（如新生儿用品购买者为宝妈、使用者为婴儿），消费场景是自用还是送礼等，这些细节在实际工作中都需注意。

2. 阻力拆解

视觉运营中，很重要的一环是进行商品转化率的提升，但在实际工作中，商品详情页往往成了一份商品说明书，仍有很大的提升空间。客户进入商品详情页后未能成交，其实有可能是遇到了成交阻力。这时可从如下几个方面进行拆解。

（1）激发：如果客户通过搜索进入商品详情页，则该需求为显性，需求已被激发。但如果客户是从其他渠道进入商品详情页的，则有可能只是因为好奇，只有隐性需求，这时需要通过视觉策划将隐性需求激发为显性需求。

（2）信任：对于非著名品牌的商品，客户在购买时可能会心存疑虑，不敢下单，这时可通过销量证明、资质证书、名人代言、媒体报道等方式增强客户对商品的信任。

（3）价格：影响成交的一个非常重要的因素是价格，可通过价格对比、赠品赠送，以及增值服务等进行价格弱化。

（4）障碍：客户在购买商品时，还可能遇上过于专业的术语，导致阅读理解障碍。在策划时，需要将客户当成新手，表达上尽量通俗易懂。

（5）体验：客户体验也是非常重要的一环，"宝贝评价""问大家"板块，以及客服都能极大地影响成交转化率。客户是上帝，好的购物体验不仅能提升转化率，还能带来复购及传播，需引起足够的重视。

3. 价值提升

商家在经营过程中，常会遇到非常激烈的价格竞争，很容易陷入恶性循环。如想破局，可从情绪价值上想办法。情绪价值一般是指一个人影响或带动他人情绪的能力，提供情绪价值就是让对方产生价值认同、身份认同，满足对方的情绪需求。

1）共鸣共情

共鸣一般是指因情感或思想上的感染而产生类似的情感或思想。如销售宠物用品的商家，使用了一条哈士奇犬作为模特，就非常容易让养过哈士奇的客户产生共鸣。

共情是个体感知或想象他人的情感，并部分体验到他人感受的心理过程。如助农销售，边远地区的穷苦老农就很容易让客户想到远在家乡的父辈，从而产生强烈的共情。

共鸣共情方法简单易用，能非常快速地拉近与客户之间的距离，从而提升转化率及客单价。

2）有仪式感

如果能让客户参与商品的研发设计，就可以很好地营造仪式感、参与感。如对于盲盒类商品、定制类商品，客户的仪式感及参与感能很好地提升转化数据。

3）记忆唤醒

老字号、经典怀旧元素等能在一定程度上唤醒客户的记忆，商家利用复古怀旧风也常能收到奇效。

4）社交需求

好的购物体验及品牌商品等常能让客户在社交媒体上迫不期待地分享传播。客户常会在社交互动中获得愉悦的体验。

4. 优势聚焦

综合评估的最后一环为优势聚焦，即通过前期的各种分析，进行发散思考，列出商品的卖点，再突出重点，比如品牌优势、供应链优势、功能价值、情绪价值等。

很多商家对以上信息进行罗列，认为卖点多多益善，而实际运用时却发现没有了重点，导致客户无法聚焦。简单的解决方案为突出重点，根据目标客户的需求去放大其中的某个核心点进行阐述，对于次要的卖点进行简单处理即可。

3.1.1.3 落地运用

1. 氛围选择

1）色彩心理

我们身处一个多彩的世界之中，不同的颜色会传递不同的情绪，选择合适的颜色对于实现视觉差异化及提升转化率至关重要。在实际工作中，有很多商家对于颜色的运用非常随意，如需解决该问题，可参考色彩心理学相关知识。

2）模特场景

在视觉运营中，对于商品图片的拍摄，纯色背景及影棚棚拍均已成为"标配"，为大部分商家采用。

为营造好的氛围，也建议拍摄外景图。将商品植入目标客户喜好的场景，从而激发消费需求。

2. 字体选用

1）字体"气质"

在视觉设计中，常会用到文字，文字和人一样，有着不同的外部特征，也会散发出内在的"气质"。选择合适的字体，不仅可以用于传达信息，还可以表达调性，增强品质感。字体的种类繁多，电商视觉中常用的可分为如下四类，如图3-9所示。

黑体类	刚硬、促销、现代简约、科技
圆体类	儿童、轻松、欢快、舒适、温和
宋体类	传统、古典、女性、优雅、知性
书法类	古风、中式、人文、历史、武侠

图 3-9

粗细不同的字体具有不同的特点，适用的商品也不同，如图3-10所示。

较粗	具有男性特点，视觉冲击力强，醒目粗犷硬朗，适合用作促销用字
	常用于标题或副标题
较细	具有女性特点，视觉冲击力弱，简约高雅细致，适合服饰、美妆、食品行业
	适合正文排版，体现精致美感和独特人文气质，常用于具有文化、历史感的设计中

图 3-10

2）免费字体

选择一款适合商品和目标客户的字体很重要，但同时也应该看到字体应用存在版权风险。把未经授权的字体直接拿来使用，很有可能收到字体公司的律师函。在实际工作中，除了可以使用"思源黑体""思源宋体"等免费开源字体之外，在淘系平台还可以使用阿里巴巴官方的正版商用字体"阿里巴巴普惠体"，如图3-11所示。

```
阿里巴巴普惠体 2.0
35 Thin
45 Light
55 Regular
65 Medium
75 SemiBold
85 Bold
95 ExtraBold
105 Heavy
115 Black
```

图 3-11

3. 框架搭建

当页面的素材准备完毕后，在制作商品详情页之前，还需对页面逻辑框架进行相应的梳理。逻辑框架分为 5 个部分：引起注意、激发需求、强化需求、打消顾虑、促单成交。

1）引起注意

在客户点击商品主图进入商品详情页后，如果没有能引起其注意的内容，很有可能会导致其直接流失，所以要引起客户注意，吸引其继续看下去。

通过首屏焦点图让客户看到商品的全貌，让其联想到购买了这款商品能给自己的生活带来什么样的改变，快速建立其认知。

为增强客户信心，也可将品牌实力展示前置。但需注意，为避免违反《广告法》，对于涉及的数据需提供数据来源。如使用名人肖像，还需取得相应的授权。

若无强有力的品牌背书，也可将销售数据进行公示，如图 3-12 所示。

①促销赠品

客户对促销信息比较感兴趣，对于如何省钱比较关心，故在促销期间，可将促销赠品信息前置，如图 3-13 所示。

②售后物流

对于大件商品以及涉及安装调试的商品，免费送货到家和安装也是客户关注的要点，商家可以将此类信息前置，如图 3-14 所示。

如能提供快速物流服务，提升收货速度，也可将该信息前置，如图 3-15 所示。

第 3 章　视觉运营 | 35

图 3-12

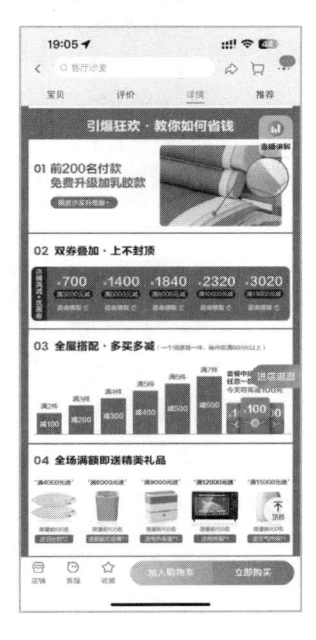

图 3-13

图 3-14

图 3-15

对于商品的质量问题，如能提供运费险及免费换新服务，也可大胆进行售后承诺，如图 3-16 所示。且"这些福利，仅此一家"彰显稀缺性，能有效引起客户注意。

图 3-16

2）激发需求

激发需求就是让客户知道这款商品有哪些核心卖点，能解决什么问题，给他们带来什么好处，从而激发其购买欲望。总结起来就是：给客户一个购买的理由。

①痛点图+核心卖点图

对于功能性商品，常用的解决方案为：提出痛点，呈现卖点。把客户在购买本商品之前的困扰和痛苦提出来，让他们意识到这个问题必须解决。再顺势引出本商品，告诉他们，本商品有哪些特点，能解决他们的哪些问题。如图 3-17 所示，客户在储存食物时，常遇到霉变串味、冰箱有异味的情景。以此唤起共鸣，再告知选对密封袋很重要，可以选择带有"双筋密封口"的密封袋来实现保鲜不变质。

第 3 章 视觉运营 | 37

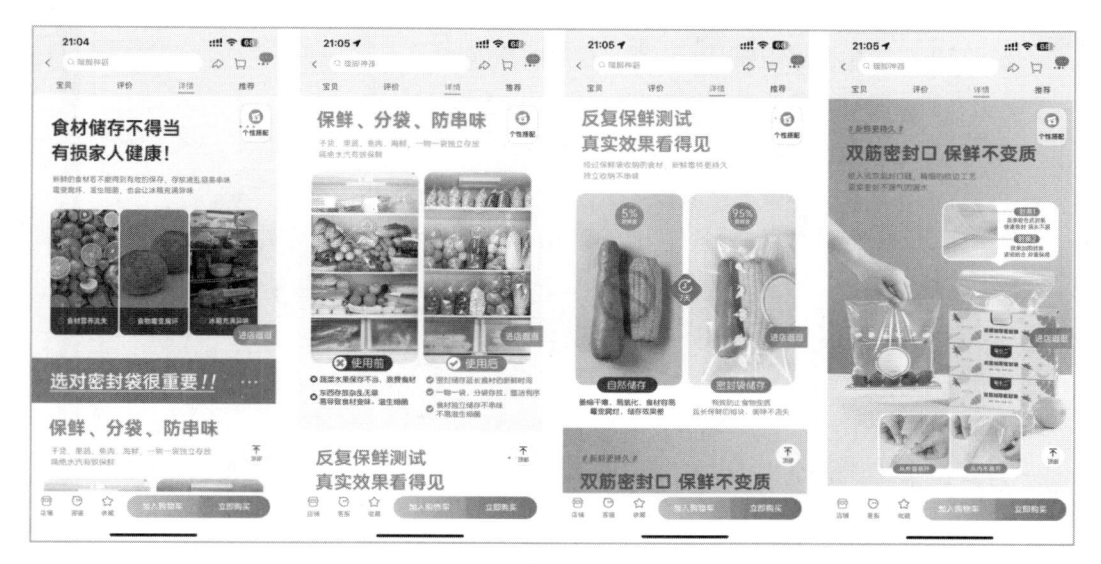

图 3-17

②场景图+核心卖点图

如图 3-18 所示，我们以高低床为例，分析这种解决方案。

图 3-18

抛出需求：二胎家庭需要一张好看又实用的高低床。

匹配人群：父母（购买者），宝宝（使用者）。

适用场景：实景拍摄卧室中宝宝使用高低床的场景，让客户产生联想，"自己的宝宝使用这款高低床也是这么温馨美好的样子"。

核心卖点：罗列最具竞争力的几个核心卖点，并说明其带来的好处，如童趣造型好看，父母和小孩都喜欢。

对于人群的匹配，重在营造代入感，让客户看完后产生同感，并不由自主地产生联想，从而产生购买需求。

3）强化要求

当客户的需求被激发出来后，会产生想要拥有的冲动。此时客户会思考当前商品是否真的好，是否值得购买，容易从感性心理回归到理性状态，商家需要用相应的信息来佐证前面提到的卖点，并让客户产生超出预期的感觉。可以用材质工艺、技术创新等来论证该商品的核心功能，以及能给客户带来的体验。

①次要卖点

除了核心卖点之外，还需要介绍次要卖点，以满足客户"既要还要"的需求。如图 3-19 所示，该加湿器的主要卖点为"300mL/h 加湿量""99.9%抗菌水箱""便捷上加水""4L 大容量"，为满足深夜加湿的需求，还有次要卖点"轻音运行不扰眠"，且通过场景图表现了一机多用满足四季需求的场景。

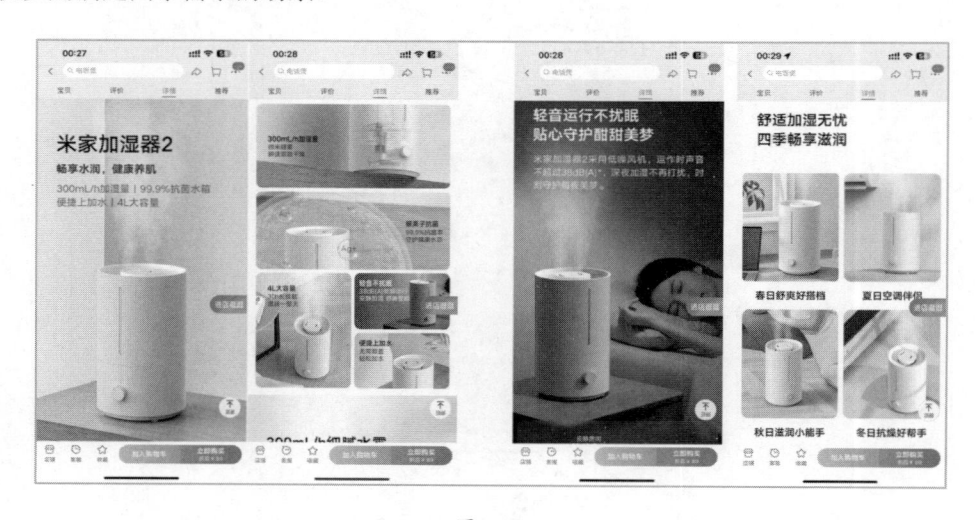

图 3-19

②其他信息

客户在选购的过程中，还会关注如下信息。

详细参数：服饰类商品的材质及尺码信息为必填项，如有模特试穿图，建议添加模特三围信息。对于需要安装的较大尺寸的商品，建议使用实物图片标注尺寸，如图 3-20 所示。

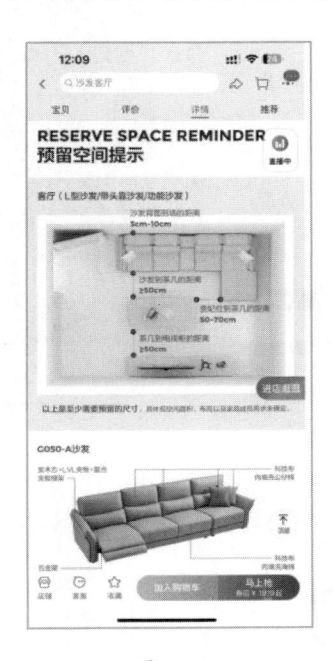

图 3-20

全貌及细节：多角度展示商品全貌，并放大细节，展示商品的材质、做工、原料、工艺、设计等属性信息，以增强客户购买信心，如图 3-21 所示。

模特及场景展示：服饰箱包等商品建议使用模特图，3C 类等功能性商品建议使用商品场景图。如图 3-22 所示，服饰类商品可使用高颜值模特的棚拍或外景图，厨房用品可使用烹饪后的食物成品图及生活场景图，让客户产生对美好生活的向往。

图 3-21

图 3-22

4）打消顾虑

有些客户对商品有了充分的了解和信任后，在下决心购买之前可能还会有所顾虑。此时商家需要提供相应的品牌实力及售后政策打消其顾虑。如图3-23所示，销量数据、榜单排名、品牌荣誉等均能有效增强客户购买信心。

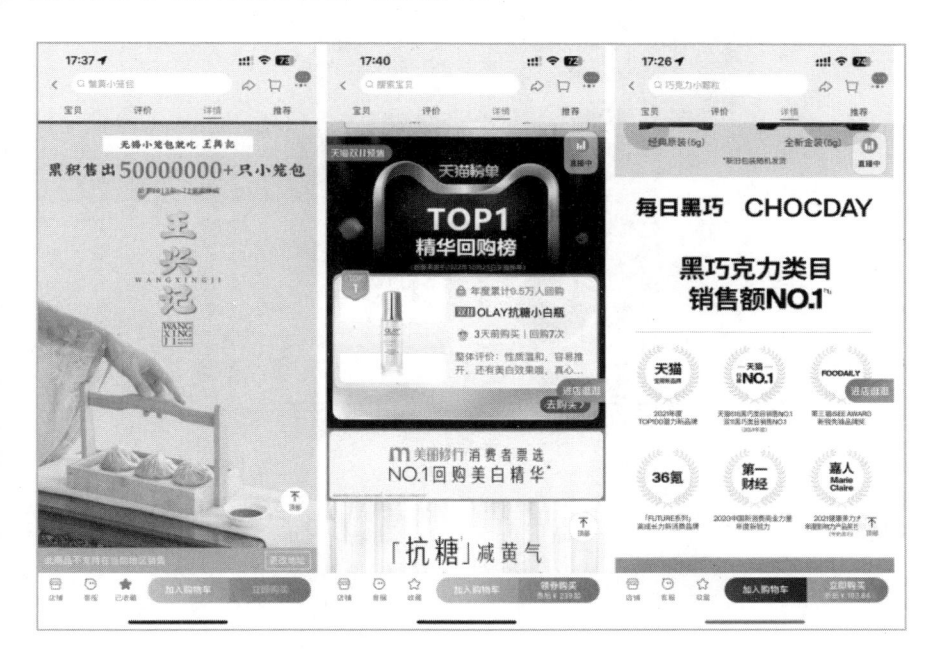

图 3-23

①测评报道

可通过客户秀、博主体验测评等加以证明，如图3-24所示。

也可以通过站外平台、媒体报道等进行证明，如图3-25所示。

图 3-24

图 3-25

②检测证书

第三方权威机构出具的检测认证证书、报关证书、专利证书也能增强客户的信任，如图 3-26 所示。

图 3-26

③品牌实力

品牌故事、线下门店、生产基地车间、公司荣誉等也可打消客户顾虑，如图 3-27 所示。

④售前售后服务

如图 3-28 所示，乐器类商品提供在线选购及直播课堂服务，电器类商品提供超长免费保修服务，家具类商品提供五包服务等均能解决客户的后顾之忧，让其放心选购。

图 3-27

图 3-28

5）促单成交

通过前面的几个步骤，客户已经有强烈的购买欲望了，但可能会因为多方面的原因而无法当场决策购买。为让客户尽快下单，还需进行促单。

如不同的商品具有一定的关联性，可进行搭配推荐，给客户提供整套的解决方案，也能实现促单成交的效果。如图 3-29 所示，宠物厕所和尿垫可搭配销售，服饰类商品也可以使用该方法，如马甲与衬衫及长裤的搭配，能让穿着效果更好。如果营销政策允许，还可通过满减及套餐的方式，让客户能以更具性价比的方式成套购买，以提升转化率与客单价。

图 3-29

需要注意的细节是，促单成交这一步骤比较特殊，在详情页中不一定将这个板块放置在页面末尾，而是可以灵活地放置在页面中的各个地方，如品牌实力、售后服务等也可放置在页首引起客户注意，加速其决策。

3.1.2 流转路径

在视觉运营中，还有一个重要的工作是对进入店内的流量进行流转路径规划，如客户在进入商品详情页或者店铺首页后，有可能会继续向下浏览页面，也有可能直接关闭页面，造成流失。基于此情况，建议在商品详情页和店铺首页两个方面进行优化。

3.1.2.1 详情页流量分发

1. 数据评估

在日常运营过程中，有部分商家根据个人主观判断，在商品详情页前三屏位置设置链接进行流量分发，具有较大的随意性。如能从数据的维度进行评估，则流量分发的规划将更加明确。如图3-30所示，进入生意参谋后台，点击"品类罗盘"→"商品360"，选择商品后，点击"销售分析"标签即可看到相关数据指标。从视觉运营的角度，常评估转化率、平均停留时长及商品详情页跳出率等数据。若该商品的访客数较多，但转化率较低、平均停留时长较短、商品详情页跳出率较高，则可能说明该商品未能满足客户需求从而造成客户流失，建议在该商品详情页进行流量分发，尽可能将流量导向店内。

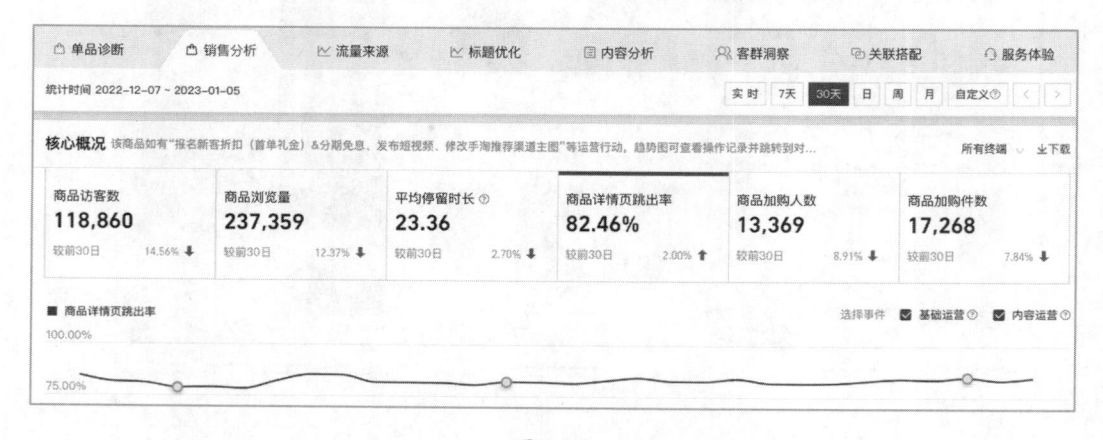

图 3-30

2. 分发策略

1）提升曝光量

当店铺中有热卖单品或新品需要获得更多流量时，可以制作相应的促销海报，添加到店铺的多个商品详情页顶部，如图3-31所示。

图 3-31

若店铺中有较多的商品需要引流或进行测款,可以设计方格型图片位,放置更多的商品进行分流。若店铺中商品较多,也可进行相应分类,并可设置为跳转到自定义页或店铺首页。

2)提升入会量

店铺运营中常有会员招募的需求,其中商品详情页是一个非常重要的招募会员的渠道,如图 3-32 所示,需注意的细节是,招募海报上尽可能添加相应的利益点文案,以吸引客户点击并成为会员。

3)提升领券量

为提升转化率,常在店铺后台设置相应的优惠券,如想提升领券量,可在商品详情页添加相应的领券链接,并明确领券购买的优惠幅度及到手价,如图 3-33 所示。

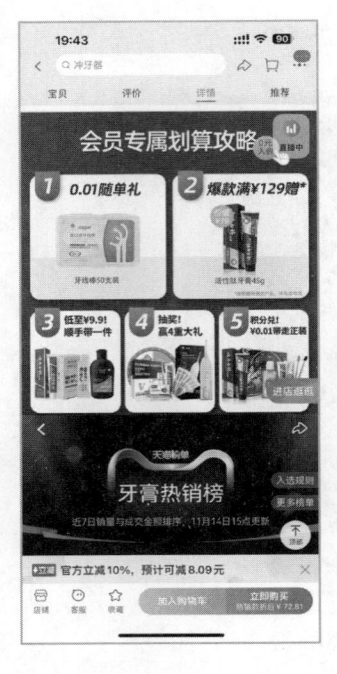

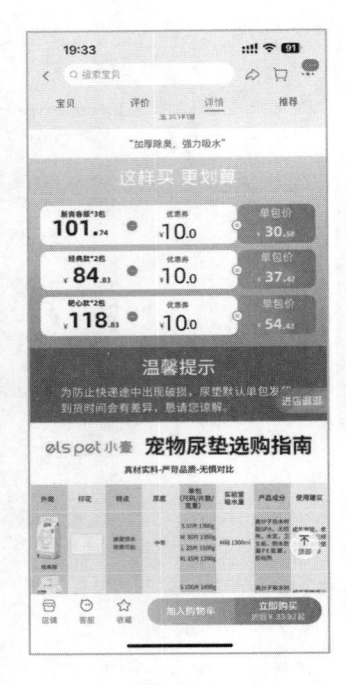

图 3-32　　　　　　　　图 3-33

若店铺设置了多层级的优惠券，需明确相应的使用条件，如图 3-34 所示。

4）提升客单价

店铺运营中常使用搭配套餐的方式提升客单价，也可在商品详情页中添加搭配套餐的促销文字进行公示，如图 3-35 所示。建议在促销海报中明确优惠幅度，以提升海报的点击量。

5）提升询单量

若店铺商品的客单价较高，或客户的决策周期较长，建议添加"详询客服"之类的引导文字或按钮，如图 3-36 所示。

也可添加"限时"相关文案，刺激客户点击，如图 3-37 所示。

第 3 章 视觉运营 | 49

图 3-34

图 3-35

图 3-36

图 3-37

还可明确具体的权益力度。如图 3-38 所示，不但明确告诉客户可领取 100 元物流补贴，而且还有"优惠细则详见商品详情页底部"的文案引导客户继续往下浏览，以提升其停留时长。

6）提升直播观看量

如今店铺直播间已成为重要的成交之处，故流量也可以分发给店铺直播间，如图 3-39 所示，可以通过直播间的优惠权益以及主播的讲解来提升转化率。

图 3-38

图 3-39

综上所述，商品详情页的流量分发并不复杂，重在思考客户流转路径及需要解决的问题，但应注意的细节是，若把分发链接放置在商品详情页顶部，需尽量压缩页面，不要太长，以免客户在滑动很多屏后仍未看到商品详情，从而影响体验并加速流失，如图 3-40 所示。毕竟客户点击进入商品详情页是想要选购所需的商品，而不是被其他因素所干扰。

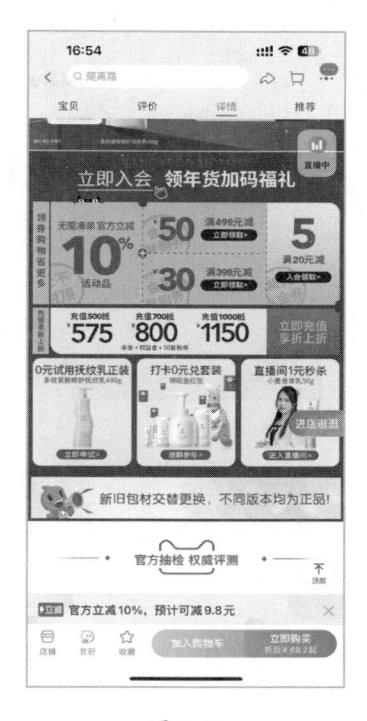

图 3-40

3.1.2.2 首页流量分发

首页流量的分发逻辑和商品详情页类似，但首页的流量分发，有如下细节需要注意。

1. 首页前三屏规划

店铺首页常会有较大的流量，越靠近顶部，点击数据越好，越往下滑动，跳失就越多，类似漏斗形，故需重视前三屏的规划。

1）直播大卡

平台内容化是大势所趋，店铺直播已成"标配"，若店铺直播间正在直播中，首屏即出现直播大卡入口，客户可点击直接进入直播间，如图 3-41 所示。若店铺未直播，则该入口自动隐藏。为提升转化及曝光数据，建议店铺长时间进行店铺直播，特别注意需覆盖店铺流量高峰时段。

图 3-41

2）流量聚散

店铺首页前三屏为黄金资源位，故需重视流量的聚散规划。可参考图 3-42，判断店铺是需要将流量汇聚给部分单品，还是将流量分发给更多的单品。

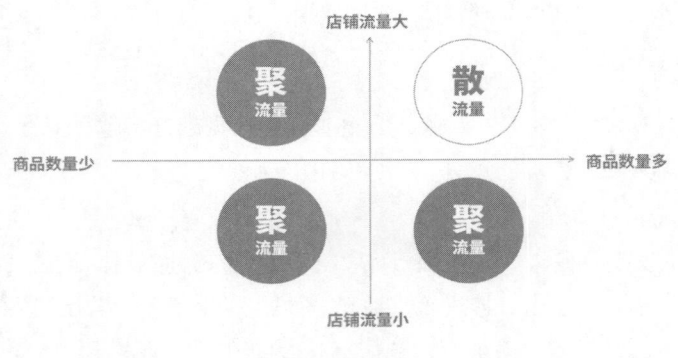

图 3-42

如需将流量汇聚，建议首屏海报采用单图的形式，引导客户点击跳转到热门单品页，如图 3-43 所示。

图 3-43

如想将流量分发给更多的单品，可使用轮播图海报，如图 3-44 所示。

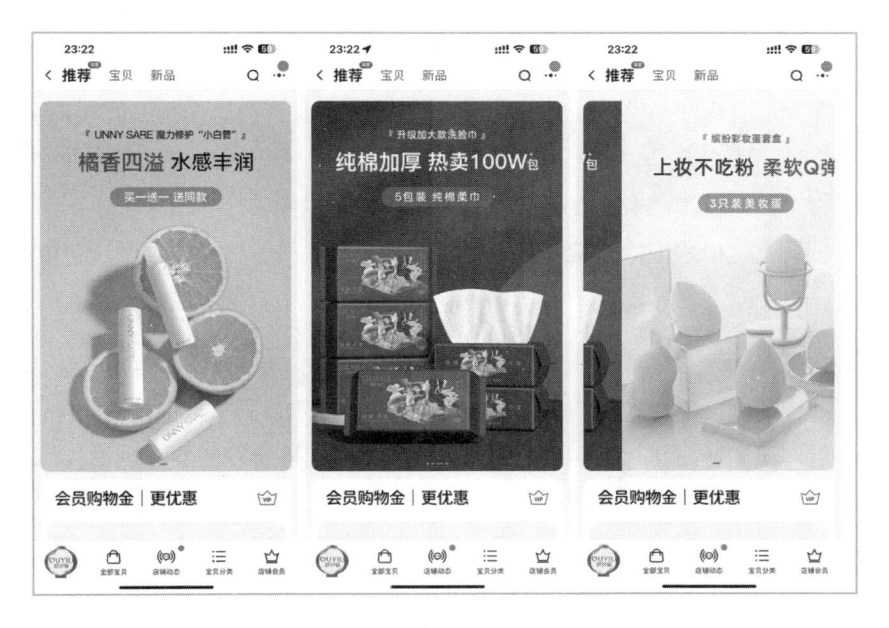

图 3-44

若店铺购买了"动态卡片"(LiveCard)模块,就可以添加其他的弹窗用于跳转,如图3-45所示,客户可点击弹窗入会领券。弹窗页面自动关闭后,开始进行海报自动轮播。

图 3-45

3)重要模块

前三屏常用的重要模块有商品分类、促销专区、优惠券等,如图 3-46 所示。分发逻辑与商品详情页分发类似,按运营策略规划即可。为适应手机阅览,建议制作竖屏海报。

2. 商品陈列规划

为提升店铺其他单品的曝光量,在首页中可对其进行相应的呈现,常见的解决方案为单图陈列、双列陈列、九宫格陈列等,如图 3-47 所示。如想提升某个单品图片的点击率,可根据设计对比原则,对图片大小、文字粗细及背景颜色等进行差异化处理。

第 3 章 视觉运营 | 55

图 3-46

图 3-47

3. 阅读体验规划

客户在浏览较长页面的过程中，容易产生焦虑情绪，有可能加快滑动速度进行快速浏览，从而造成信息触达率降低，为解决该问题，可添加横屏"胶囊海报"进行"拦截"，如图 3-48 所示。

图 3-48

为提升客户阅读沉浸感，可不进行页尾设置，如图 3-49 中左图所示。也可按图 3-49 中右图设置页尾，提升页面完整性。常见的页尾文案为企业文化、品牌展示、售后政策等，用以增强客户信任。

页尾也可进行流量分发，如图 3-50 所示，也可以设置"返回顶部"，客户点击后即可返回首页，跳转到首屏位置。

图 3-49

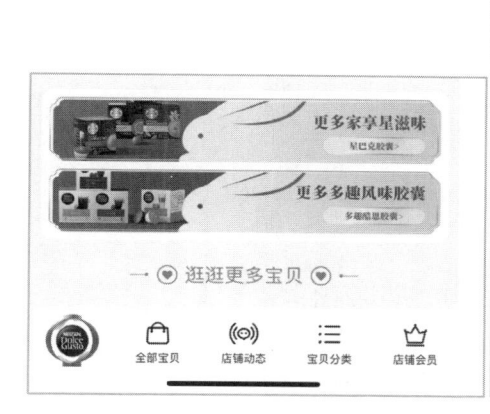

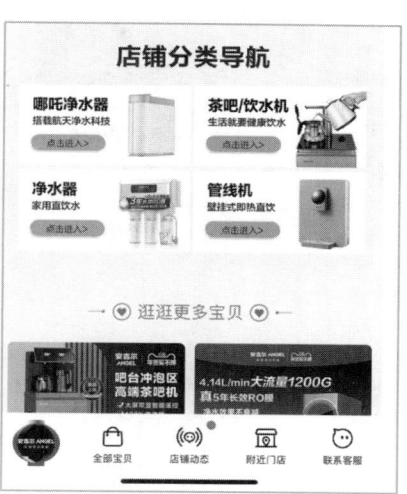

图 3-50

3.2　店铺装修

设计师使用 Photoshop 等制作好图片后,需要将其上传到店铺后台并进行发布,然后客户即可在手机淘宝上看到装修好的页面,从而进行商品选购。商家需重点关注商品详情页的优化及店铺首页的装修。

3.2.1 详情装修

在进行初次商品发布时，需在"图文描述"部分，按要求上传主图图片，如图 3-51 所示。

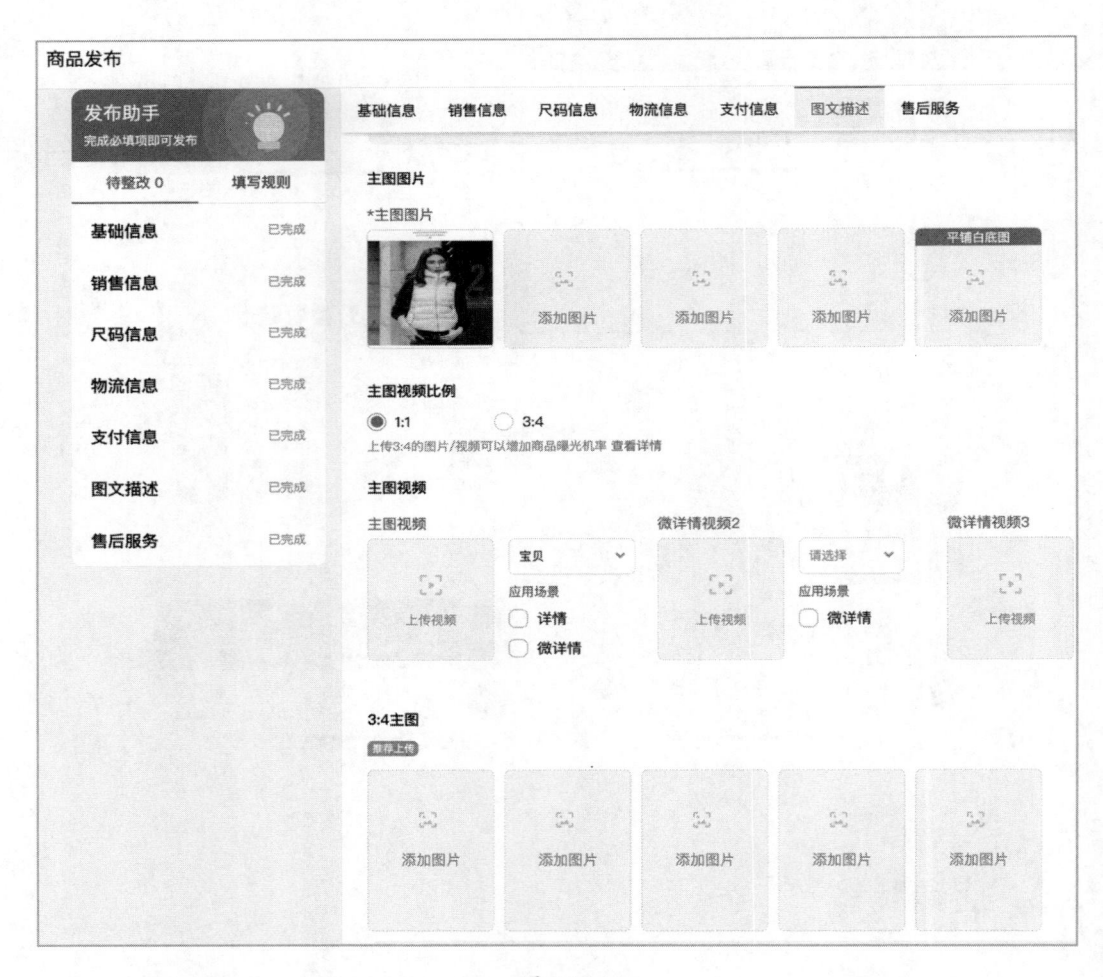

图 3-51

具体的图片要求如表 3-2 所示。

表 3-2　图片要求

主图类型	数量/张	参考尺寸/px
1∶1	5	700×700 以上
3∶4	5	750×1000 以上
2∶3	1	800×1200 以上

主图图片逻辑可参考前文所述的商品详情页框架，将主图视为浓缩的详情页即可。但需注意如果页面中有白底图上传入口，需按基础规范制作白底图上传。

构图基础规范如图 3-52 所示。

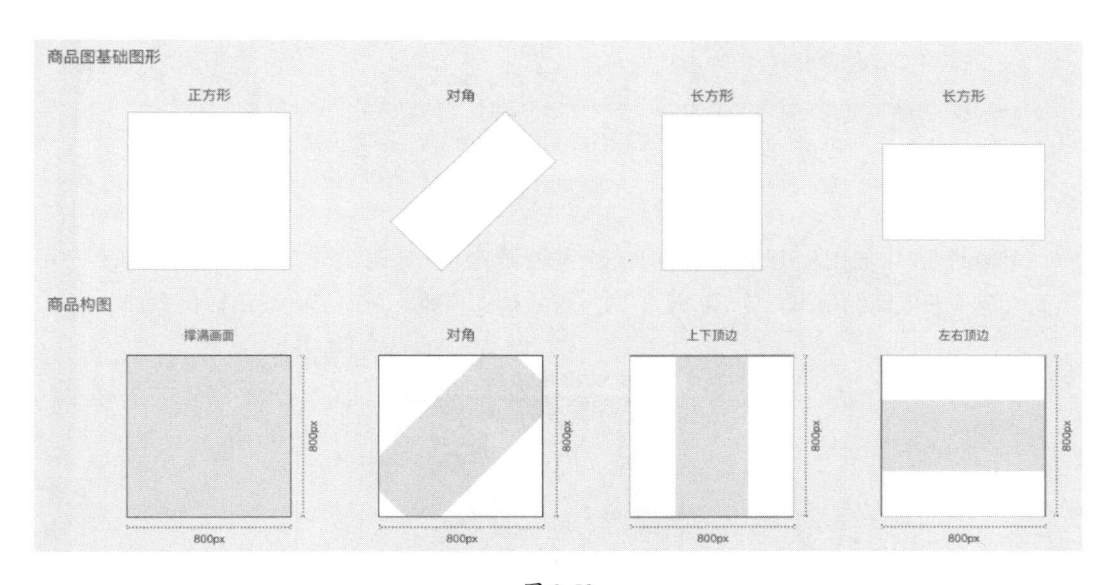

图 3-52

当符合要求的商品白底图上传成功后，就有可能在手淘（手机淘宝）首页、大促会场、聚划算、猜你喜欢等地方展示，从而获得更多的曝光机会。

3.2.1.1　标准详情

在店铺的运营过程中，常需对主图及商品详情进行优化，可在淘宝旺铺后台点击"详情装修"按钮进行编辑，如图 3-53 所示。重点关注"商品主图"和"图文详情"的维护。

图 3-53

1. 商品主图

上传的 3∶4 的图片/视频可以展示在全屏微详情中，如图 3-54 所示。这样能让客户更全面快速地获取商品信息，给客户更好的沉浸式购物体验，从而提升商品转化率。

图 3-54

1）上传 3∶4 主图

点击淘宝旺铺后台的"详情装修"按钮，选择商品后，点击商品主图进行编辑，即可看到如图 3-55 所示的页面。建议上传 5 张 3∶4 的主图（最小宽度 750px，最小高度 1000px，宽高比为 3∶4，仅支持 3MB 以内 jpg、jpeg、png 格式的图片）。

图 3-55

图 3-56 所示为优秀主图的案例，从中可以发现，主图呈现可朝如下几个方面思考。

（1）卖点可视化：将商品的卖点用相应的测试进行证明，如想表达黏性强的卖点，通过粘起 3 瓶矿泉水不掉落来进行可视化呈现。

（2）实力数据化：将品牌及商品的实力用数据进行证明，如通过累计热销数据让客户见证实力，从而让客户相信该商品可以放心购买。

（3）场景氛围化：通过展示商品的使用场景，营造使用氛围，让客户感同身受，产生沉浸感，打破心理平衡，从理性到感性，产生购物冲动。

以上为抛砖引玉，还有更多的呈现方式，但总的原则还是前文所述的视觉策划，在此基础上进行灵活运用。

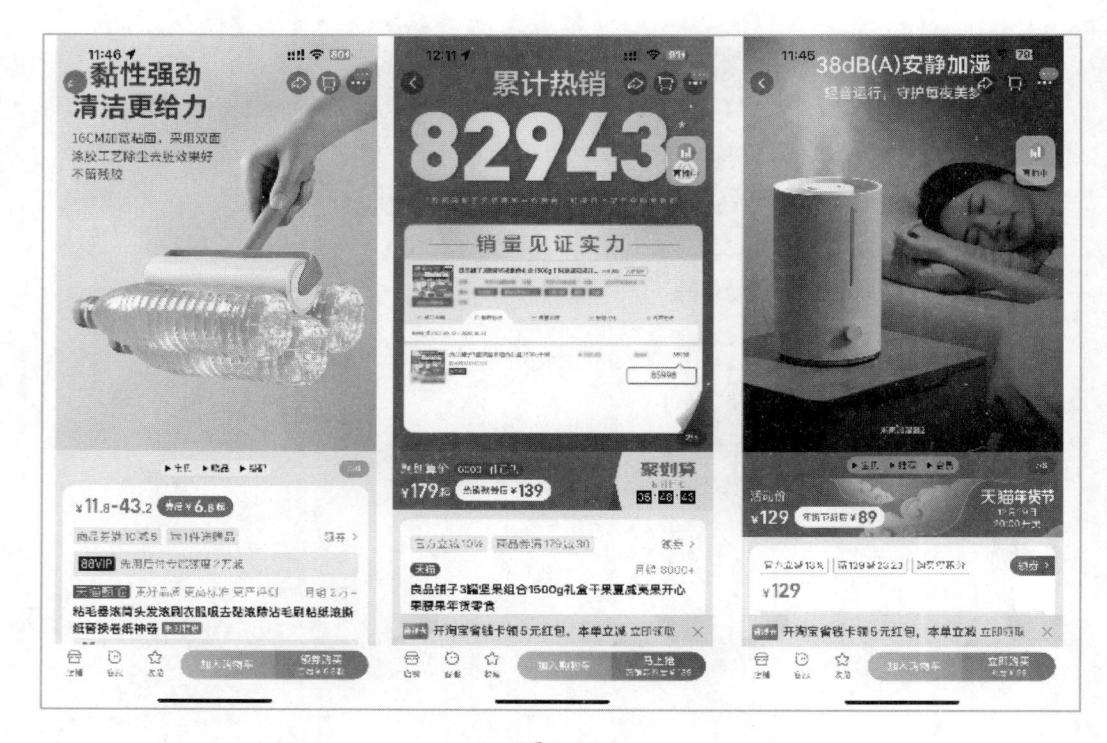

图 3-56

2）上传微详情视频

从客户浏览体验和转化率来看，3∶4 和 9∶16 的图片或短视频比其他比例效果更佳。下面以 3∶4 微详情视频为例进行介绍。如图 3-57 所示，点击"上传视频"按钮，上传符合要求的视频即可（画幅比例为 3∶4，建议视频时长 15 秒，最长不超过 60 秒，大小不超过 1.5GB）。

注意勾选"微详情"复选框，视频上传完毕后，投放到微详情资源位需要进行公域审核，系统审核需要一定的时间，请耐心等待。

商家同一款商品最多可以上传三个不同类型的视频，为获得更多的曝光机会，建议传满三个微详情视频。投放场景按实际选择即可。

为使微详情三个视频内容不重复，且能提升客户体验，建议对微详情视频类型进行多样化设计。

图 3-57

2. 图文详情

商品详情页制作并优化完毕后,需要上传到后台,进入淘宝旺铺后台,点击"详情装修"按钮,选择需编辑的商品,再点击"图文详情"下的"编辑"按钮,如图 3-58 所示。

图 3-58

进入编辑页面后，即可添加相应的模块。编辑该模块的相应内容，并注意观察中间预览区，看编辑效果是否达到预期。最后点击"保存"或"发布"按钮即可。

官方模块分为基础模块、营销模块、行业模块、自定义模块四种，按需选择并进行相应的编辑即可，如图 3-59 所示。

图 3-59

3.2.1.2 导购素材

在淘宝旺铺装修后台，还需维护导购素材，可针对店铺装修所需的素材进行专门化管理。主要维护文案素材及图片素材两大部分，如图 3-60 所示。

1. 文案素材

文案素材主要分为商品短标题（见图 3-61）、推荐理由，由店铺可装修模块、商品推荐流自动调取使用（如商家上传多个"推荐理由"，算法将自动识别并予以个性化展现）。

图 3-60

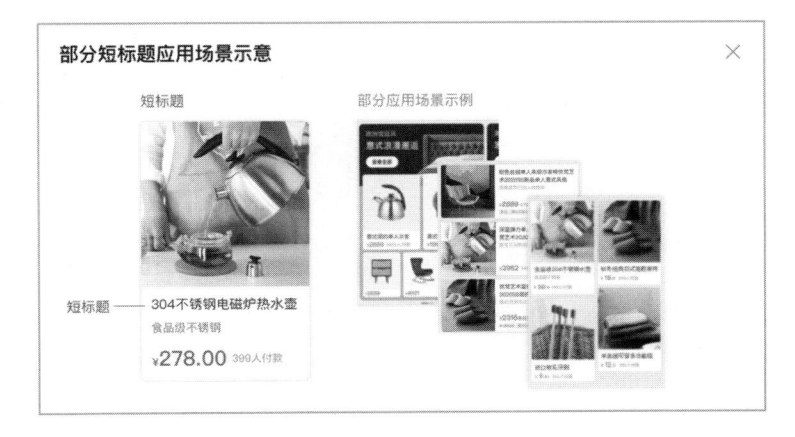

图 3-61

根据页面要求添加文案，如图 3-62 所示。

图 3-62

2. 图片素材

图片素材主要是 1∶1 和 3∶4 的纯净底图和场景图，如图 3-63 所示。

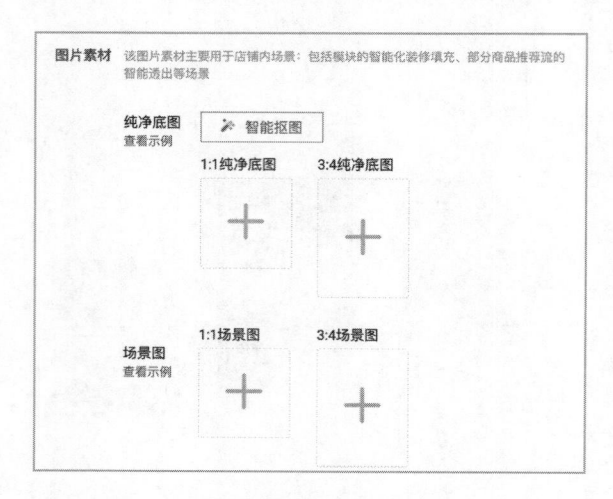

图 3-63

在传统装修模式下，美工需要抠图、切片等，工作量大，并且这种方式所产出的是固定图片，不具备智能排序能力，效率不高。现在系统提供的智能抠图功能，可以实现算法推荐下的智能调用，能够兼顾美观与效率。点击"智能抠图"按钮即可看到如图 3-64 所示的页面。

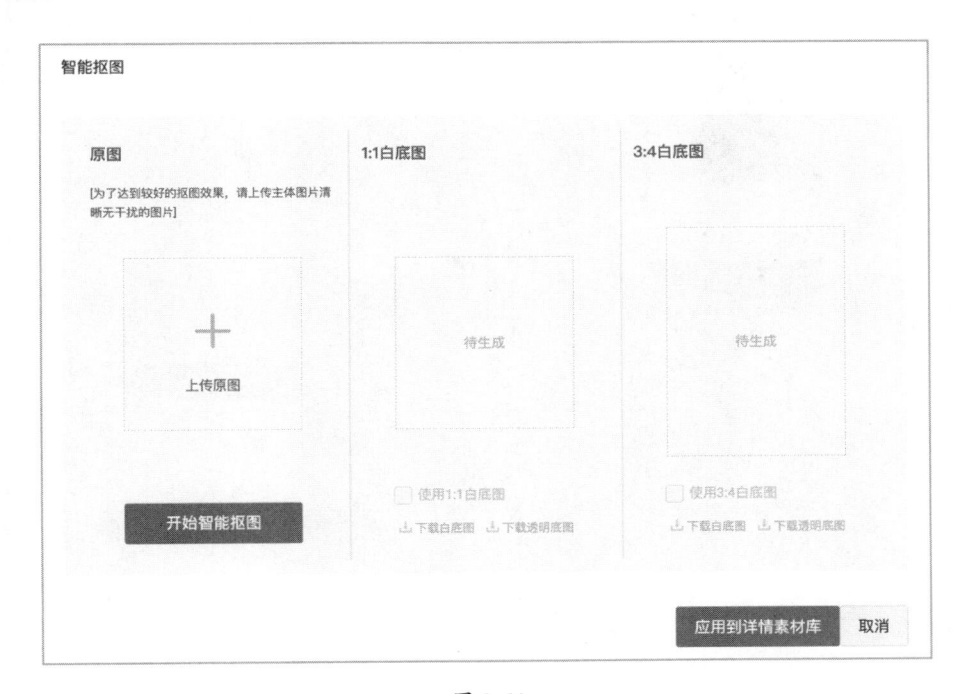

图 3-64

选择好待抠的商品图，点击"开始智能抠图"按钮，如图 3-65 所示。

稍等片刻后，系统就会抠出 1∶1 和 3∶4 的白底图，此时点击"应用到详情素材库"按钮即可，如图 3-66 所示。

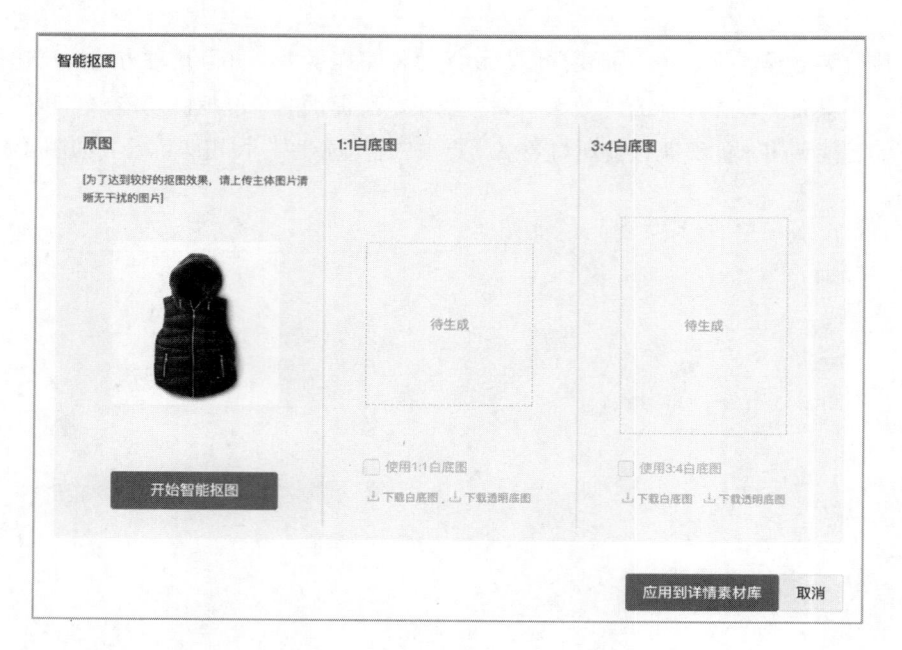

图 3-65

图 3-66

场景图的素材上传比较简单，上传之后点击"确认"按钮即可。需要注意的细节为1∶1场景图的分辨率为800px×800px，3∶4场景图的分辨率为900px×1200px。

图片类导购素材主要由店铺可装修模块、商品推荐流自动调取使用，为提升整体美观度，需注意避免出现"牛皮癣"，如图3-67所示。

图 3-67

3.2.2 首页装修

首页在店铺运营中是一个非常重要的曝光阵地，客户在浏览商品详情页后，有可能会跳转到首页继续浏览。在进行付费推广时，也可直接将店铺首页作为落地页。故首页是一个重要的流量聚散分发的页面。

当首页策划及图片制作完毕后，需要将图片上传到淘宝旺铺后台，进行店铺装修操作，如图3-68所示。店铺首页装修一般分为"手机店铺装修"和"PC店铺装修"，但随着智能手机的普及和5G网络的迅猛发展，客户一般通过手机淘宝进行购物，故需重点关注"手机店铺装修"，点击"装修页面"按钮即可开始进行编辑操作。

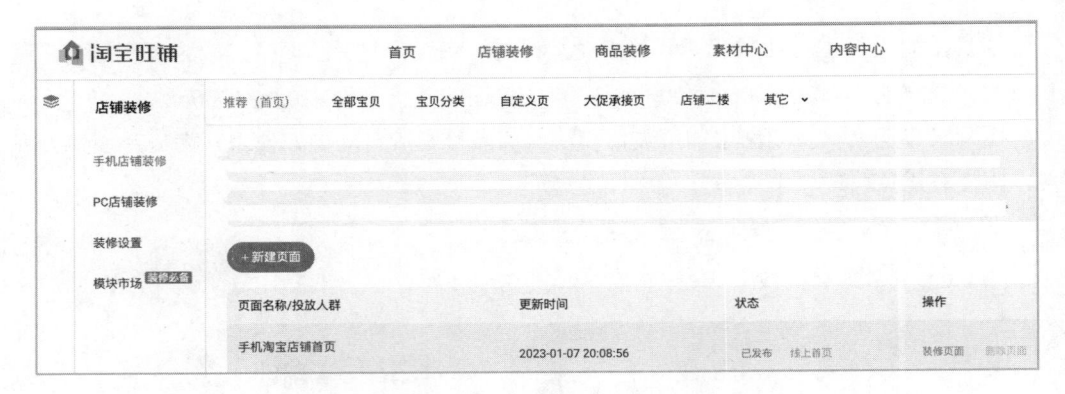

图 3-68

3.2.2.1 手机店铺首页装修

1. 装修流程

页面装修主要包含左侧容器列表区、中间装修预览区、右侧模块编辑区，具体的装修流程与商品详情页类似，差异点在于，左侧容器列表区内的模块需拖曳到中间装修预览区才能开始进行编辑操作，如图 3-69 所示。当装修完毕后，点击"发布"按钮，客户即可看到刚装修的手机店铺首页。

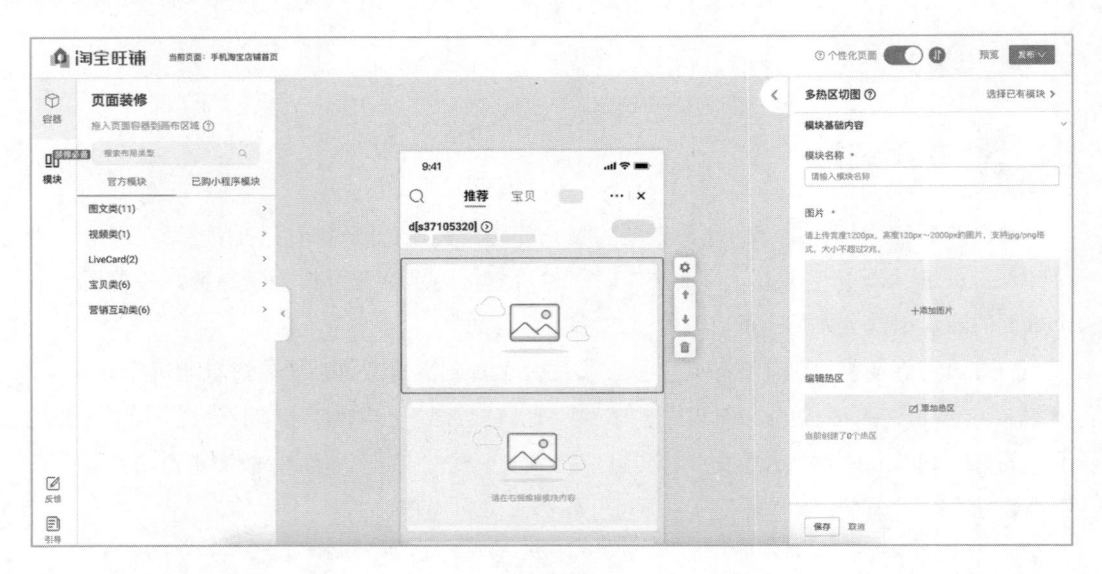

图 3-69

容器列表区内可供选择的官方模块有 5 种类型，分别为图文类、视频类、动态卡片类、商品类、营销互动类，能满足基本的店铺装修需求。

2. 操作演示

可拖曳添加的模块有很多种，因篇幅原因，在此无法一一呈现，下面对使用频率较高的"多热区切图"模块进行操作演示。

（1）点击左侧容器列表区，在"图文类"下面点击"多热区切图"模块，可以看到如图 3-70 所示的预览区。

图 3-70

（2）在右侧模块编辑区，填写模块名称为"店长推荐"，如图 3-71 所示。

（3）添加图片有两种方法：可自主上传宽度为 1200px，高度为 120px～2000px 的图片，图片可以是 jpg、png 格式，大小不超过 2MB。也可使用"智能作图"，用鹿班平台合成海报图，如图 3-72 所示。

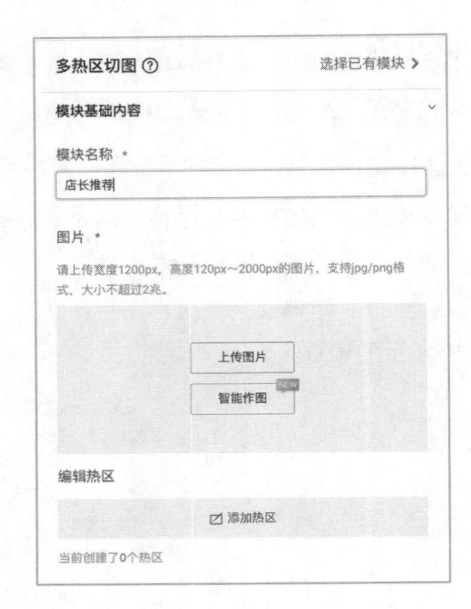

图 3-71　　　　　　　　　　　　　图 3-72

（4）为提升效率且获得更多参考版式，可选择"智能作图"方式。在如图 3-73 所示的页面中，可添加 2~4 个商品图。建议选择同类型商品图（全部为白底图或场景图），选择完图片后，点击"立即生成"按钮，开始进行智能合图。

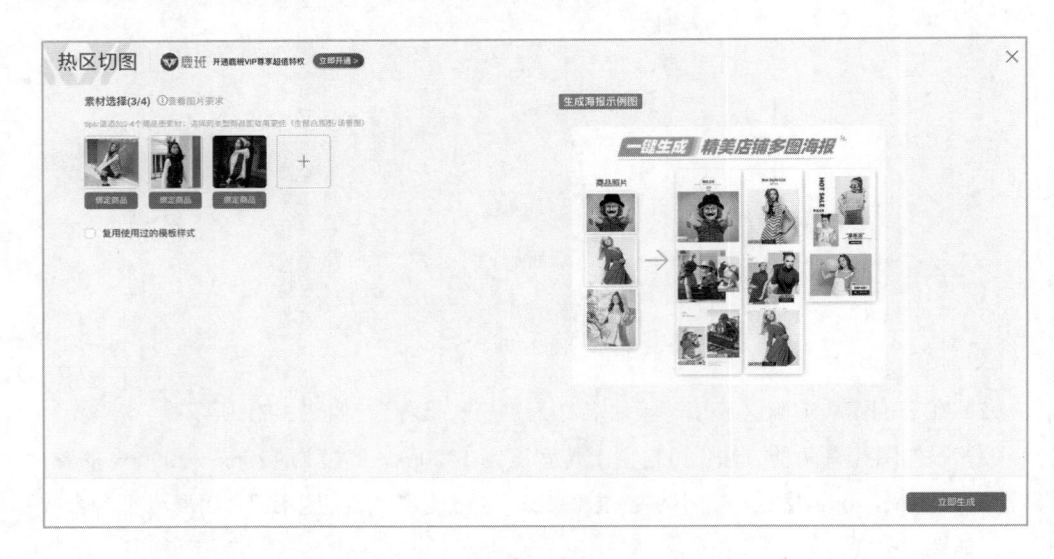

图 3-73

（5）等鹿班自动生成多个海报图后，选择合适的版式保存即可，也可点击"编辑"按钮，进行微调。

（6）保存好鹿班生成的海报图后，即可见到如图 3-74 所示的页面，点击"添加热区"按钮，准备添加链接。

图 3-74

（7）系统已自动添加好热区部分，点击"热区管理"按钮添加链接，然后点击"完成"按钮。需注意的细节是，三个热区的链接必须添加，否则无法保存。如想添加更多链接，可点击"添加热区"按钮进行添加。

（8）模块内容编辑完毕后，点击"保存"按钮，在中间预览区即可看到设置后的效果，还可以点击"预览"按钮扫码观看，当检查确定无误后，点击"发布"按钮，则客户在手机淘宝店铺中可以看到该生效的模块。

3.2.2.2　PC 店铺首页装修

随着越来越多的客户通过手机淘宝进行购物，通过 PC 店铺成交的客户比例已经越来越小。商家在 PC 店铺首页的装修上有三种方案。

1. 设置 PC 店铺极简首页

平台为了降低淘宝、天猫商家 PC 端店铺运营成本，支持商家在未装修 PC 店铺首页的情况下，在淘宝旺铺 PC 端设置官方默认的极简模板。客户可直接扫描二维码进入手机淘宝店铺购物。

具体的设置方法非常简单，只需在淘宝旺铺后台，找到"PC 店铺装修"→"使用官方二维码首页"，开启该功能后，PC 端店铺首页则会用极简模板来展示。

2. 手动编辑 PC 店铺首页

若 PC 店铺首页有品牌宣传的需求，也可点击"装修首页"按钮进行手动编辑，跳出的页面如图 3-75 所示。具体的操作方法与前文所述的手机店铺装修类似，拖曳相应的模块到预览区进行编辑后发布即可。

图 3-75

3. 在装修市场购买店铺模板

若想省时省力，也可进入"服务市场"→"装修市场"，在"PC 店铺模板"中购买合适的模板，如图 3-76 所示。

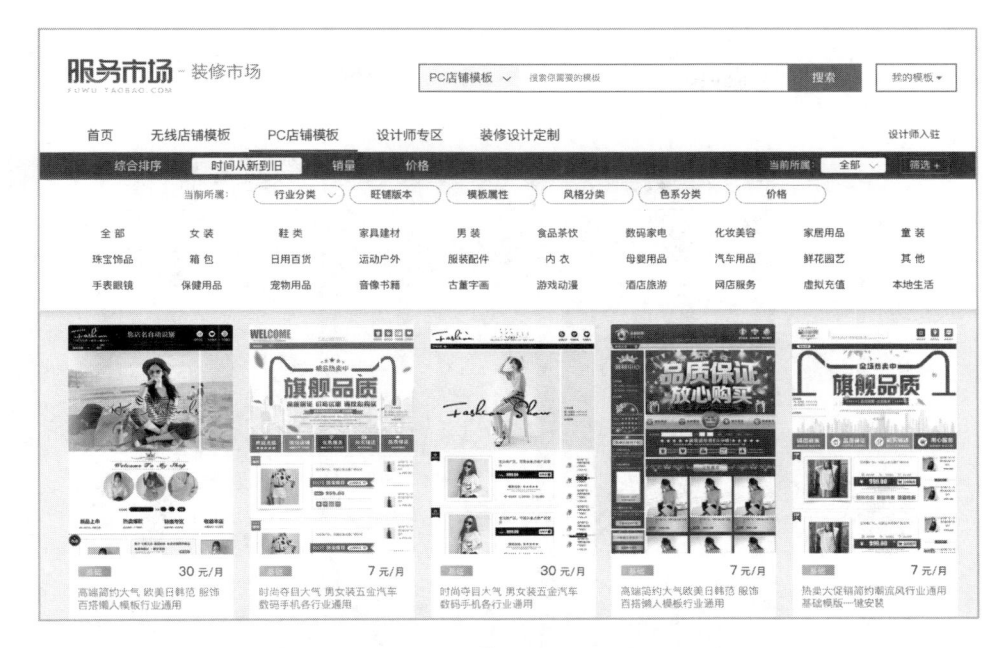

图 3-76

同理，手机店铺装修也可以通过采买模板的方式来实现。可从"行业分类""风格分类""色系分类""价格"等维度选择合适的模板。

模板选择完毕后，可点击"马上试用"按钮进行试用，如图 3-77 所示。预览效果后，如果觉得满意就按需付费购买使用。

图 3-77

如想在手机淘宝店铺首页实现前文案例中的"入会弹窗"等效果，可以购买 weex 弹窗动效模块，如图 3-78 所示。

图 3-78

第 4 章
流量运营

对电商运营来说，流量就是生命，解决了流量问题，电商运营问题就基本解决了。从渠道上分，流量主要有平台流量和广告流量。平台流量根据客户进店渠道进行区分，可分为搜索流量、推荐流量、购物车流量、直播流量、短视频流量等；广告流量根据广告投放渠道进行区分，可分为效果广告流量、品牌广告流量、内容广告流量、站外广告流量等。

4.1 搜索流量运营

4.1.1 搜索流量的认知

搜索流量分为手淘（手机淘宝）搜索流量、搜索入口榜单流量、手猫（手机天猫）搜索流量、飞猪搜索流量等，是客户在不同 APP 上通过搜索引擎找到商品而产生的一种流量。

4.1.1.1 搜索流量的特点

客户通过搜索关键词或图片找到商品，带来的就是搜索流量。所以搜索流量的特点是受到平台流量的限制，也受到客户搜索行为的限制。搜索流量的特点包括以下几点。

1. 流量稳定

搜索流量是建立在 30 天销量排序基础上的，所以一般不会出现大幅升降。

2. 转化率高

搜索流量是客户主动搜索产生的，客户在搜索前购物意图就很明确，这就造成搜索流量的转化率比较高。客户搜索的关键词精准度越高，转化率就越高。

3. 有上限

搜索流量受到搜索关键词人数的限制，没有客户搜索时自然也就没有搜索流量。行业词、属性词、品牌词能获得的流量上限是不同的，所以根据关键词搜索人气可以判断搜索流量上限。图 4-1 所示为关键词搜索人气分析。

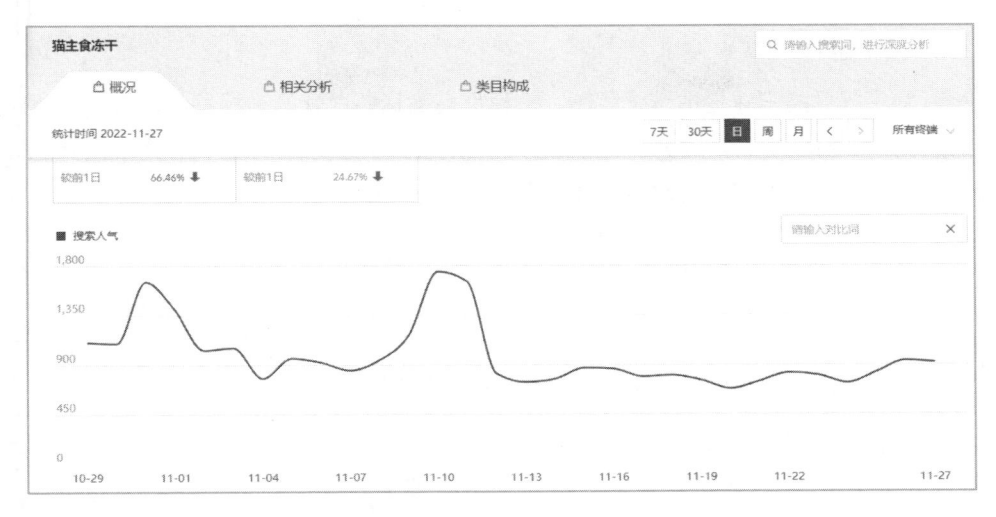

图 4-1

4. 分配不均匀

平台搜索流量分配遵守"二八定律",80%的搜索流量集中在承流能力最强的20%的商品上,所以要获得足够的搜索流量,必须提高自己商品的排行,从图 4-2 所示的页面中可以查看商品排行。

图 4-2

5. 千人千面

平台为了提升搜索流量的转化效率，会根据商品标签（关键词标签、价格标签、属性标签、行为人群标签等）和客户标签（人口属性标签、消费能力标签、行为属性标签等）进行匹配，因此每个人搜索同样的关键词展示结果并不相同。

4.1.1.2 搜索流量的关键指标

搜索流量的考核指标有很多个，关键指标包括单品指标和店铺指标。

单品指标包括五种权重，图 4-3 所示为单品五力模型图。

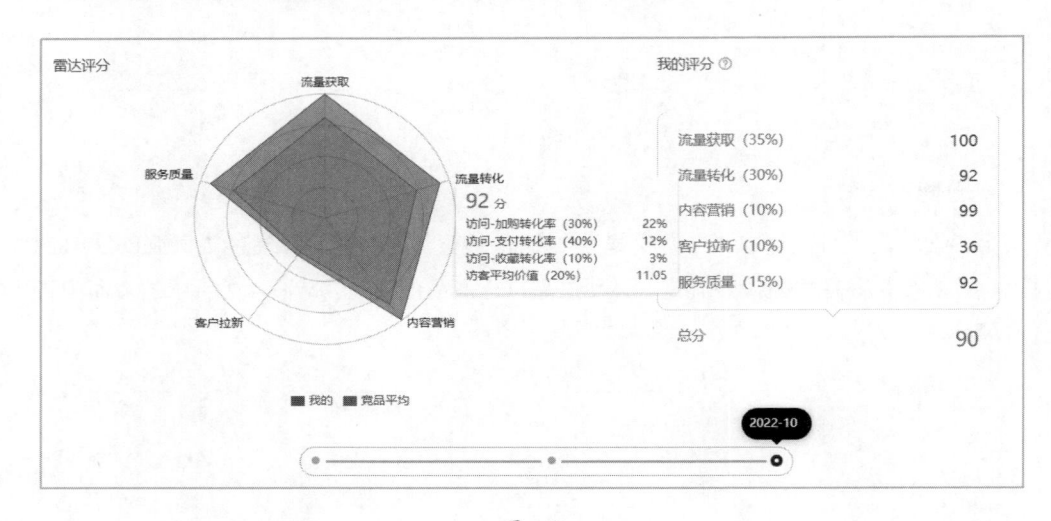

图 4-3

（1）流量获取（权重 35%）：其中商品访客占比 40%，聚划算访客占比 15%，搜索访客占比 30%，直通车访客占比 15%。

（2）流量转化（权重 30%）：其中加购转化率占比 30%，支付转化率占比 40%，收藏转化率占比 10%，访客平均价值占比 20%。

（3）内容营销（权重 10%）：其中内容加购转化率占比 20%，内容收藏转化率占比 20%，内容访客数占比 30%，内容支付客户数占比 15%，内容支付金额占比 15%。

（4）客户拉新（权重 10%）：其中新访客数占比 50%，新客支付金额占比 50%。

（5）服务质量（权重 15%）：其中退款率占比 25%，正面评价数占比 38%，有图评价数占比 37%。

店铺指标包括三种指标。

（1）正向指标：点击率、转化率、收藏率、加购率、复购率。

（2）负向指标：差评率、纠纷率、退款率、平台介入率。

（3）成交指标：GMV（总销售额）、客单价、支付客户人数、支付件数、确认收货人数。

4.1.2 搜索流量的优化

4.1.2.1 搜索标签优化

搜索标签是通过商品设置给商品打上的标签，标签有助于商品在搜索中进行"千人千面"的展示。

1. 商品标签

在商品上架前，要完善商品属性、图片、标题和价格等内容，这样商品在上架后才能被客户搜索到，所以商品属性必须填写完整，不能出现错误，否则会影响搜索。完整的、正确的属性填写可以提高商品在关键词搜索中的曝光概率。

客户可以通过"拍立淘"和"找相似"功能筛选商品主图，所以对于标品、性价比高的商品，可以通过制作相似图片提高商品在图片搜索中的曝光概率。

对于商品标题关键词，可以提高其与客户搜索关键词的相关性来提高商品的曝光概率。

2. 行为标签

客户进店后可以在店铺中产生浏览、收藏、加购、领券、订阅、入会、成交、推荐、分享等行为或动作。这些行为或动作会在一定时间内影响客户的搜索结果，例如已成交客户再次搜索关键词时，其购买过的商品排序会靠前。

3. 人群标签

在搜索结果页面中，商品排序有"千人千面"的呈现逻辑，商品的价格、属性、客户人群标签和客户历史行为动作的相关度很高，商家可以利用这个逻辑提高自己商品的曝光概率。

4.1.2.2 搜索标题优化

标题中的关键词是影响搜索结果的一个重要因素，所以优化标题也是搜索优化的一个重要组成部分。

1. 关键词分类

标题中的关键词被统称为搜索词，搜索词是由词根（关键词的组合单位，一般由 2~3 个字组成）组成的，标题中的关键词排序要尽量符合客户的阅读习惯。搜索词分为品牌词、品类词、修饰词和长尾词，在客户搜索关键词后系统会自动根据标题包含的词根进行筛选。

2. 关键词选词渠道

标题关键词的选词渠道主要包括商品名称、商品品牌、商品属性、手淘搜索下拉框、手淘搜索排行榜等。

3. 品牌词

品牌词的搜索人气是由客户的品牌认知度和老客户的比例决定的，只在平台内做广告很难拉升品牌词的搜索流量，所以必须靠全网的广告投放才能实现。

4. 关键词书写

标题要符合平台的需求和客户的阅读习惯：平台要求标题覆盖更多更精准的关键词，客户要求标题能够让其一目了然地了解商品。标题最前面应放品牌词或者商品专属关键词，然后是和商品相关性最高的修饰词。行业词是搜索流量最大的关键词，可以根据客户搜索习惯放在修饰词之前或之后。商品的型号或规格词一般放在标题最后。

标题一般小于 30 个汉字或者 60 个字符（特殊类目可以多达 50 个汉字或 100 个字符），标题写满是为了提高关键词的覆盖度。

5. 标题关键词优化

在生意参谋中的"品类"→"商品 360"→"标题与选词引流优化"中可以看到标题分析，如图 4-4 所示。对于引流人数比较少、转化率低的关键词可以定期进行更换，关键词可以根据标题推荐或者搜索词进行选择。

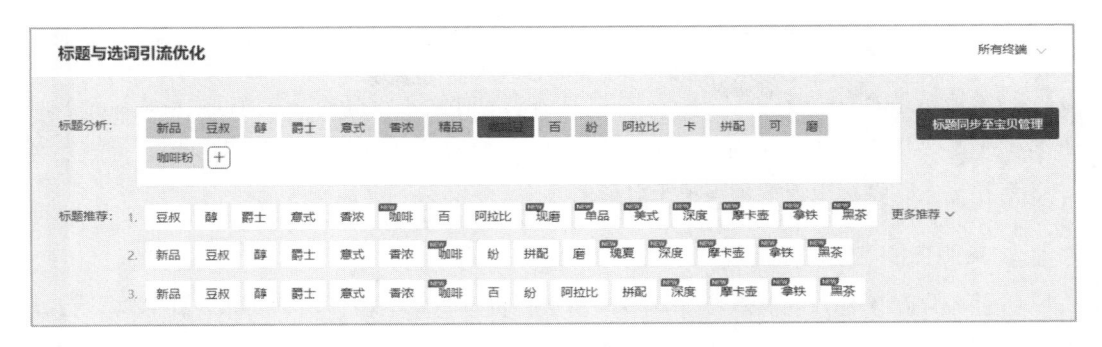

图 4-4

搜索流量是平台流量中最重要的类型，销量、转化率、商品属性、售后指标都会对其产生影响，所以要想提高搜索流量就必须全方位优化商品、持续关注客户搜索行为习惯的变化。

4.2 推荐流量运营

4.2.1 推荐流量的认知

推荐流量属于系统算法流量，系统根据客户的行为和属性标签，将最合适的商品推荐给客户。推荐流量可以提高客户的购物体验，让相似的商品持续出现在客户面前以便于比较，还可以让客户有逛街似的沉浸式体验，提高客户在平台的停留时间。

4.2.1.1 推荐流量的特点

系统推荐的商品会主动出现在客户的浏览页面上，但客户并没有购物的主动性，所以推荐流量的转化率和稳定性远远低于搜索流量。不过，推荐流量也有自己的特点。

1. 客户体量大

系统推荐的商品对于店铺流失人群、竞品流失人群、行业潜在人群都有曝光的机会，所以推荐流量的总体量级大于搜索流量。推荐流量可以覆盖商品所属子类目的潜在访客，这样就增加了推荐流量的客户体量。

2. 潜在需求多

搜索流量是"人找货",客户一定是在有需求的时候才会搜索,进而形成搜索流量。但推荐流量是"货找人",可以主动投放给客户,这就可以通过图片呈现、卖点展示等激发客户的潜在需求,挖掘出很多本不属于自己的客户。

3. 资源位多

推荐流量在平台内的展示位非常多,包括首页推荐中的微详情、直播、短视频,以及购中推荐、购后推荐、推荐云主题等,而且推荐展示位不限于站内,还有很多站外的广告展示位。平台为了提高展示位的效率,对大部分展示位都赋予了推荐算法。

4. 形式丰富

搜索流量展示的基本都是图片展示位,而推荐流量增加了短视频、直播、达人推荐和活动等展示形式,展示形式和素材多种多样,可以满足客户多样的购物需求,也能有效提升点击率。

4.2.1.2 推荐流量的展示位

推荐流量的展示位不同,推荐算法也有区别。根据展示位算法的不同,可将展示位分为信息流、微详情、短视频、直播、购中购后等类型。

1. 信息流

推荐信息流展示位主要指的是首页的商品图片展示位,展示的商品可以是很多不同类目的商品,与该客户产生过的浏览、收藏、加购、成交等行为动作有关。具体考核指标包括生意参谋中的"品类"→"商品360"→"销售分析"中的商品访客数、商品浏览量、平均停留时长、商品详情页跳出率、商品加购人数、商品加购件数等,如图4-5所示。

2. 微详情

点击信息流等页面的商品展示位后,页面会跳转到详情页的微详情展示位,在微详情展示位可以上下滑屏,其中所展示的都是和点击的商品同类目的商品。微详情展示位主要按商品的相似性进行推荐,对于商品的点击率、收藏率、加购率、月销量都会有要求,所以商品在相似商品中的表现越优秀,被曝光的概率也越大。具体考核指标包括平均停留时长、商品详情页跳出率、访问收藏转化率、访问加购转化率、下单转化率、支付客户数、支付转化率、访客平均价值等。

图 4-5

3. 短视频

短视频可以在信息流展示位中展示（手淘推荐短视频），也可以在微详情展示位中展示（短视频全屏页），所以短视频的展现考核指标基本和图片在信息流或微详情中一致。但是，短视频本身的考核指标还包括一些独特的维度，如完整播放人数、完整播放次数等，如图4-6所示。具体考核指标在生意参谋的"内容"→"光合短视频"或"头图视频"中可以查看。

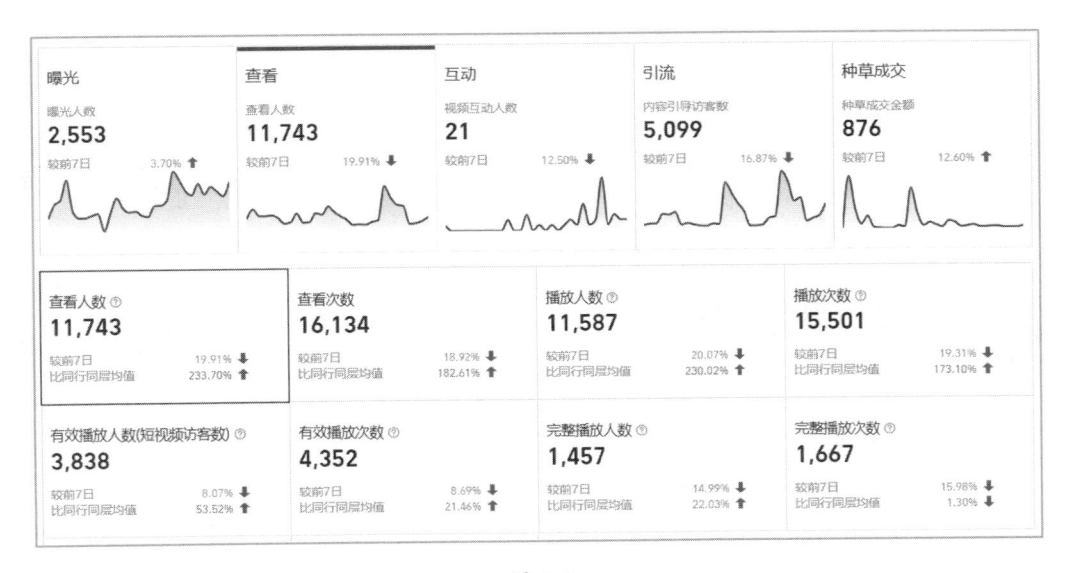

图 4-6

4. 直播

直播和短视频一样，都可以在信息流和微详情展示位中展示，直播在不同的展示位的考核维度也有所不同。直播考核的是直播时长、直播看点、直播增粉数、种草金额、直播间浏览次数等，具体考核指标可以在直播后台或者生意参谋的"直播"模块进行查看，如图 4-7 所示。

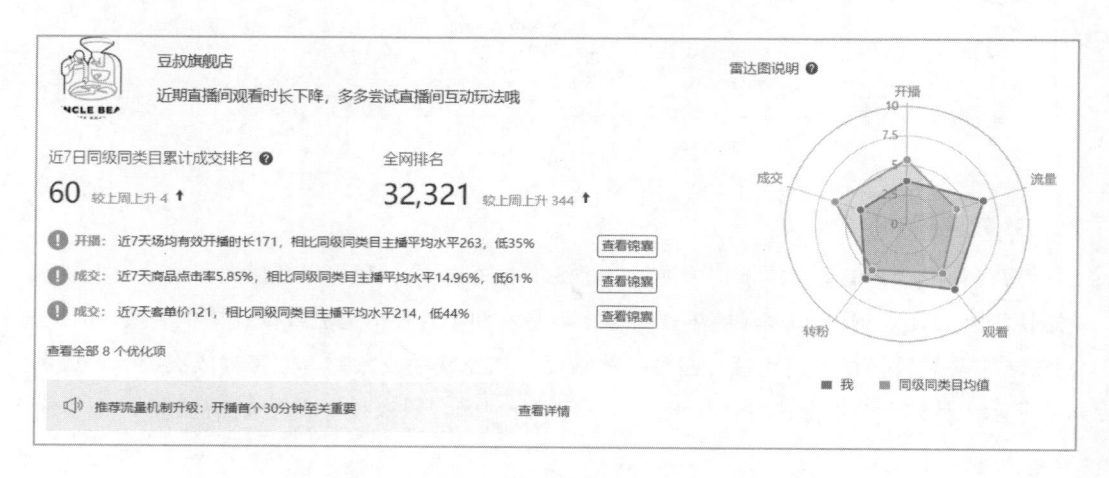

图 4-7

5. 购中购后

具体来说，购中购后展示位又分为"购中猜你喜欢"和"购后猜你喜欢"，主要根据客户收藏、加购、购买过的商品进行推荐，所以对于商品的点击率、收藏率、加购率、月销量都会有要求。

4.2.2 推荐流量的优化

推荐流量优化需要从提高权重、获取展现量，以及在展现后提高点击率等维度进行。

4.2.2.1 推荐流量放大优化

1. 新品期推荐流量放大

平台对于新品、趋势品和性价比高的商品有特殊的流量扶持，因此，店铺在发布新品时很容易获得推荐流量。首先，新品在发布后，如果能够有一定的销量，就有可能进入推荐流量池，平台会将商品推荐给一些喜欢购买新品的客户，从而让新品获得推荐流量。其次，商品在新品期的前45天内，如果销量连续大幅上升，则系统会判断该商品处于热销阶段，会将其推荐给本行业潜在客户群，从而提升商品的展现机会。最后，在新品期间，商家可以进入店铺运营中心，通过完成任务来提高自己商品的分数，A级或B级商品将在新品扶持期间获得更多推荐机会，如图4-8所示。

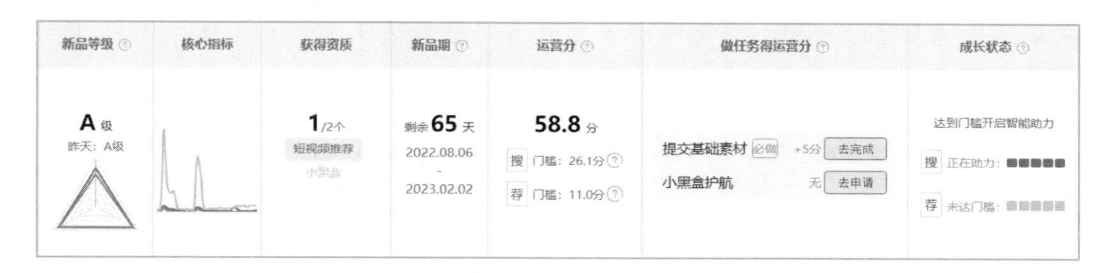

图 4-8

2. 有效人群推荐流量放大

"有效"主要是以客户的停留时间来判断的。客户的停留时间受到商品客单价、客户是不是新客户、流量精准度的综合影响。一般而言，商品的客单价越高，客户的停留时间越长，老客户比新客户的停留时间长，流量精准度差则会降低客户的停留时间。如果客户在详情页的停留时间不到6秒，则被称为"无效流量"。这样不仅不能增加推荐商品的曝光率，还会将这些流失人群推给竞品。

要增加客户的"有效性"，可以通过投放短视频、直播互动、增加关注、引导客户入会等方式，还可以在店铺内设置"满减"或者优惠券来提高商品的竞争力，从而提升商品的收藏量和加购量。店铺的有效人群规模越大，商品在推荐展示位的曝光次数也就越多。可以通过生意参谋的"品类"→"商品360"→"人群推荐"来判断商品的有效人群规模，如图4-9所示。

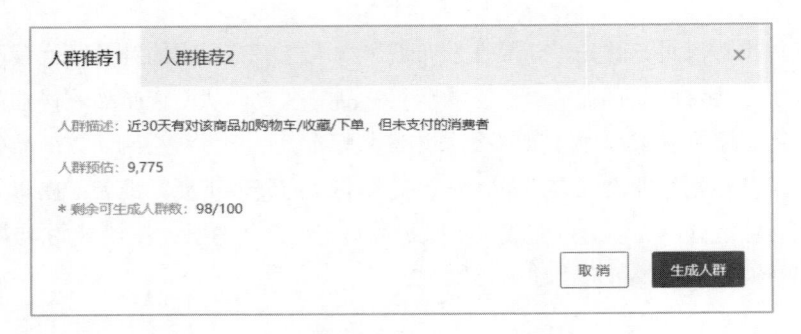

图 4-9

3. 核心指标推荐流量放大

推荐流量是为了触发客户的潜在需求,其精准度低于搜索流量。因此,推荐流量基本不考核转化率指标,然而,对于点击率、收藏率、商品曝光次数及 30 天月销量等指标的考核更为重要。在生意参谋的"业务专区"→"手淘信息流"中,"进店次数"与"商品曝光次数"的比值,就是点击率,如图 4-10 所示。

图 4-10

4. 竞品流失推荐流量放大

推荐流量有很大一部分来源于竞品的人群流失,所以商品在同类目下的收藏人气和加购人气的排名也会影响推荐流量的分配,可通过生意参谋的"市场"→"行业排行"→"商品"→"类目"→"高意向"中的收藏人气、加购人气等来判断商品在行业内的排名,如图 4-11 所示。

图 4-11

4.2.2.2 推荐流量点击优化

推荐流量是主动出现在客户面前的，客户没有主动购物意图，这也导致了推荐素材的质量对于形成有效流量和成交转化至关重要。只有符合平台考核标准的素材才能"入池"，才有展现的机会。而拼接图、清晰度低或美观度差的图、带有"牛皮癣"的图都难以"入池"。点击率较高的图片通常是场景图、凸显卖点的图、客户实拍图，而白底图或平铺图的点击率普遍偏低。推荐渠道的展示素材由系统自动抓取，抓取的渠道包括商品主图、详情主图、SKU（最小存货单位）图、银河素材中心中的图、图片空间中的图、主图视频、微详情视频，等等，其中商品主图、详情主图和微详情视频的抓取概率最高。

1. 详情主图

详情主图包括商品的一张主图和四张详情图，这几张图片会出现在信息流、购中及购后"猜你喜欢"展示位上，还会出现在全屏微详情的五张轮播图片位置。主图的点击率可以在生意参谋的"品类"→"商品 360"→"单品诊断"→"提升转化效率"→"详情主图点击率"中查看，如图 4-12 所示。

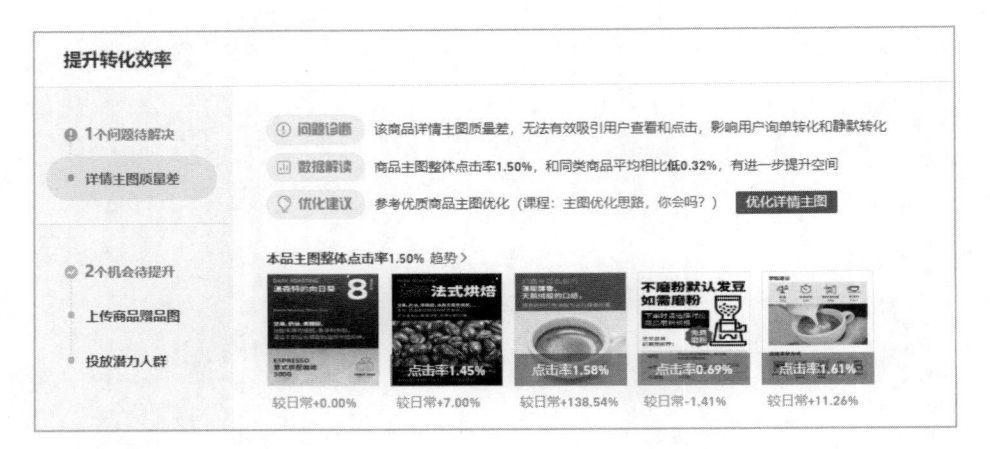

图 4-12

2. 详情视频

详情视频指的是商品主图视频和微详情视频，如图 4-13 所示，它们可以在商品详情页进行发布。由于详情视频在很多使用场景下不能播放声音，所以不能通过音乐背景来提升点击率，而要靠视频的第一帧或者视频主图来提升点击率。视频需要出现在公域展示位，所以必须符合平台对于视频的要求，发布视频后如果显示"审核不通过"，则需要及时更换，否则影响推荐流量的获取。

图 4-13

3. 鹿班详情主图优化

由于推荐流量"千人千面",无法用一套图片满足所有客户的需求,所以可以通过鹿班详情主图优化功能,设置多组主图,替代详情主图出现在微详情展示位,如图 4-14 所示。在鹿班平台可以设置流量分配比例(10%、50%、100%)或者设置投放人群(按性别、年龄、偏好),进而提升微详情图片点击率。

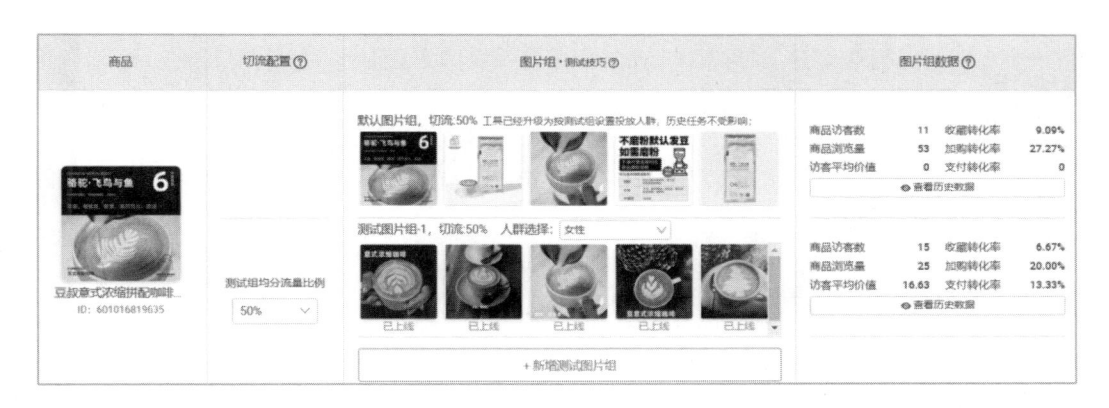

图 4-14

4. 鹿班"猜你喜欢"图片、视频

鹿班平台的"猜你喜欢"图片视频,可以替代商品主图和商品主图视频,出现在微详情、购中及购后"猜你喜欢"展示位,如图 4-15 所示。

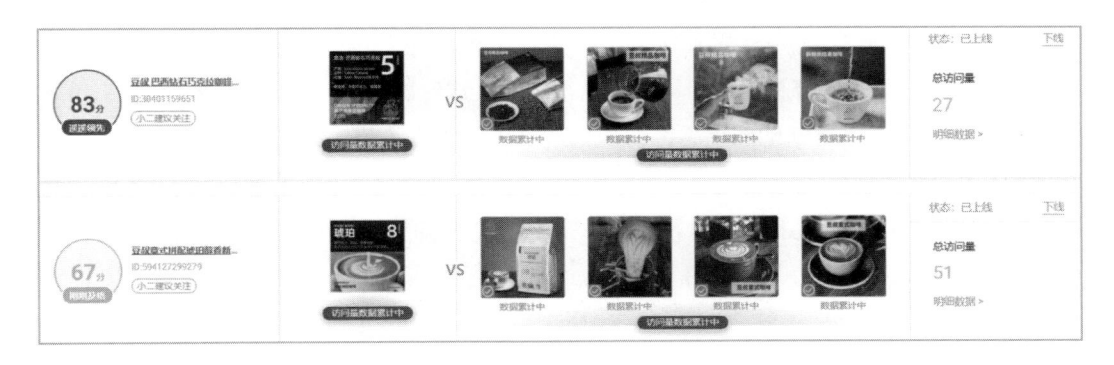

图 4-15

推荐流量更多是根据平台算法进行推荐的,推荐算法的本质是计算商品和客户之间的

匹配度，匹配度越高，商品被曝光的概率越大。所以要想获得更多的推荐流量，就必须要让商品的标签更丰富，标签越丰富、越精准，商品被曝光的机会就越多。维护商品标签的精准度，让商品获得更多的有效人群，是获得推荐流量的关键。

4.3 付费流量运营

4.3.1 直通车原理及优化

直通车是淘系平台内以搜索为主的广告营销工具，利用直通车，商家可以按照点击付费，将关键词广告投放在商品搜索展示位上。

4.3.1.1 直通车广告投放的原理

直通车由关键词、创意、精选人群、权益、高级设置五大模块组成。直通车广告投放就是通过不同模块的排列组合，达到提升流量的目的。

1. 关键词

直通车的核心是关键词，所有其他影响因素都建立在关键词的基础之上。关键词有四大要素。

（1）关键词的数量：关键词的数量对直通车广告的展现量有较大影响，在一定范围内，关键词越多，直通车广告曝光的概率越大。然而，并非关键词数量越多越好，因为过多的关键词可能导致点击率降低，进而影响质量得分。通常建议每个关键词平均每天获得10次以上的点击量。为了更好地控制关键词数量，可以参考以下公式：关键词数量<推广预算/行业平均点击单价/10。

（2）关键词的种类：直通车关键词种类很多，例如品牌词、修饰词、长尾词、品类词，不同关键词展现量不同，搜索人群也不同，要根据直通车推广目的合理选用关键词，如图4-16所示。

关键词	质量分 计算机	质量分 移动	今天9:00-10:00平均排名 计算机	今天9:00-10:00平均排名 移动	出价 计算机	出价 移动
流量智选词包 NEW（新流量拓展）	-	-	-	-	2.78元	3元
捡漏词包（高性价比）	-	-	-	-	0.80元	2.70元
类目优选词包（类目好词）	-	-	-	-	2.10元	4.68元
手冲咖啡豆	8分	8分	无展现	移动4~6条	1.20元	3.40元
荔枝兰咖啡豆	10分	10分	无展现	无展现	0.92元	2.34元
洪都拉斯荔枝兰	10分	10分	无展现	无展现	0.50元	2.56元
荔枝兰	10分	10分	无展现	无展现	0.63元	3元
洪都拉斯	10分	10分	无展现	无展现	0.90元	2.98元

图 4-16

（3）关键词的出价：关键词出价是直通车实际出价的基础，其他所有出价都是建立在关键词出价之上的，关键词出价决定了直通车广告的展现量。实际出价=关键词出价×（1+人群溢价）×时间溢价×（1+抢位溢价）×（1+智能调价）。

（4）关键词的质量得分：关键词的质量得分是系统对于关键词表现的评判，质量得分决定了直通车扣费情况。直通车扣费=下一名出价×下一名质量得分/自身质量得分+0.01 元，质量得分的影响因素包括创意质量（创意素材近期的动态点击反馈）、相关性（关键词与商品类目、属性及文本等信息的相符程度）、客户体验（根据客户在店铺的购买体验给出的动态得分）。

2. 创意

直通车有长图、方图、短视频等不同形式的创意素材，如图 4-17 所示。一款商品可以同时发布四个创意素材。创意素材可以提高点击率，点击率是质量得分的主要影响因素。

状态	请选择 ▼	展现量	点击量	点击率
推广中	豆叔洪都拉斯荔枝兰白兰地酒桶发酵处理咖啡 投放设备：计算机 & 移动 创意类型：图片创意 创意尺寸：800*800 创意ID：2168386808	17	0	0%
推广中	豆叔洪都拉斯荔枝兰白兰地酒桶发酵处理咖啡 投放设备：计算机 & 移动 创意类型：视频+图片组 创意ID：2210184661	12,923	632	4.89%
推广中	豆叔洪都拉斯荔枝兰咖啡豆精品咖啡黑咖啡 投放设备：计算机 & 移动 创意类型：视频+图片组 创意ID：2179243630	1,088	30	2.76%

图 4-17

3. 精选人群

人群标签是在关键词基础上建立起来的，通过提高人群标签的溢价，可以增加精选人群在关键词流量中的份额。精选人群的占比越高，直通车的转化率也就越高。图 4-18 中展示了不同人群的溢价。

状态	推广人群	溢价	展现量	点击量	点击率	花费	平均点击花费	投入产出比
暂停	优质人群扩展 补星助手	5%	-	-	-	-	-	-
推广中	智能拉新人群 拉新必备 人群分类：店铺定向人群	8%	1,874	105	5.60%	219.61元	2.09元	4.89
推广中	店铺长期价值人群 好客示证 人群分类：店铺定向人群	8%	4,875	345	7.08%	697.18元	2.02元	2.73

图 4-18

4. 权益

权益就是直通车的专属优惠券，在素材上展示优惠券可以提高素材点击率，设置优惠券等于降低了商品价格,可以提高直通车广告的转化率,通过权益也可以间接提高质量得分。图4-19所示为权益详情。

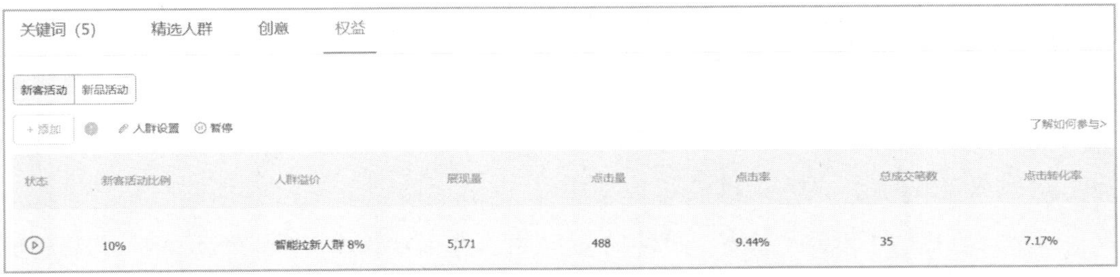

图 4-19

5. 高级设置

高级设置包括投放位置、投放地域和投放时间的设置。在合适的位置、合适的时间展示商品,可以提高直通车广告的点击率和转化率,最终提高质量得分。

直通车的考核指标包括点击率、转化率、ROI(投资回报率)、PPC(单次点击收费)等,其中最重要的指标是 ROI。而 ROI 的影响因素包括转化率、PPC、客单价,所以只要控制好转化率、PPC 和客单价,直通车的 ROI 就不会低。

4.3.1.2 直通车推广计划的分类

直通车推广计划分两类:智能计划、标准计划。

1. 智能计划

直通车提供智能托管的功能,只需要商家进行简单的计划设置,即可开始推广,系统根据选择的商品或者趋势词包,智能匹配高品质流量。

智能计划分为日常销售、趋势明星、活动引流、好货快投、均匀测款、相似投。

2. 标准计划

可以根据不同的营销诉求,利用直通车自主选择关键词、精选人群、创意进行投放,同时系统也会提供推荐的方案,实现投放效率的优化。标准计划是直通车主力计划,一个计划中建议只投放一款商品。

4.3.1.3 直通车推广计划的建立

1. 投放设置

（1）计划名称：这个名称主要用于在优化过程中区分计划。

（2）日限额：合理设置每日花费，避免广告过早下线错过优质流量。如果不设置日限额，则不容易控制流量变化，单品日推广预算建议不低于 200 元。

2. 投放位置

投放位置包括手机淘宝搜索（移动设备）、淘宝网搜索（计算机设备）、销量明星（销量排序爆款冲榜）、站外优质媒体（站外人群种草必备）。其中手机淘宝搜索为必选项，高客单价商品可以选择淘宝网搜索，品牌商品可以选择销量明星，站外优质媒体可以根据需要选择，如图 4-20 所示。

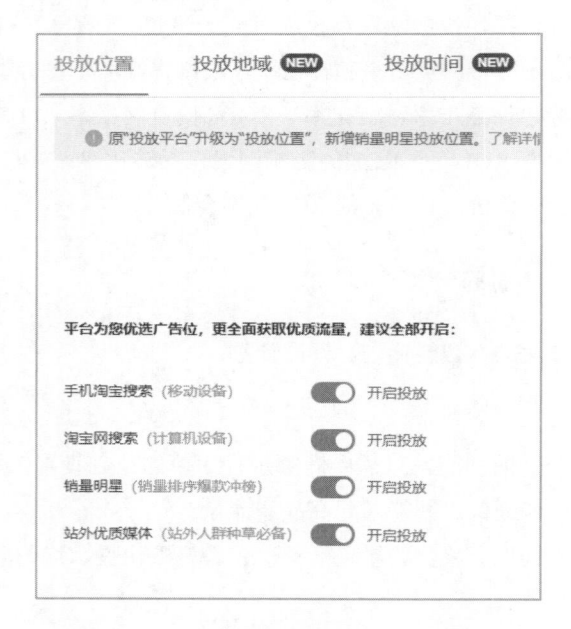

图 4-20

3. 投放地域

有三种地域不要选择投放广告：物流无法送达地区、物流成本过高地区、行业竞品产业带地区。季节性商品可以根据季节变化逐步增加地域，非季节性商品可以选择多数地域，后期可以根据转化率和成交量逐步删除部分地域。地域可以精细化到地级市，地域优化可以参考直通车地域报表，商品在一个地级市成交量越大，带动当地的搜索流量的概率也越大。

4. 投放时间

商品在不同时段的流量和转化情况可能有所不同，可以针对各时段设置不同的折扣价，提高流量利用率。投放时间可以先采用行业模板，再根据平台流量变化、转化率变化、广告竞争变化持续优化。

5. 投放方式

投放方式分为标准投放（系统会根据投放设置展现广告）和智能化均匀投放（优选高质量流量进行展现，延长推广商品的时长，提升商品转化效果）。建议以使用标准投放为主，在推广费用不足时可以使用智能化均匀投放。

6. 单元设置

在投放直通车广告时，通常选择高点击率、高转化率的商品，一个推广计划中建议只投放一款商品。

7. 创意预览

开启智能视频创意后，系统将对主图视频进行智能剪裁，生成的视频素材用于广告投放（仅对有主图视频的商品有效）。在进行视频创意投放时，系统会预估视频创意的点击率，如果预估的视频创意的点击率低于图片创意的，则系统将展示图片创意，以确保整体点击率更高。如果需要修改或删除视频创意，可以在创意编辑页面进行相应操作。

8. 推荐关键词

关键词必须与推广商品相关，必须包含商品标题中的词根。关键词有两种匹配模式：广泛匹配和精准匹配。

在广泛匹配模式下，客户搜索词包含了设置的关键词或与其相关的词时，推广商品都有可能获得展现机会。

在精准匹配模式下，客户搜索关键词与设置关键词相同时，推广商品才有可能获得展现机会。

9. 推荐人群

系统为商品量身定制了人群溢价方案，商家也可以自己手动增删人群。此功能可以通过关键词提高商品在部分人群中的曝光量，进而实现提高直通车转化率的目的。

10. 智能调价

智能调价是一款根据出价目标，针对不同质量的流量动态调整价格的工具。开启智能调价后，系统将提高高质量流量的价格，降低低质量流量的价格。

4.3.1.4 直通车推广计划的优化

直通车推广计划的优化主要是为了提高广告展现量、ROI 和点击率。广告展现量的影响因素有关键词数量、关键词种类、关键词出价、关键词匹配方式。ROI 的影响因素有转化率（或加购率）、PPC、客单价。点击率的影响因素有关键词、人群标签、关键词排位、推广素材。

1. 展现量优化

（1）关键词数量：当直通车推广计划展现量不足时，可以通过增加关键词数量来提升展现量，关键词可以通过商品标题、商品属性、手机淘宝的搜索下拉框，以及生意参谋的"品类"→"商品 360"→"标题优化"→"搜索词"、"流量"→"关键词"和"市场"→"行业热搜词"等渠道查找，另外，增加关键词包或者使用智能计划，也可以达到增加关键词数量的效果。

（2）关键词种类：行业词、品牌词和修饰词的展现量不同，当直通车推广计划展现量不足时，需要增加行业词的展现量，但是行业词转化率偏低，所以增加行业词需要在转化率和展现量之间找到平衡。

（3）关键词出价：提高关键词出价是最容易提高展现量的方式，但是提高出价后会提高直通车 PPC。所以每次提高关键词出价的幅度要控制在 0.1 元左右（或者关键词出价的 5%以内），要尽量在展现量和 PPC 之间找到平衡。

（4）关键词匹配方式：广泛匹配方式的展现量大于精准匹配方式，而精准匹配方式的转化率高于广泛匹配方式。在将所有关键词都设置为广泛匹配方式时，展现量会比较大。如果使用精准匹配方式，则展现量就会比较小，所以全部使用精准匹配方式就需要提高全部出价来保证展现量。如果是部分使用精准匹配方式，则需要提高高转化率关键词的出价，尽量让展现集中在高转化率关键词上。

2. ROI 优化

（1）转化率（或加购率）：对于转化周期短的商品（如快速消费品），可以重点优化转化率，对于转化周期长的商品就需要重点优化加购率。转化率的主要影响因素包括商品、价格、关键词、客服、营销等，直通车主要通过优化关键词和人群标签来提升转化率。

（2）PPC：PPC 主要是通过控制质量得分、关键词出价和时间折扣来进行调整的，质量得分越高，PPC 越低，质量得分可以通过提高转化率、点击率、收藏率、加购率、关键词相关性、类目相关性来提升。关键词出价越高，PPC 越高，但是展现量也越高。关键词出价越低，PPC 越低，但是展现量也越低。所以需要在 PPC 和展现量之间找平衡。

（3）客单价：客单价主要是由商品价格、关联商品、套餐搭配、"顺手买一件"等运营手段提升的，直通车推广的商品价格高了，直通车的 ROI 自然也会提升。

3. 点击率优化

（1）关键词：直通车行业词展现量大、精准度低，所以点击率也会低。修饰词展现量小、精准度高，所以点击率也会高。通过调整关键词的种类和关键词的展现量，可以提升直通车的点击率。

（2）人群标签：通过筛选属性人群和智能人群，可以提升人群精准度进而拉升点击率。

（3）关键词排位：在手机端搜索排名越靠前，关键词的点击率自然会越高，但是关键词的排名过于靠前，展现量也会越大，所以需要在点击量和展现量之间找到平衡才能提升点击率。

（4）推广素材：素材是点击的主要承接载体，素材的颜色、展示方式等都能提升点击率，特别是视频的点击率明显高于图片。要通过素材提升点击率，最重要的是优化素材的差异性、商品的卖点、素材和消费者的匹配度。

直通车是淘系平台的主要引流工具，可以配合运营节奏提高整个店铺的成交量，但是使用直通车不能追求"极致"，更多的是在费用和流量之间找平衡，平衡才是直通车优化的最终目标。

4.3.2 引力魔方原理及优化

引力魔方是一种全新的信息流式商品推广工具，主要运用于手机淘宝的"猜你喜欢"等推荐场景。原生的信息流模式在唤醒客户需求方面具有重要的入口作用，而引力魔方则全面覆盖了客户在购前、购中、购后的消费全链路。利用阿里巴巴大数据和智能推荐算法，引力魔方能够智能挖掘店铺潜在目标客户，激发其消费兴趣，高效地获取新客户，有助于提升店铺整体流量，促进店铺业务的增长。

4.3.2.1 引力魔方广告投放的原理

1. 引力魔方的展现

引力魔方的广告展现规则是按照出价高低的顺序进行展现。系统会根据广告在各时间段的出价进行排名，出价最高的广告将优先展现，当出价最高的广告的预算消耗完毕后，系统将依次展示出价较低的广告，直到该时间段的流量全部消耗完毕。总流量的计算公式为：总流量=总预算/千次展现单价×1000。在预算相同的情况下，千次展现单价越高，获得的流量反而越少。因此，在保证能够展现的前提下，需要合理出价，以获得更好的效果。

2. 引力魔方的扣费

当前引力魔方共有两种扣费方式。商品推广仅支持按点击付费（CPC），而直播推广和图文推广则同时支持按点击付费和按展现付费（CPM）。

3. 引力魔方的资源位

焦点图场景包括手机端和 PC 端的首页焦点图，信息流场景包括首页猜你喜欢、购中猜你喜欢、购后猜你喜欢、微详情、红包互动权益场、限时高效资源包。

引力魔方和自然流量的展示位置和展现逻辑不同，两者没有直接关系。然而，引力魔方广告的投放有利于提升自然流量。例如，通过超级推荐带来的点击提升了成交量、收藏量、加购率、进店量等数据，从而提升店铺和商品的整体竞争力。相反，如果推广效果不佳，不会直接导致自然流量数据下滑。

4.3.2.2 引力魔方推广计划的分类

引力魔方主要分两类计划：标准计划（自定义投放主体、人群圈层，投放广告至淘宝焦点图、猜你喜欢等核心资源位）和投放管家（系统托管投放，依托大数据能力高效创建）。

1. 标准计划

该计划属于自定义计划，通过建立自定义计划组，可以设置投放主体、人群定向、资源位、预算与排期，并添加创意。标准计划自主可控性强，是引力魔方的主要应用计划，也是工具操作的核心计划。

2. 投放管家

该计划属于智能计划，系统会基于当前时间，结合商品的历史投放效果，在店铺所有的商品库中筛选出与店铺客户最为匹配的商品进行推广。当系统选择的商品投放效果较好的时候，该商品上的广告预算分配会逐渐增加。当系统选择的商品投放效果一般的时候，系统会尝试对其他商品进行投放，争取找到投放效果更好的商品。当然，商家也可以在创建计划时将不想投放的商品进行屏蔽（屏蔽上限为 20 个），这样也能满足日常投放的变化需求。

4.3.2.3 引力魔方推广计划的建立

1. 设置计划组

推广计划可以分为计划组—计划—创意三层结构。

计划组：选择计划类型，对计划进行管理。计划类型默认为"自定义计划"。

计划：设置投放主体、定向人群、资源位、预算与排期。

创意：绑定创意。

2. 投放主体

投放主体分为"商品推广""独享橱窗""店铺""自定义 URL"四个类型，如图 4-21 所示。投放主体的选择将直接影响资源位，当选择"商品推广"时，可投放焦点图及信息流场景资源。当选择"店铺""自定义 URL"时，只能投放焦点图场景资源。

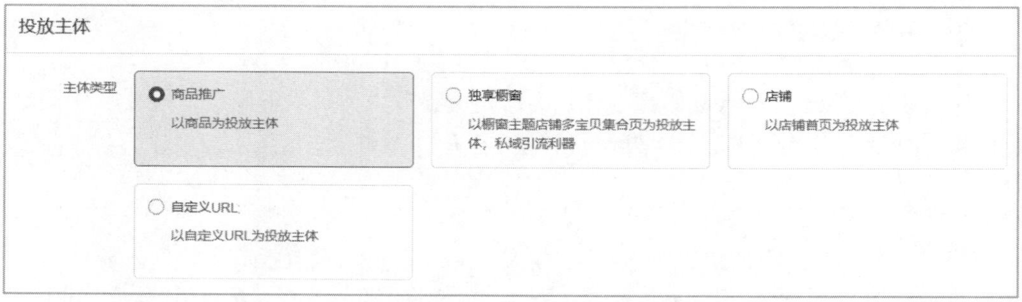

图 4-21

3. 人群定向

人群定向有"AI 优选"和"自定义人群"两种方式，两者相互独立，不可同时选择。

人群定向系统的智能定向可根据兴趣点、人口属性等特征，通过大数据圈选目标人群，如图 4-22 所示。

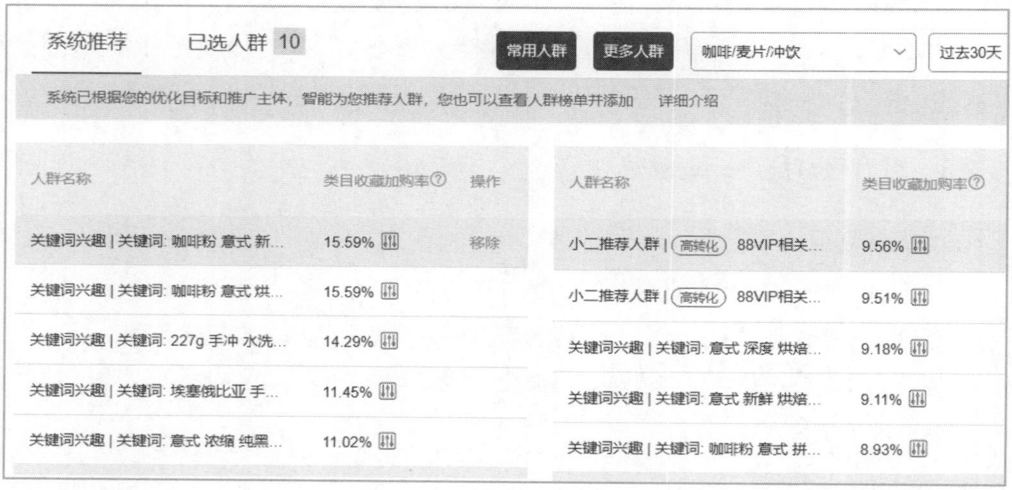

图 4-22

在"常用人群"→"兴趣意图"中，也可以自定义人群。

4. 资源位

如图 4-23 所示，资源位分为焦点图场景和信息流场景，支持多选，且平台提供了资源位的流量、成本、竞争热度值作为投放的参考。

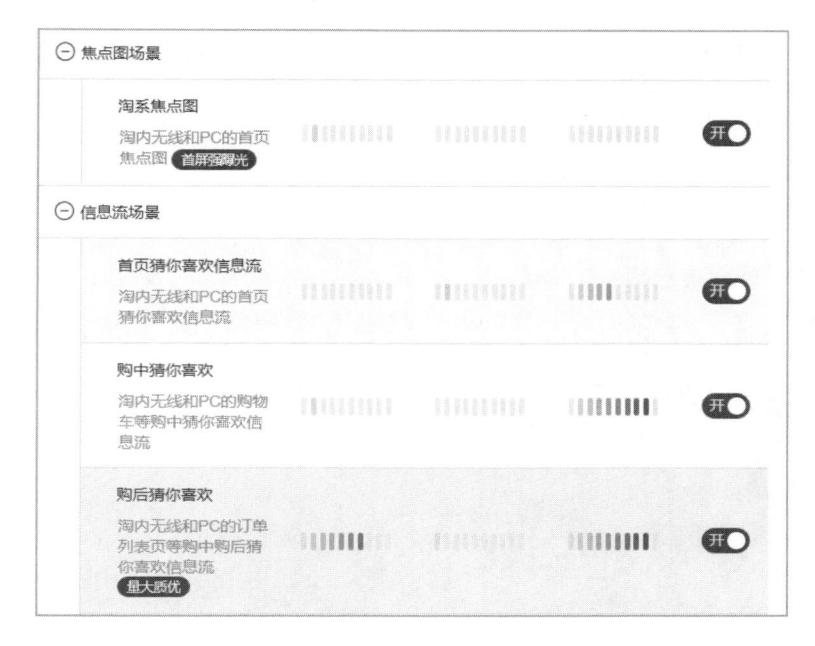

图 4-23

资源位可选范围与投放主体相关。若投放主体选择"商品推广",则可投放广告至焦点图场景和信息流场景。若投放主体选择"店铺"或"自定义 URL",则仅可投放至焦点图场景。

5. 预算与排期

(1) 设置营销目标及出价:在此可以设置营销目标及出价页面,"促进曝光"与"促进点击"属于手动出价,"促进加购"与"促进成交"属于自动出价。

(2) 设置投放预算:在此可以设置当前计划的可用预算,若选择多款商品,并勾选"拆分计划",则此预算为每个计划的预算值。

(3) 设置投放时间及地域:"投放时间"默认为 365 天,也支持自定义设置。在"投放地域"中可选择偏好的省份。在"投放时段"中可设置每周需要投放的时间段,并可以对投放的时间段设置折扣。

6. 创意的添加

引入创意组件和智能化创意,在有效降低投放成本的同时,能通过智能算法实现创意的"千人千面",与客户建立有效沟通,引更多目标客户。

（1）自定义创意：支持创意库选择，支持本地上传图片和视频创意，以及创意库中已保存的创意。

（2）智能创意：系统根据商品相关元素及自定义创意，自动制作各种尺寸的创意，如图 4-24 所示。

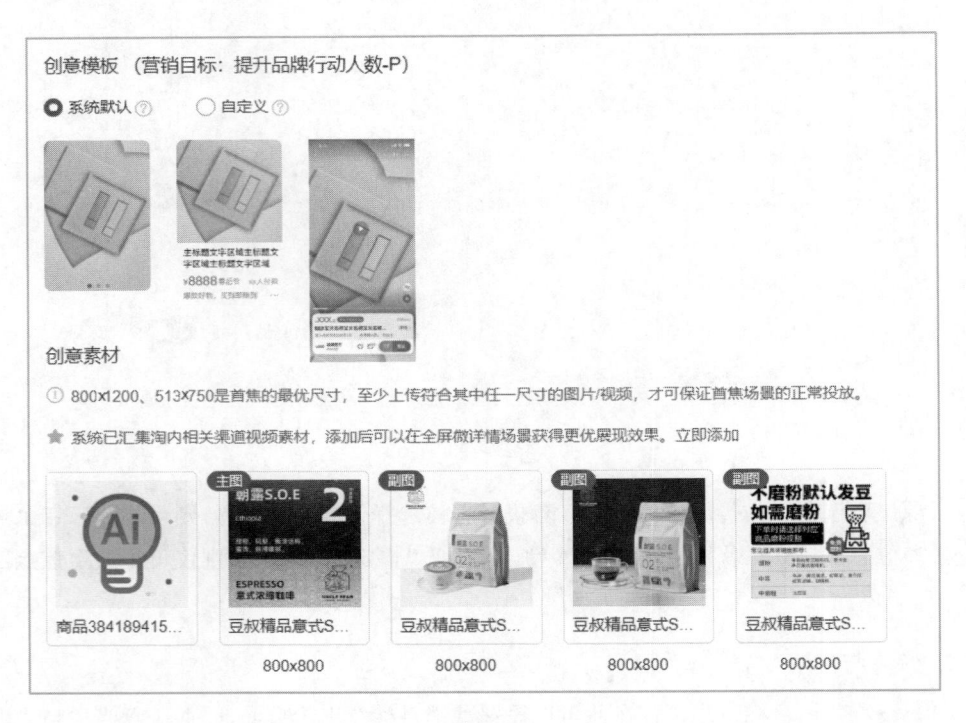

图 4-24

4.3.2.4 引力魔方推广计划的优化

引力魔方在站内付费推广工具中是典型的展现量大但是转化率和投入产出比低的工具，而引力魔方按照展现付费，所以其过程指标更重视点击率，结果指标更重视加购成本和加购量，引力魔方的加购成本低于直通车的加购成本。

1. 展现量优化

引力魔方的展现量主要是由人群标签覆盖人数、人群标签出价、位置溢价决定的。

（1）人群标签覆盖人数：引力魔方总的覆盖人数建议不低于 10 万人，人群标签的精准度越高，覆盖人数越少。行业人群标签、相似商品或相似店铺的人群标签普遍展现量大，但是转化率低，所以不建议在一个计划中同时设置多个标签。

（2）人群标签出价：由于引力魔方的优选资源位既无法关闭又效果差，所以人群标签不适合高出价。参考系统建议价格，按其 50%～80%出价最合理。可以通过位置溢价拉升展现量，如果出价过低则会降低展现量。

（3）位置溢价：可以通过调整位置溢价，在不同的展示位的展现量和加购率之间找平衡。首页焦点图展示位曝光量最大，但是点击率最低，活动或红包资源位的加购率也普遍较低，所以这些资源位可以不投放或者降低出价。

2. 点击率优化

引力魔方点击率主要由预算和素材决定，在出价一致的情况下，推广预算越多，广告越优先展示，所以提高预算可以提升排名，进而提升点击率。引力魔方的点击率主要还是素材决定的，推荐展示位是"货找人"模式，要想提高点击率，图片就要能够引起客户的兴趣，卖点图、营销图或者视频都比白底图点击率高很多。

3. 加购率优化

引力魔方的加购率是由素材、人群、展示位置等因素综合决定的。素材能够吸引客户的关注，虽然引导客户直接成交比较难，但是引导客户加购比较容易，所以引力魔方的素材可以更突出创意或者卖点。

4.3.3 万相台原理及优化

万相台是用算法自动出价的智能广告投放平台，它从商家营销诉求出发，围绕着消费者运营、货品运营、活动场景（见图4-25），以及内容场景，整合阿里妈妈的搜索、推荐等资源位，智能跨渠道分配预算，实现客户群在不同渠道间的流转与承接，从提高广告效果与降低操作成本两方面满足客户最本质的投放需求。

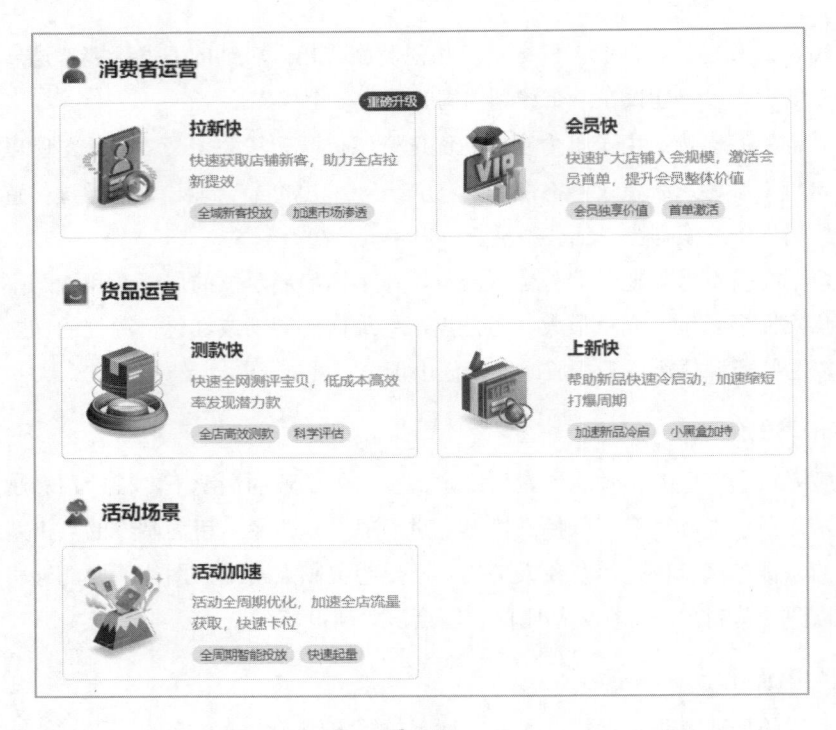

图 4-25

4.3.3.1 万相台广告投放原理

1. 万相台的展示位

万相台主要覆盖淘内搜索商业流量和淘内推荐商业流量资源位，以后会引入更多优质资源。

2. 万相台的扣费

算法会针对所选商品，根据当前的竞价激烈程度，以及商家设置的套餐包金额、核心优化目标、投放模式、创意设置等参数，进行实时扣费，并可以跨渠道智能动态分配预算。

3. 万相台的流量

因为在万相台投放广告的是实时竞价商品，系统根据实时的流量情况进行出价和流量的分配，所以不能保证点击量和独立访客规模。

4.3.3.2 万相台推广计划的特点

1. 消费者运营

（1）拉新快：过滤商家自定义的老客户，用多种手段实现店铺新客户增长。

（2）会员快：指的是会员增长快。系统会过滤店铺老会员，促进粉丝转为会员，提高高价值会员数。

2. 货品运营

（1）测款快：可以快速测试广告投放效果，对于多款新品可以同步开启测款计划，以观察不同商品在相同预算下的投放效果，便于挑选出主推款。

（2）起量快：新品让利推广、"小黑盒"等功能，可以让新品快速起量，让商家高效打造潜力新品。

（3）商品加速：全店商品均可参与阿里妈妈跨渠道投放加速计划，加入行业特色商品赛道，有助于让店铺和商品实现流量飙升。

3. 活动场景

活动加速：万相台可以对平台活动进行全周期优化，帮助商家赶超竞争对手。

4. 内容场景

（1）超级直播：帮助直播间快速提升观看量，提高互动率，促进转化。在管家模式下，可以由系统智能出价，简单易上手。在专业模式下，商家可以自主出价，系统提供推广前及推广中灵活的投放方案。

（2）超级短视频：视频加速功能可以让视频内容触达精准人群，提升短视频观看量，提升进店人数及互动效果。

4.3.3.3 万相台推广计划的建立

1. 投放主体和落地页

（1）投放主体类型：商品。

（2）选择主体：算法会选择适合新客户引流和成交的商品，以及选择高点击率、高转化率商品。由于万相台采用系统投放模式，所以只能在系统圈定范围内选择商品，如图4-26所示。

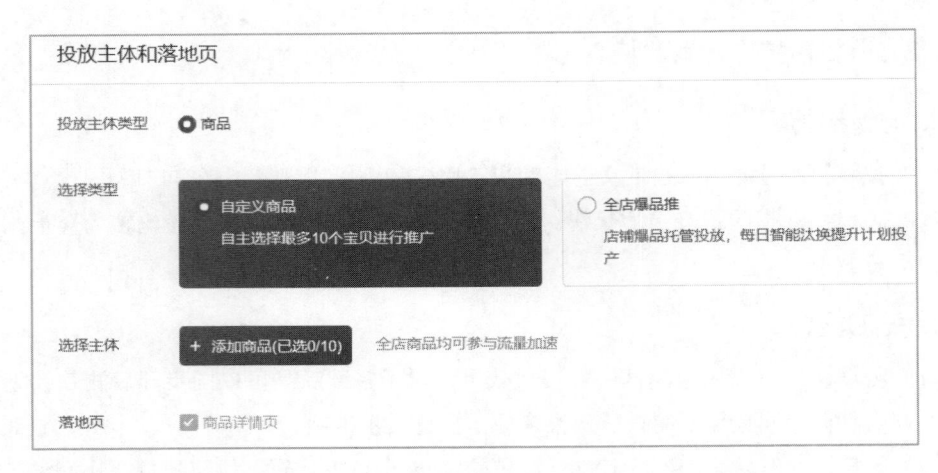

图 4-26

（3）落地页：万相台商品投放的落地页就是商品详情页。

2. 预算和排期

预算和排期的详细情况如图 4-27 所示。

图 4-27

（1）推广方式：分为"持续推广"和"套餐包"两种。

选择"持续推广"的推广方式，系统将基于广告投放实时扣费。在投放开始后，商家可以根据投放效果调整部分计划配置，也可以实时暂停、重启、结束投放计划。

选择"套餐包"的推广方式，系统将一次性预扣除套餐包金额。在投放开始后，系统将基于设置的投放目标及投放表现持续调整优化策略。由于策略迭代需要数据积累，因此在投放过程中系统不支持暂停、编辑操作。建议至少在投放两天后再查看投放效果数据。

（2）日预算：系统可以根据商品和投放时间自动计算推广预算，商家可以根据系统推荐进行填写。

（3）优化目标：分为"促进成交""促进收藏加购"两种模式。常规投放使用"促进成交"模式、活动预热期使用"促进收藏加购"模式，可以根据商品生命周期或者活动周期选择不同优化目标。

（4）投放模式：分为"最大化拿量"和"控成本投放"两种。"最大化拿量"模式下算法投放策略会优先保障获取流量的速度，在投放时间内尽可能地快速获取更多流量。"控成本投放"模式下算法投放策略会优先保障投放效率，在预算稳定消耗的情况下，尽可能挑选最优的流量。

（5）投放日期：系统会基于投放时段和投放数据表现持续进行策略调整优化，建议至少在投放两天后再查看投放效果数据。

（6）地域设置：可以参考直通车的地域设置。

3. 人群设置

在拉新场景下，所有资源位投放都会过滤商家所定义的老客户，根据商家所选的优化目标做人群重点触达。不同场景下的系统匹配人群不同，建议主要依靠系统推荐人群，如果流量不足，则可以添加自选人群，如图4-28所示。

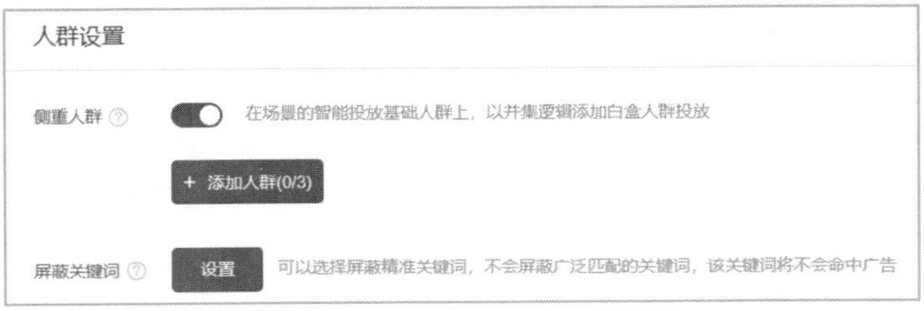

图4-28

4. 创意设置

在这里设置的是商品在各个资源位的创意图和创意视频，包括"打底创意"和"自定义创意"。

4.3.3.4　万相台推广计划的优化

万相台推广计划以智能计划为主，没有多少可以优化的空间，即使自己添加人群也没有系统自动配置的效果好，所以万相台优化更多是调整推广商品、选择计划类型、调整推广预算。

1. 调整推广商品

在商品有一定客户基数的前提下，再做万相台推广效果更好。"商品加速"计划更适合标签丰富的商品，"拉新快"计划更适合缺乏标签的拉新商品，而"上新快"计划更适合处于新品期的商品。

2. 选择计划类型

在计划的选择中当发现"商品加速"和"拉新快"有冲突，也就是同一款商品在两个计划中同时推广时，会造成计划之间的流量竞争，所以最好的选择是"商品加速+活动加速"或者"拉新快+活动加速"的组合方式，这样流量能够最大化。

3. 调整推广预算

万相台本身更适合对流失人群做二次触达。在万相台优化过程中可以逐步观察成交成本和加购成本的变化，当成本比直通车、引力魔法更低的时候，可以持续追加预算，如果成本超过其他工具，就要控制推广预算，否则万相台的作用就从二次触达变成了拉新，而且还会产生工具之间的竞争。所以万相台的推广预算不要超过总推广费用的 20%，如图 4-29 所示。

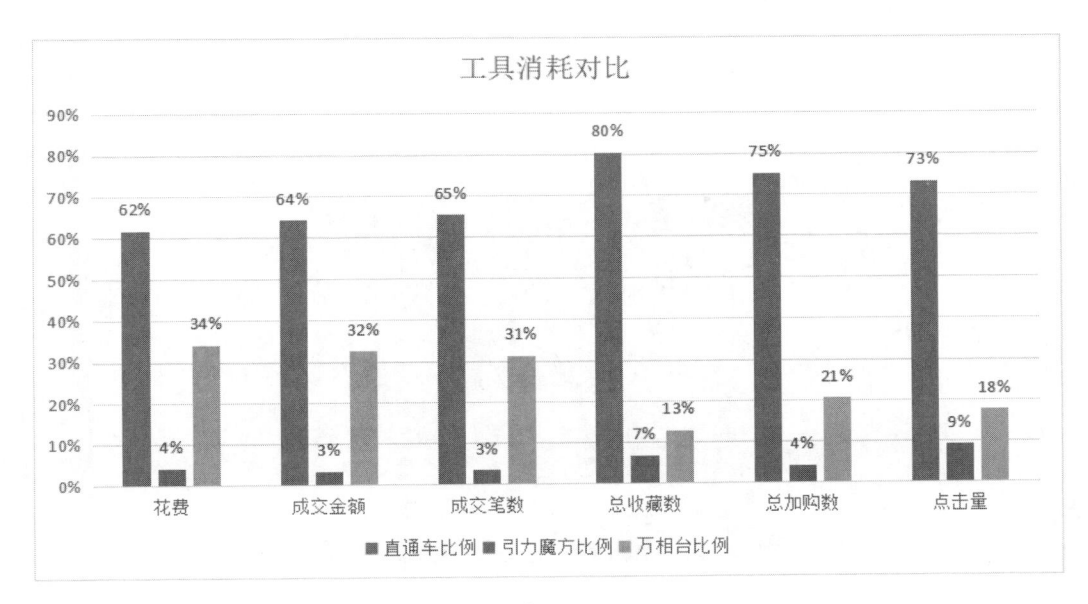

图 4-29

第5章
店铺运营

通过前面几章的学习，我们已经掌握了商品运营、视觉运营、流量运营，本章主要讲解店铺运营。

5.1 活动运营

天猫在 2009 年开创了"双 11"活动，当年即取得了不错的成绩。随着多年的发展，"双 11"活动已逐步成为线上线下融合的购物节，是商家经营的重要时间节点。除"双 11"活动外，淘宝、天猫平台还有着丰富的活动资源，商家在经营过程中，可以根据自己的运营计划参与官方活动或设计自主活动，通过活动运营，提升店铺的销售金额。

5.1.1 活动运营的类型

淘系平台的活动一般可分为两大类：官方活动和自主活动。

官方活动是指由淘宝或天猫平台发起并组织商家参与的活动。其具体可分为三种：营销活动，即聚划算、百亿补贴、天天特卖等活动；行业活动，是由各行业自行组织的活动，如"吃货节"等活动；平台大促，主要指由平台发起，招募商家共同举办的大型促销活动，如"618"活动、"双 11"活动、"双 12"活动等。

自主活动是指由商家自主策划，制定活动力度和形式，并完成执行的活动。常见的自主活动有会员活动和周年庆活动。

5.1.2 官方活动玩法

报名参加官方活动需符合报名规则。无论是营销活动、行业活动，还是平台大促，商家如果想参与，就需要满足营销平台的报名规则，符合商家准入规则，才有机会报名。

1. 聚划算活动玩法

聚划算活动分为单品团、品牌团、主体团等多种形式。单品团是指汇聚淘宝和天猫的优质单个商品，由单个商品参团的活动形式。品牌团是指汇聚国际、国内知名品牌，由单个店铺单个品牌的多款商品同时参与的活动形式。主体团是指针对某一特定主体，由两个以上符合该主题的店铺同时参团的活动形式。商家可以主动报名参加聚划算，也可以在后台查看聚划算专属邀约。

参加不同的聚划算活动类型，需要满足不同的规则。不同类目店铺参与聚划算的费用也不同。具体的规则可以进入营销活动平台规则中心查看。

参加聚划算前需要注意分析同类型商品以往参加聚划算的销售状况，为报名提供参考。也需要注重商品的页面设计，除突出聚划算元素外，还需要做好商品的导流，在聚划算单品页面中，设置店铺推荐，提升聚划算带来的客户的访问深度。参加聚划算后，需要注意价格的设置，避免因降价导致客户投诉。

2. 天天特卖活动玩法

天天特卖适合性价比高的单品，主要展示位置是天天特卖频道、猜你喜欢、淘金币，以及站外投放渠道，商品可享受面向注重性价比人群的流量扶持。

商品参加天天特卖积累的销售订单，也将计入商品的总销量。常见的天天特卖活动有以下几种。

1）1元秒杀

每天有 5 场，开始时间分别是 0 点、8 点、12 点、16 点、20 点，如图 5-1 所示。参加该活动的单品，价格都是 1 元，需要注意资产损失风险。天天特卖对单品的基础销量无要求，但由于 1 元秒杀在天天特卖频道的位置靠前，所以该活动流量大，更适合新品参加。

2）直降券活动

参加该活动的单品月销量要求不低于 100 单，库存要求在 500 件以上，不限制参加活动的单品数量，活动周期为 15 天，按类目收取费用。参加该活动的商品需要为客户提供运费险。直降券活动适合成长型单品，可以利用该活动提升单品的转化率。单品的展示如图 5-2 所示。

3）超级单品活动

参加该活动的单品月销要求不低于 1000 单，库存要求在 500 件以上，不限制单品数量，价格要求不高于 7 天最低成交价，需要为客户提供运费险。超级单品活动的周期为 15 天，资源位置更丰富，适合成熟的、有市场竞争力的单品报名。

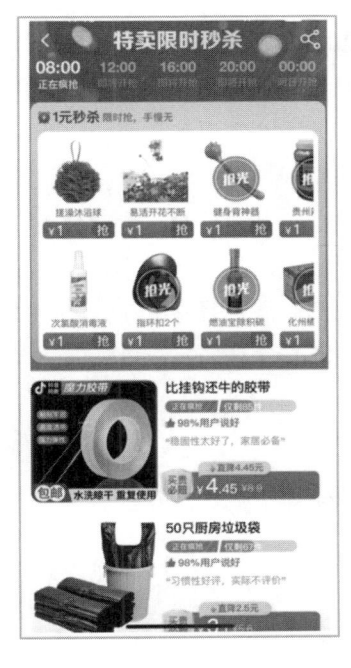

图 5-1　　　　　　　　　图 5-2

3. 平台大促活动玩法

平台大促活动的时间相对固定，大多数商家都会参与的活动有"618"活动、"双 11"活动、"双 12"活动、年货节活动等。商家可以根据官方大促时间，制定出全年大促活动规划。

官方的平台大促活动会有固定的时间，一般会提前进行活动报名，当大促活动开启报名后，在千牛后台会有明确的提示，进入营销活动中心也可进行报名。官方大促仍然对基础营销门槛有要求，一般情况下还有 48 小时发货的时效要求和价格保护要求。

官方的平台大促活动分为 3 个时期，分别为预售期、预热期、正式期，但考虑到商家的实际活动执行，通常将活动运营分为 5 个时期，分别是蓄水期、预售期、预热期、正式期、返场期。

蓄水期是指商家为了活动能更好地爆发，进行前期准备的时间段。一般在活动正式开始前 30 天进入蓄水期，该阶段的主要目的是测试素材的点击率，挑选出更有效果的流量渠道以便在活动中进行流量放大。在此阶段还可以利用推广工具进行大量的人群触达工作，测试出高转化率人群。蓄水期工作细致而繁多，是活动运营中较为重要的阶段。

预售期是指在活动前将部分商品进行销售的过程。在预售期，客户先支付定金，然后在正式期合并支付尾款。预售期可以让商家提前锁定订单，拿到较为确定的销售金额。在预售期，商家需要关注定金支付笔数，努力提升转化率。

预热期是指在正式活动开始前，平台进行活动氛围预热的时间段。一般官方的平台大促活动会有1~5天的强制预热时间，在预热期客户无法提交订单，页面会显示正式活动时间，在此阶段商家的主要运营目标是引导客户加购。

正式期是指活动正式开始的时间段。在此阶段，商家要关注店铺转化情况，客服要实时进行客户催付，增加全店转化率。商家还要关注商品库存情况，以免出现爆款商品没库存的情况，热门商品如果售罄，则需要及时更换店内展示位。

返场期是指活动结束后，商家自运营的2~3天的时间段。返场期由商家单独策划活动，主要是为了照顾活动期间忘记提交订单的客户、活动期间未购买的客户，可以继续以活动价对他们进行售卖，但不能低于大促期间的活动价。

对于每场官方的平台大促活动，商家都可以根据官方活动节奏进行5个时期的划分，精细化运营，增加活动的效果。

5.1.3 自主活动玩法

自主活动有三个策划重点。首先是注重活动主题策划。活动主题能为客户提供活动信息，如在周年庆活动中能让客户感知到商品的性价比、在上新活动中能让客户感知到商品新颖，商家需要根据具体情景策划主题。其次是注重客单价。在设计自主活动时，尽可能提升活动客单价，可以利用店铺满减来提升客单价，如"满500元减50元"，便于鼓励客户进行多件商品购买。最后是需要多次测试活动权益，提高活动转化率。比如在自主活动中，设置"满200元减15元"或者"满150元减10元"的优惠券，测试客户更倾向于选择哪种优惠券。

为了帮助商家更好地参加自主活动，平台提供了丰富的营销工具，如优惠券、单品宝、店铺宝等，如图5-3和图5-4所示。它们能满足商家关于店铺引流、提升转化率、提升客单价的需求，商家可以根据需求灵活进行选择。

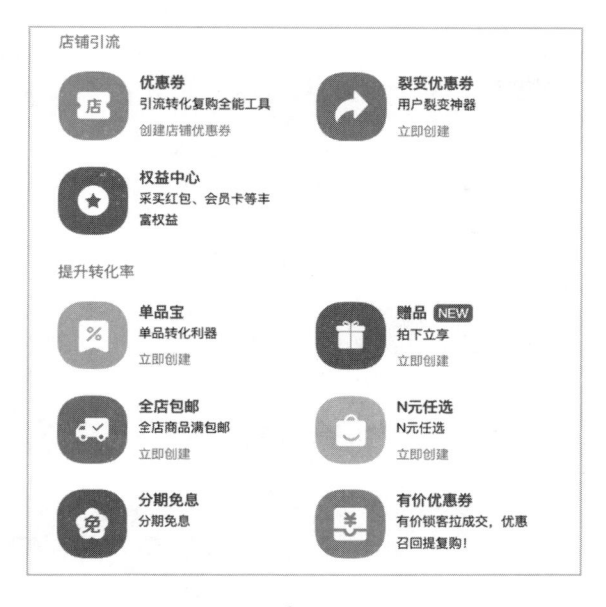

图 5-3

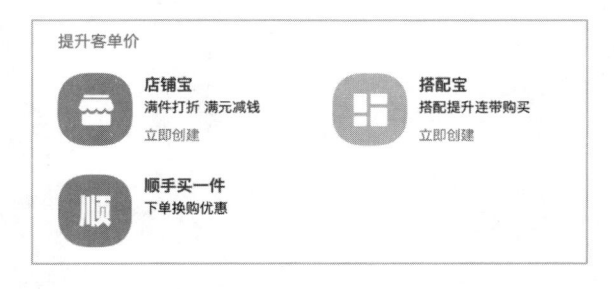

图 5-4

在店铺经营过程中，官方活动和自主活动需要搭配使用，利用活动的组合拳，提升店铺曝光率，促进活动营销转化。

5.2 短视频图文运营

店铺运营中所说的内容可分为图文内容和短视频内容。说到小红书，我们先想到图文，说到抖音，我们更容易想到短视频。随着内容短视频化的趋势不断加强，内容的呈现从"二维"的图文过渡到"三维"的短视频，但划分得没有那么明显，短视频和图文穿插着出现，我们也能在小红书中"刷"到视频，在抖音中看到图片轮播和文字讲解，这样的混排呈现形式在淘系平台中也不少见。在淘宝 APP 中有很多推广渠道，每个渠道有独立的名称和不同的属性与定位，在这些渠道中，短视频和图文穿插着出现，只是展现比例各有侧重。

1. 逛逛

逛逛的入口是手机淘宝左下角第二个按钮，目前有三类人可以发布逛逛内容：客户，商家，逛逛达人。

在逛逛中，内容生产者分享真实的购物体验、有用的生活经验、有趣的生活方式、新奇的好物体验，客户通过消费内容，满足"种草"、发现有趣事物、感受美好生活等需求。逛逛中有短视频和图文两种内容形式，如图 5-5 所示。

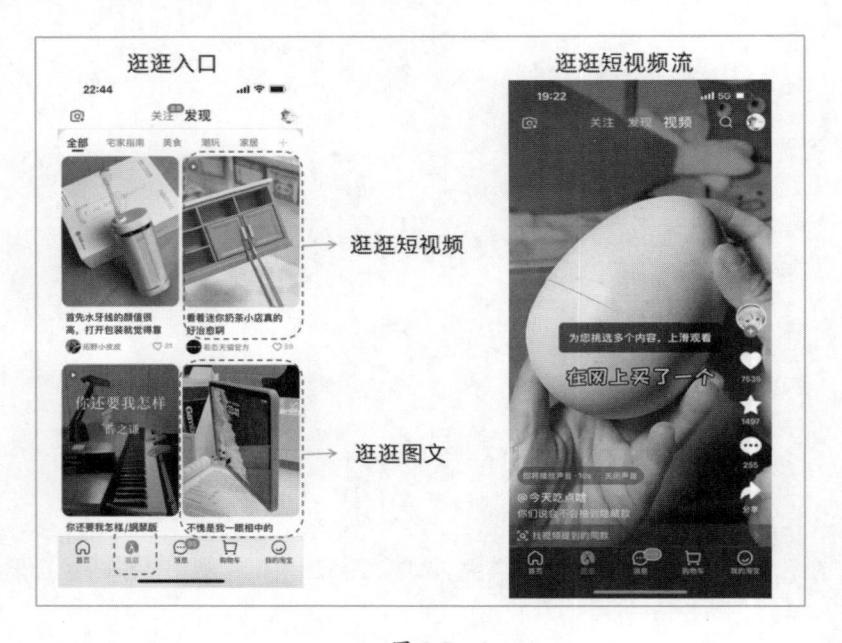

图 5-5

2. 点淘

如图 5-6 所示，点淘 APP 是独立于手机淘宝 APP 的一款软件，由淘宝直播全新升级改名而来，拥有全新的短视频频道、丰富的活动及福利，可以给予客户更棒的直播购物体验，客户可以在看直播的同时进行购买。

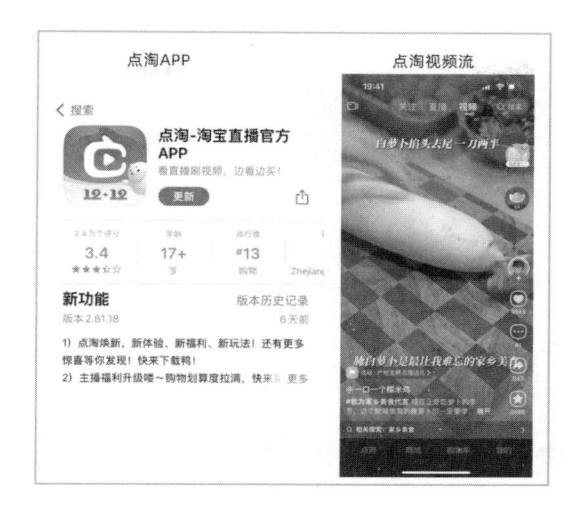

图 5-6

3. 订阅

如图 5-7 所示，在手机淘宝首页上端点击"订阅"按钮，或将屏幕向右滑即可进入订阅模块，订阅是商家私域运营阵地，商家在这里可发布图文内容，也可以发布短视频内容，客户可在订阅信息流中"刷"到已关注店铺发布的内容。

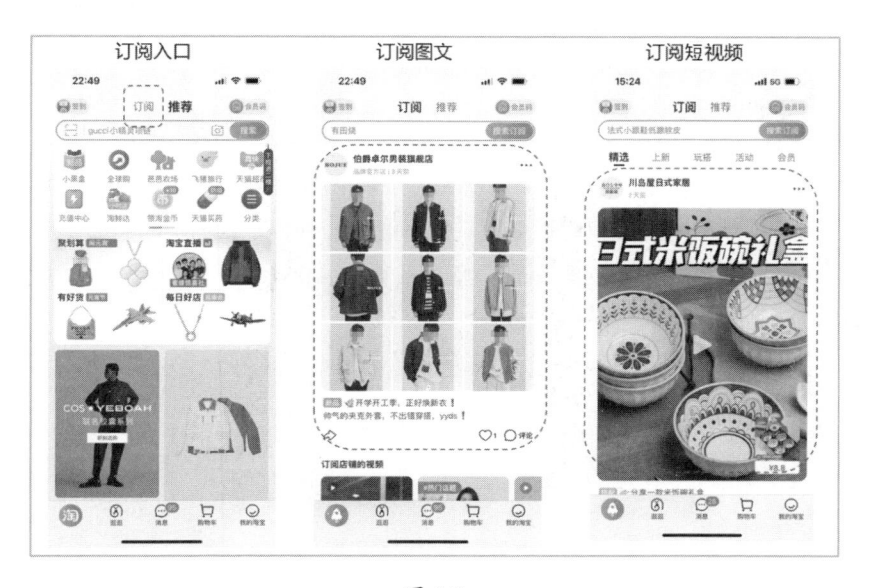

图 5-7

4. 猜你喜欢

如图 5-8 所示，猜你喜欢可细分为购前猜你喜欢（首页）、购中猜你喜欢（购物车页）和购后猜你喜欢（付款成功页）。在这些地方依据客户标签"千人千面"地展示客户感兴趣的商品。我们常说的"首猜视频"，是指在光合平台发布的，展示在首页的猜你喜欢短视频。

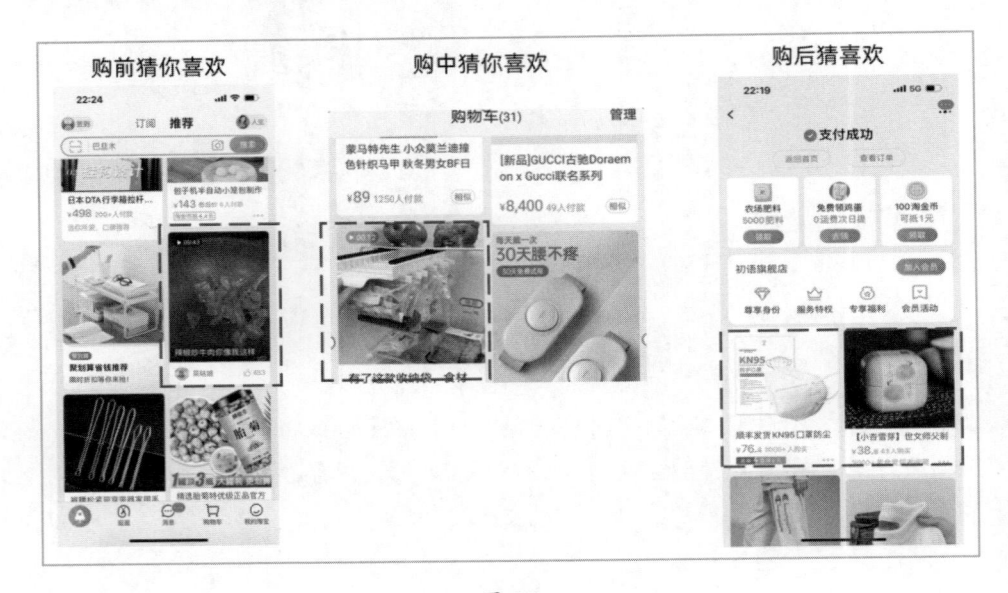

图 5-8

5. 搜索

如图 5-9 所示，搜索渠道是指在手淘顶部的搜索框中输入关键词搜索后显示的页面。搜索渠道也有短视频，在传统的搜索页面里，往下滑会看到短视频内容，点击后可全屏播放。商家可通过搜索渠道的内容创作帮助客户解决买什么、怎么买、怎么用等方方面面的消费问题，以提升商品转化率。

6. 有好货

有好货渠道是为中高端人群发现新奇、特别的精品打造的导购平台。如图 5-10 所示，有好货的入口在手机淘宝首页的固定栏目位，"千人千面"地展示。有好货渠道有图文和视频两种内容形式。

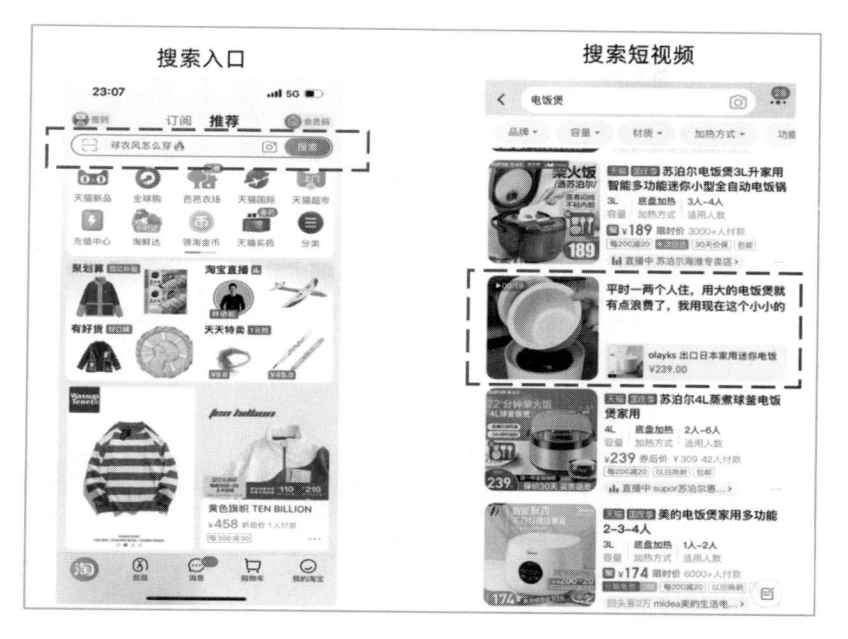

图 5-9

图 5-10

5.2.1 短视频图文创作

无论是制作短视频还是图文，想要少走弯路并且有持续性的产出，绝不能想到什么就做什么，我们需要在前期有一定的策划。想想那些内容型达人：说到 papi 酱，我们就想到"一个集美貌与才华于一身的女子"，说到李子柒，我们脑海里就呈现出"治愈系"的乡村质朴美学画面。这些很有辨识度和可传播性的内容创作，离不开账号定位、风格统一、打造人设、确定内容选题和主题设计，如图 5-11 所示。

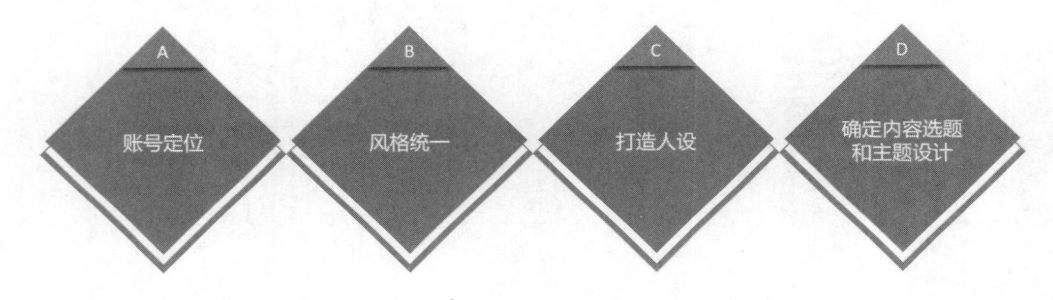

A 账号定位　B 风格统一　C 打造人设　D 确定内容选题和主题设计

图 5-11

1. 账号定位

在创作内容之前，我们要进行账号定位，想清楚这个账号是干什么的。可以从以下几个方面进行定位。

1）方向定位

确定账号主要产出什么样的内容，如美食类、穿搭类、家装类等。

2）粉丝定位

分析主要目标读者是哪类人，他们有什么特点（性别，年龄，职业，地域，消费水平，婚育状态，兴趣爱好……）。比如对于女装类的账号，粉丝定位可以是"消费能力中等的未婚白领人群中身高低于 165cm 的女性"。

3）调性定位

不同的人有不同的审美喜好，要根据目标读者人群的喜好定位视觉效果，包括封面是否有设计感、场景的布置风格，等等。比如一个卖可爱的汽车用品的商家，就不需要有高级的设计感，可以在普通汽车里展示各类可爱的汽车用品。

4）内容形式定位

选择一个主要的内容产出形式。如美食类账号更适合做短视频，把切菜、备菜、炒菜的过程记录下来，使内容更加立体化。

2. 风格统一

如何才能让读者记住你？哪怕没有看到店铺名称，没有看到达人 ID，光看短视频或图文内容就知道是你？风格统一很重要。就像我们每个人都有自己的穿衣风格，熟悉你的人看到一件橱窗里的新衣服，可能会对你说"这件衣服适合你"。风格统一就是要在每一次内容产出中保持自己的风格，风格元素包含色调、字体、语言、个性、妆容等。

（1）统一的内容结构和版式。视频的首帧和图文内容的首图，其构图、版式尤为重要，让观众第一眼就能有记忆点。统一化的首帧或首图能不断加深观众的记忆。视频在开篇和结尾也可以采用一致的语言或者统一的构图风格。

（2）个性化的表现方式。可以通过画面或图片的色调、语言风格、文案风格等突出自己的个性。图片色调可以是冷色调也可以是暖色调，凸显高冷或可爱。视频文案语言风格可以是叙事风格也可以是搞怪风格，但一定要有内容的调性和区别于他人的个性，风格一旦树立不要轻易改变。视频的拍摄手法（一镜到底还是多镜头剪辑，真人出镜还是旁白录制）也可以很好地展示风格。

3. 打造人设

人设就是对人物或店铺、品牌的形象设定。主播真人出镜不等于有人设，同样，有人设的账号不一定要有真人露脸，只要打造出自己独特的形象，就能称为有人设。成功的人设塑造，能够让内容的表现力更上一个台阶，使这个账号的日常分享变得更加真实、生动，同时也易于拉近和粉丝的距离，增强互动性。

4. 确定内容选题和主题设计

内容创作者往往在创作初期有热情，但随着创作的持续，很难坚持下去，觉得灵感枯竭。这其实是因为在初期没有确定好内容选题。

如图 5-12、图 5-13 所示，以美食类账号为例，选题思路可以是美食品鉴和美食制作，美食品鉴又可以拆分出探店、专业品鉴等分类。主题设计也可以根据地域设计出"地域辐射，美食无边界"，根据场景设计出"场景切入，美食建立的情感维系"，等等。

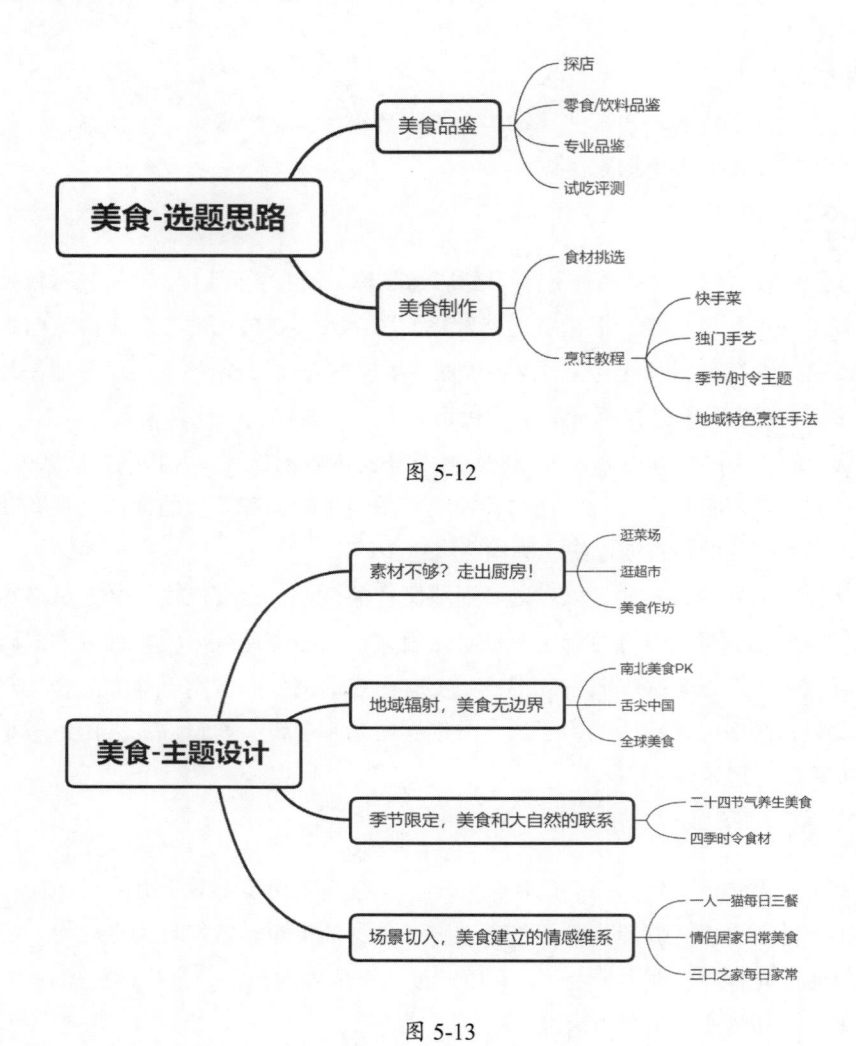

美食-选题思路
- 美食品鉴
  - 探店
  - 零食/饮料品鉴
  - 专业品鉴
  - 试吃评测
- 美食制作
  - 食材挑选
  - 烹饪教程
    - 快手菜
    - 独门手艺
    - 季节/时令主题
    - 地域特色烹饪手法

图 5-12

美食-主题设计
- 素材不够？走出厨房！
  - 逛菜场
  - 逛超市
  - 美食作坊
- 地域辐射，美食无边界
  - 南北美食PK
  - 舌尖中国
  - 全球美食
- 季节限定，美食和大自然的联系
  - 二十四节气养生美食
  - 四季时令食材
- 场景切入，美食建立的情感维系
  - 一人一猫每日三餐
  - 情侣居家日常美食
  - 三口之家每日家常

图 5-13

确定选题主线，然后围绕该主线延展开多条主题设计的分支，这样内容就能做到垂直但不单调，丰富却不杂乱。

5.2.2 什么是电子商务

1. 拍摄设备

拍摄设备可分为手机、相机、摄像机，如图 5-14 所示。

拍摄器材

手机　　　相机　　　摄像机

图 5-14

　　在账号的起步阶段，预算不足时，建议先从手机拍摄开始，这样可降低运营成本。对于各大平台的视频上传标准，目前市面上绝大多数智能手机都能满足需求。手机拍摄的图片和视频，清晰度由手机摄像头的像素决定，像素越高，分辨率越高，成像越清晰。

　　与安卓手机相比，苹果手机成像更真实一些，而安卓手机更擅长长焦拍摄。大家可根据自己拍摄的商品选择适合的手机。

　　这里强调一点，如果用第三方拍摄软件进行拍摄，务必在软件的设置中关闭自动添加水印功能，否则成品带第三方水印，在上传后容易审核不通过，如图 5-15 所示。

图 5-15

相机的成像比手机更清晰，可供选择的品牌有很多，目前市面上的相机品牌有佳能、尼康、索尼、富士、理光、徕卡等。相机类型有以下几种。

单反相机：单镜头反光式取景，性价比高，但较为笨重。

微单相机：采用电子取景，无反光板，镜头选择空间小，但相对轻便。

卡片相机：液晶屏取景，没有视差，但镜头不可替换，适合 vlog（视频日志）拍摄。

胶片相机：成像层次丰富，色彩自然，但胶片和冲洗昂贵。

专业级别的摄影，或对镜头转换要求多的（如风景纪录片），可选择单反相机，通常的记录生活的视频、解说类视频、vlog 等选择微单或卡片相机即可。

摄像机一般是头部网红、大主播等在一些特定场景中使用的，我们平时看的电影、综艺节目也是由摄像机拍摄的。一般的拍摄需求用不到摄像机，我们了解一下即可。

2. 光源选择

在室外拍摄一般采用自然光线，某些细节处光线微弱需要补光时，可用补光板，如图 5-16 所示。在阳光直射下拍摄容易曝光过度，所以要尽量避免。

图 5-16

在晚上或较暗的地方拍摄，成像后会有噪点，这时候就需要打光。如图 5-17 所示，常见的打光设备可分为三种。

方形灯：灯罩为长方形，左右交叉使用能够将光会聚起来，适用于较小空间，如在桌面上拍摄餐具。

环形灯：光源呈圆环状，中间可放置拍摄设备，适合架在出镜人物正前方，起到提亮肤色的美颜效果。拍摄美妆类、护肤类视频，需要真人出镜展示全脸效果的，即可在前方架一台环形灯。

球形灯：灯罩为球形，光源较散，打光均匀，适用于较大空间。拍摄卧室家具等场景适用球形灯。

打光设备

方型灯　　环型灯（美颜灯）　　球型灯

图 5-17

3. 拍摄角度

拍摄同样的人或物，采用不同的拍摄角度成像区别很大。以图 5-18 中的桌椅为例，与桌面同一水平高度拍摄称为"平拍"，低于桌面从下往上拍摄称为"仰拍"，高于桌面镜头朝下拍摄称为"俯拍"。

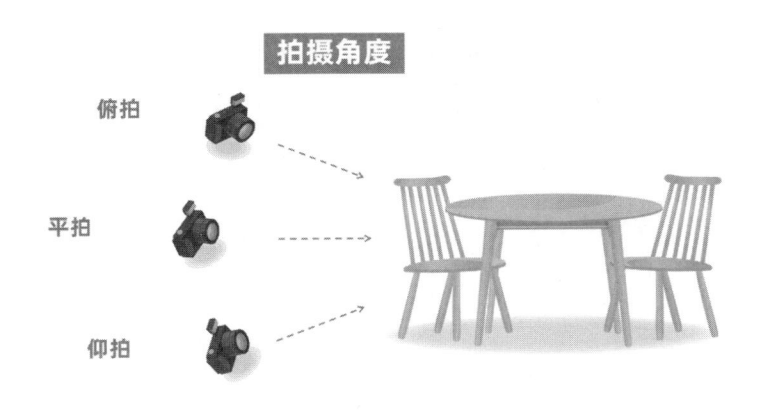

拍摄角度

俯拍　平拍　仰拍

图 5-18

适合平拍的人或物较大，如展示全身效果的模特。如果是拍摄更高大的建筑，或者要让拍摄的人物显得身材修长，用仰拍更合适。低于人的物体，如摆放在桌面上的餐具、食物等，就适合俯拍，如图 5-19 所示。

平拍　　　仰拍　　　俯拍

图 5-19

4. 运镜

短视频的拍摄按照机位来分,可分为固定机位拍摄和移动机位拍摄。运用移动机位拍摄需要掌握一定的运镜技能,所谓运镜就是在一个镜头中移动摄像机,或变化焦距。

运镜方式大体可分为推、拉、摇、转,如表 5-1 所示。

表 5-1　运镜方式

运镜方式	动　作	表现内容
推	镜头直线向前	从整体到具体交代空间关系,"正叙"
拉	镜头直线向后	从具体到整体交代空间关系,"倒叙"
摇	镜头在原位置进行"摇头"	直摇:表现建筑、人物形象 横摇:表现风景、人物运动
转	镜头围绕一个物体转圈	围绕物体或人物环绕展示

5. 脚本策划

与一般的娱乐性视频不一样,电商带货视频脚本不需要复杂的剧情,但是需要在有限的时间中展示商品,让客户真切感受到商品卖点。卖点的挖掘不能凭空想象,需要从客户的角度出发去挖掘。电商商品卖点的提炼一般有以下 4 种方式。

(1)问大家:商品详情页中的"问大家"模块,是未下单客户向已购客户提问的地方,挖掘里面的高频问题,在视频中展示,可以打消客户的顾虑点。如服饰类商家的问大家里常见"这款衣服会掉色吗?"之类关于质量的问题,在脚本的创作中,就可加入衣服清洗不褪色的内容。

（2）客服询单：意向客户在下单之前会问客服一些问题，客服需要定期整理高频问题，内容策划人员可在短视频中以口播、测评等方式解答问题。

（3）商品评价：查看商品评价，找到最让客户心动的满意理由，在脚本中放大该卖点。如一款真皮电脑椅，评价里最多的用词是"颜值高"，那么在视频脚本中就可以用"颜值高"这一卖点进行宣传。

（4）竞品对比：如果一款商品流量不足，没有积累足够的"问大家"与评价内容，那么商家可以去竞品的详情页查看相关信息。如果对比下来自己的商品有明显的优势，那么可以着重写自己的好在哪里，但不要贬低竞品。

卖点提炼完之后，就可以开始正式的脚本创作了，假设我们提炼出的卖点是"颜值高，耐磨，质量好"，那如何让客户对商品产生兴趣呢？需要用到 FAB 法则，FAB 即 Feature（属性）、Advantage（作用）和 Benefit（益处）。按照这样的顺序来介绍，客户能更好地感知商品卖点，更有说服力。

比如，介绍一款行李箱，商品的属性是"箱体采用科思创 PC 材质"，该材质的作用是，使行李箱承重时不易变形，客户可以得到的益处是什么呢？在飞机托运的时候经得起暴力搬运，人坐上去的时候箱体也不会受损。如何展示这些卖点呢？可以采用测试、展示、对比等形式。如图 5-20 所示，这款行李箱的商家就在视频里演示了自由落体测试、汽车碾压测试、多人承重展示等，生动形象地展示了商品卖点，而不是简单地说"我们这款行李箱采用科思创 PC 材质，承重能力强，不易变形哦"。

自由落体测试　　　　汽车碾压测试　　　　多人承重展示

图 5-20

5.2.3 短视频剪辑

1. 文字处理

文字对是图片的解说，要能清楚地传达商品卖点、促销信息、使用感受等。但如果大段冗长的文字堆砌在一起，会大大降低客户的阅读体验，我们需要在编辑好文字后，进行排版处理。

1）分段

如果文字较多，可分段表述，每个自然段之间空一行，或者用分割线来划分，这样就将大段的文字分割成了一小块一小块的，既区分了主题，又能让读者更愿意往下阅读。

2）添加表情

适当添加 emoji 等表情可增强文字的趣味性，如果将表情放在段首，还能起到强调的作用。

3）突出重点

如何让读者在阅读文字后能感受到你想传达的重点信息？假设我们需要传达"今晚 8 点直播间春装上新"这一重点信息，可以重复表达，也可以利用一些标点或特殊符号在视觉上进行强调，如：

【今晚 8 点直播间春装上新】
》》今晚 8 点直播间春装上新《《

2. 图片处理

点击率决定着内容的流量获取能力，在点击率的影响因素中，封面尤为重要。无论是视频的封面还是图文的首图，我们的封面图片选择首先不能"踩坑"，要保证公域审核通过。

封面最好是在真实场景下的美观实拍图。真实，即不是棚拍的纯色底抠图；美观，即要有场景设计感，且商品主体需居中清晰。

优质封面三要素：主体突出，光线明亮，有场景感。封面中可以加文字，但不要遮挡人脸。我们还可以对图片进行一定的编辑处理，使之更美观。

对于图片的处理，大致可分为三种：调整比例，处理画面，调整参数。

1）调整比例

通过剪裁调整图片宽高比例，以适合平台的展示，常见比例有 1∶1，4∶3，3∶4，9∶

16，16∶9。统一照片不同比例的剪裁效果如图 5-21 所示。

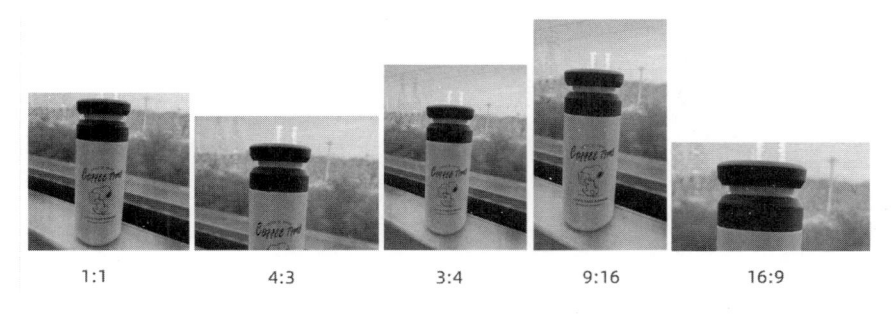

图 5-21

采用软件中的"编辑"功能中的"剪裁"即可操作，在选择比例时，需要保证主体不被过度裁剪，画面呈现比例适中，如上图中的保温杯，更适合 3∶4 的比例。

2）处理画面

对于画面的处理一般是微调，如人像的瘦脸、祛痘等。商品图片可用美图秀秀的消除笔清理水印、墙上的斑点等。如图 5-22 所示，导入照片后，选择"消除笔"功能，用手指涂抹需要消除的地方即可。

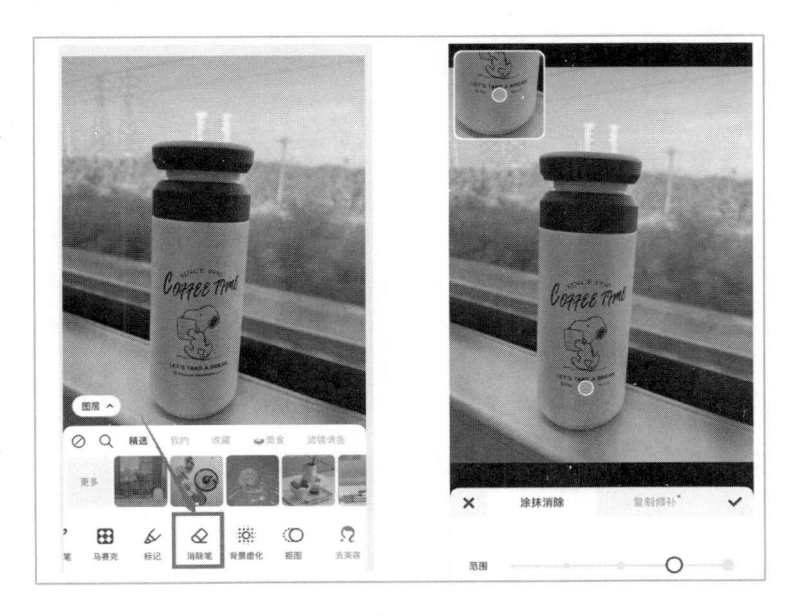

图 5-22

3）调整参数

常用的图片参数有以下几种。

（1）饱和度：色彩的鲜艳程度。

（2）对比度：一幅图像中明暗区域"最亮的白"和"最暗的黑"之间的差异，差异范围越大代表对比越大。

（3）亮度：单位投影面积上的发光强度。

（4）锐度：有时也叫"清晰度"，它是反映图像平面清晰度和图像边缘锐利程度的一个指标。

以苹果手机为例，手机相册自带参数调整功能。进入手机相册，选择要编辑的图片点击右上角的"编辑"按钮，在跳出的页面中可以看到各种参数，拉动底部的数值即可调整。可以依次选中以上每一个常用参数，随意拉到最低和最高，观察图片的变化，选择留在合适的位置即可。如图 5-23 所示，调整参数后的美食看起来更加诱人可口。

参数调整前　　　　　　参数调整后

图 5-23

手机端常用修图软件：美图秀秀（手机版），天天 P 图，搞定设计，醒图，Lightroom。
PC 端常用修图软件：Photoshop，美图秀秀（电脑版）。

3. 视频剪辑

高效的剪辑可分为 4 步，剪辑时要注意顺序。

1）视频剪裁

以剪映为例，将多个视频片段导入，把视频中需要用到的精华部分留下，把开场和末尾的多余镜头剪裁掉，如图5-24所示。

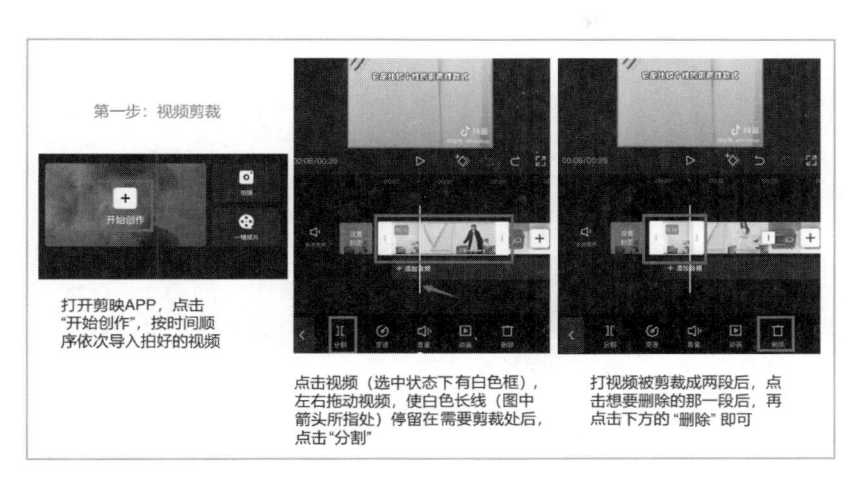

图 5-24

2）添加字幕

字幕可以是出境人物实时说的话，可以是解说文字，也可以是一些短语性标注文案，在剪辑软件下方的功能区找到"文字"，点击"创建文本"，即可输入文字，如图5-25所示。

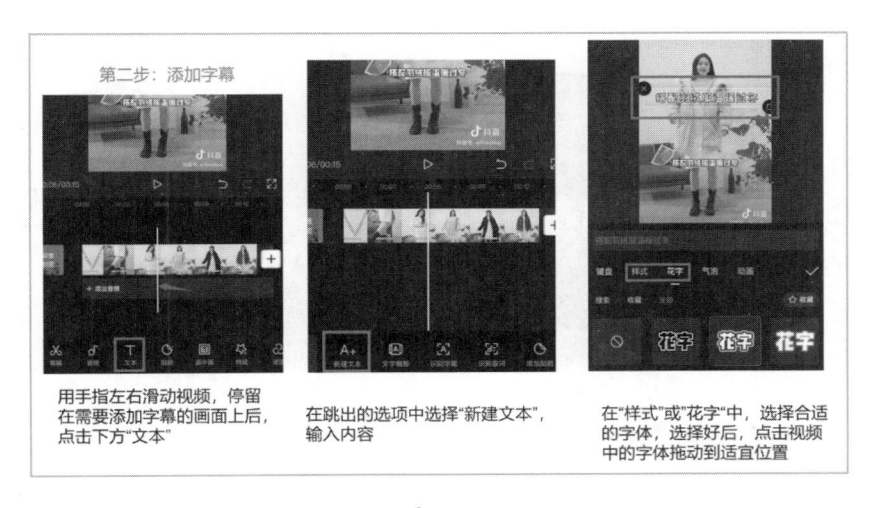

图 5-25

3）插入背景音乐

背景音乐是短视频的灵魂，点击功能区下方的"音频"，选择"音乐"，找到合适的音乐点击使用即可，如图5-26所示。注意，如果该视频有人声解说，建议背景音乐选择无唱词的纯音乐，否则它们会相互干扰，影响信息传达。

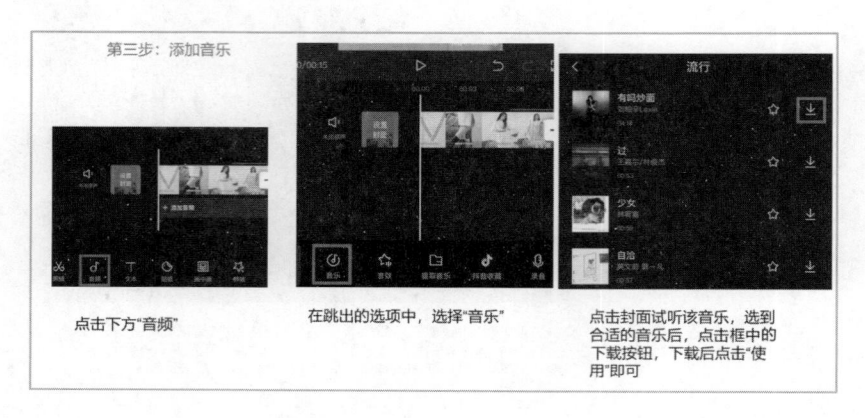

图 5-26

4）导出视频

在视频编辑完毕后，可点击屏幕中的三角形播放按钮完整播放视频并检查一遍，确认无误后，点击右上方的"导出"按钮，视频即保存至本地相册，如图5-27所示。

图 5-27

4. 剪辑软件

1）PC 端

剪映专业版：基本操作同手机端剪映，相当于剪映的电脑版。

会声会影：加拿大 Corel 公司制作的一款功能强大的视频编辑软件，页面简洁，剪辑操作不复杂，适合新手使用。

Premiere：专业级视频处理软件，功能多，页面较复杂，适合专业视频制作者使用。

2）手机端

亲拍：淘宝旗下官方剪辑软件，商家登录千牛账号即可使用。亲拍除了基础的视频剪辑功能，还有淘内短视频一键发布、数据查询、热门短视频榜单查看等功能。

剪映：抖音旗下官方剪辑软件，登录抖音号即可使用。剪映具有海量模板和丰富的剪辑功能。

对于电商短视频运营者来说，亲拍的模板十分好用。模板里已经把视频剪辑需要的配音、转场方式、背景音乐、字幕等都设置好了，使用时只需要导入素材替换视频内容即可。

如图 5-28 所示，登录亲拍，点击底部"创作"中的"视频模板"，在页面上方可选择不同的类目，如找不到小众的类目还可以选择通用模板。浏览并选择合适的模板，决定套用该模板的时候点击视频右下角的"去剪辑"按钮，导入本地相册里提前拍好的视频片段，就能"一键成片"。

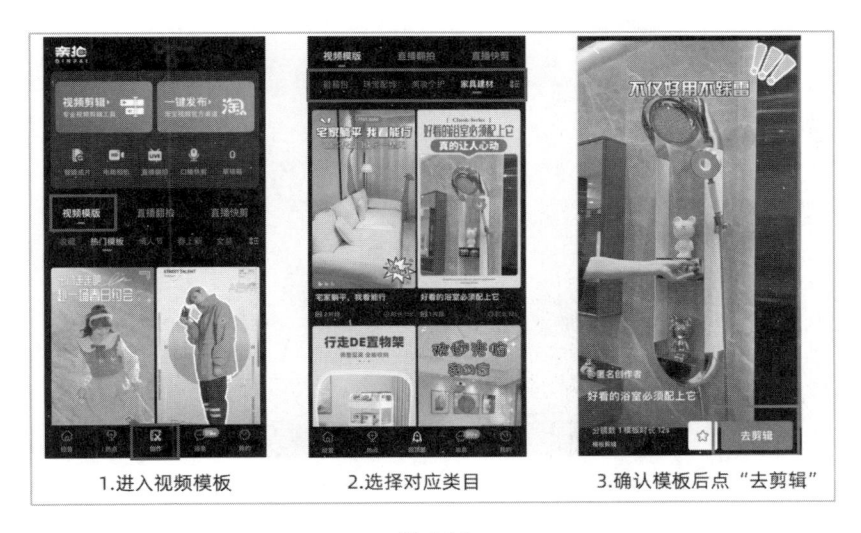

图 5-28

5.2.4 短视频图文发布

1. 光合视频发布（PC 端）

（1）进入光合平台，首次登录时需使用店铺主账号开通光合账号。

（2）点击首页的"发视频"按钮，如图 5-29 所示。

图 5-29

（3）进入发布页面，填写发布信息，如图 5-30 所示。

（4）页面信息填写完毕后点击"立即发布"按钮，如图 5-31 所示。

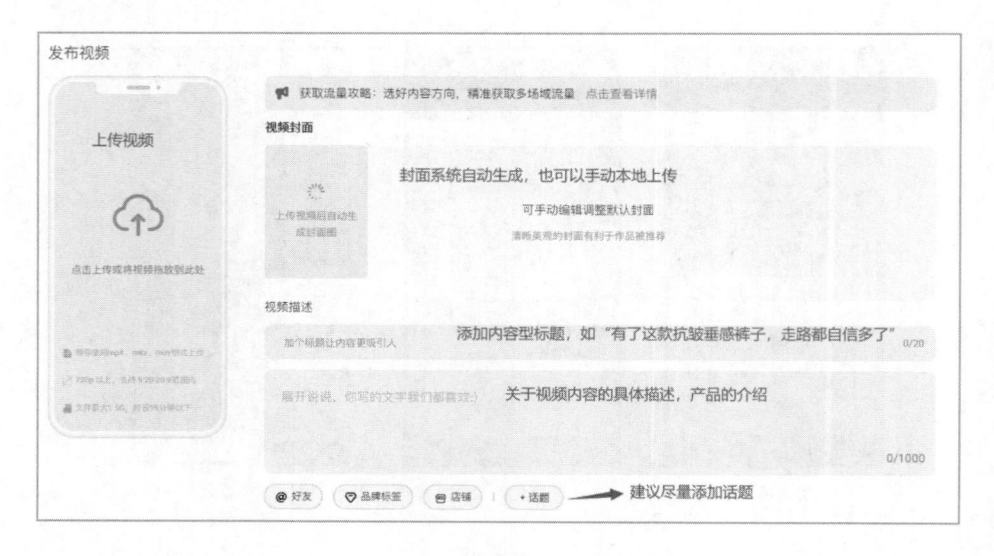

图 5-30

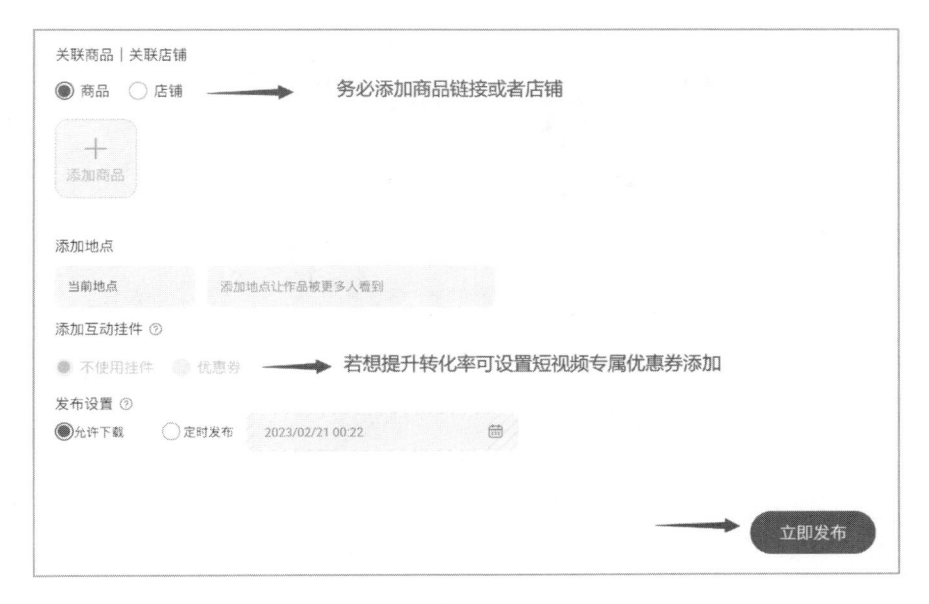

图 5-31

在光合平台发布的视频，系统会自动分发到逛逛、首页猜你喜欢渠道予以展现。

2. 光合视频发布（手机端）

（1）登录亲拍 APP。

（2）点击底部的"创作"按钮后选择"一键发布"。

（3）选择本地相册视频上传。

（4）填写相关信息后点击"发布"按钮，如图 5-32 所示。

3. 搜索视频并发布

（1）登录千牛后台，进入主页面。

（2）点击"内容"→"内容中心"的"发布内容"按钮，如图 5-33 所示。

图 5-32

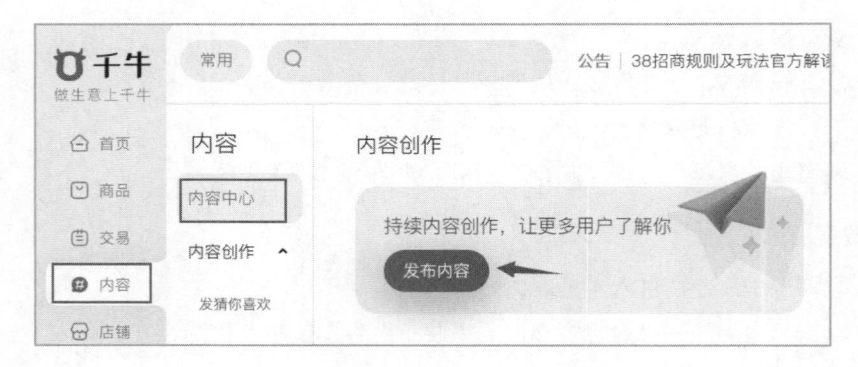

图 5-33

（3）在跳出的页面中点击"去创作"按钮，如图 5-34 所示。

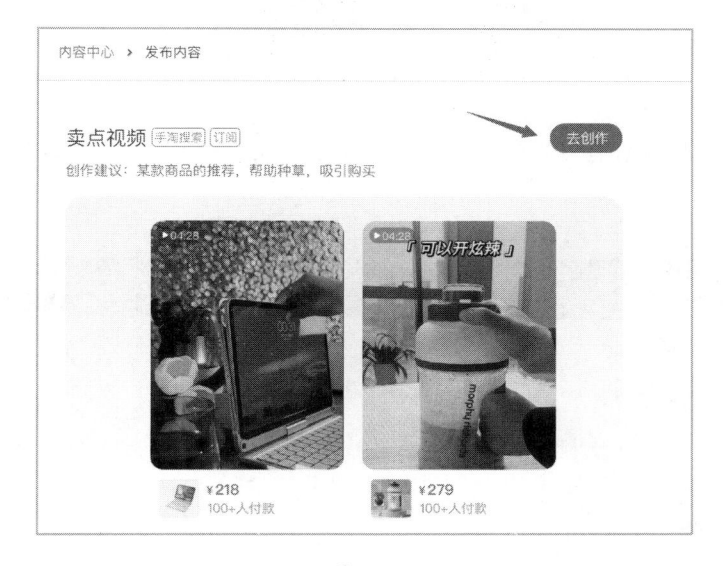

图 5-34

（4）上传视频、填写发布信息后点击"发布内容"按钮即可，如图 5-35 所示。

图 5-35

4. 微详情视频发布

（1）登录淘宝旺铺。

（2）在详情装修页面，选中要添加主图视频的商品，点击"编辑"按钮，如图5-36所示。

图 5-36

（3）如图5-37所示，下拉页面，在主图视频上传处，一个商品链接对应一个主图视频、两个微详情视频，点击"+"号上传视频即可。

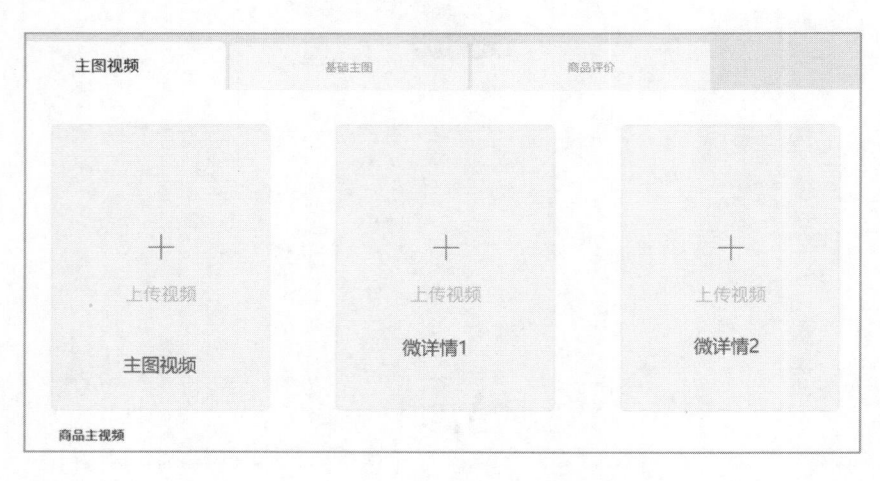

图 5-37

5. 订阅发布

（1）登录千牛后，进入主页面。

（2）点击左侧菜单栏的"内容"→"发订阅"。

（3）选择对应的订阅内容形式，点击"立即创作"按钮即可，如图 5-38 所示。

图 5-38

6. 逛逛图文发布

1）PC 端

（1）进入光合平台。

（2）点击首页的"发图文"按钮。

（3）进入发布页面，填写发布信息，如图 5-39 所示。

（4）点击"立即发布"按钮。

2）手机端（见图 5-40）

（1）打开手机淘宝 APP 并登录。

（2）点击屏幕右下方第二个按钮进入逛逛模块。

（3）点击左上角的相机图标进入发布页面。

（4）上传图片，填写相关信息后点击"发布"按钮。

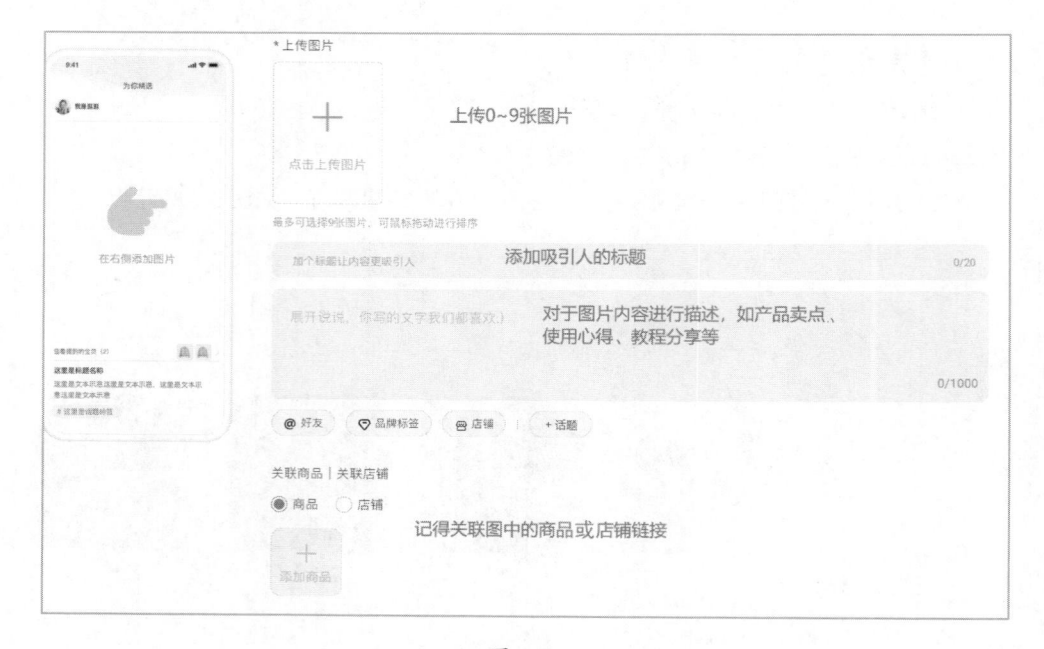

图 5-39

图 5-40

5.2.5 短视频图文数据分析

内容发布之后，系统开始分配流量。客户在相应渠道做出一定的浏览反馈，这些动作行为在后台就是一组组据。定期分析数据，根据数据反馈不断优化内容才是良性的内容运营方式。

1. 内容数据查看

路径：千牛平台中的"内容"→"内容概况"，如图 5-41 所示。

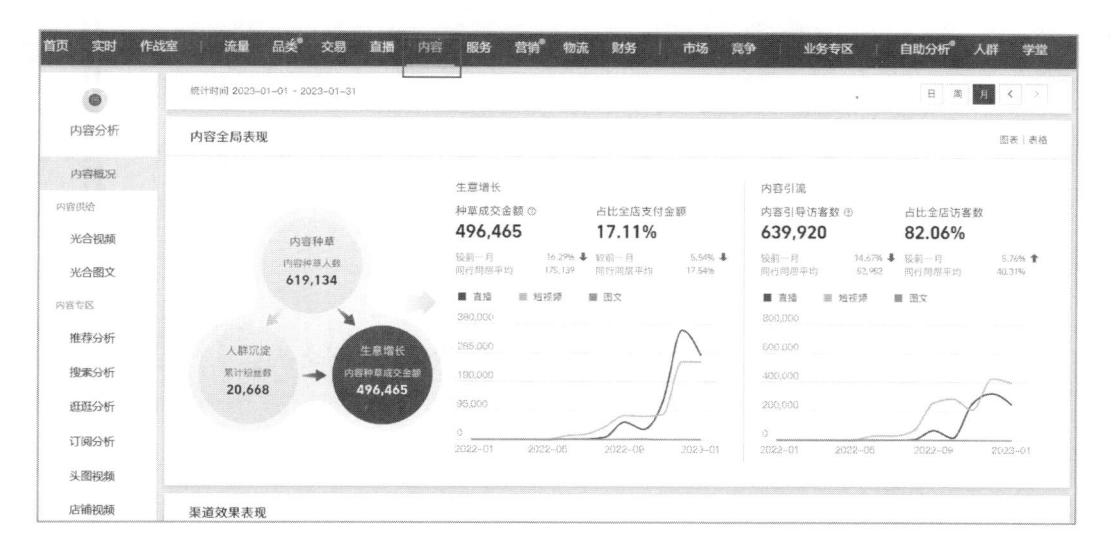

图 5-41

生意参谋的"内容概况"页面综合展示了店铺图文、短视频、直播的数据表现。"内容供给"中的"光合视频""光合图文"页面，展示的是光合平台发布的短视频和图文在所有渠道中的综合表现。在如果要查看某一渠道的数据表现，可以在下方"内容专区"中选择对应的渠道。

2. 内容数据分析

1）光合视频

核心数据指标：曝光人数，查看次数，引导加购件数，种草成交金额。

重点分析流量最大的 10 条视频，找出可以借鉴的成功因子。如果自己的视频有个别指标明显低于平均值，那么要分析是哪里出了问题。

如图 5-42 所示，按"查看次数"从高到低排序，前几条就是所选时间段内热度较高的视频。视频 A、B、C 的查看次数明显高于曝光人数，说明这几条视频曝光点击率低，得不到更多的曝光。因此，通过数据分析我们可以得出，A、B、C 这 3 条视频应该优化静态或动态封面，优化标题。

内容标题	作者	作品标签	发布时间	曝光人数	查看次数	引导加购件数	种草成交金额
A			2022-12-27	1,190	131,623	8	611
B			2022-12-10	1,255	96,650	98	22,791
C			2022-12-11	18,135	84,959	10	2,699
D		热门视频	2022-12-30	273,547	76,946	28	2,621

图 5-42

我们再来看一下 D 视频，其曝光量远远大于查看次数，说明这条视频在首页得到了展现，获得了很好的曝光数据，但是引导加购件数较少，说明我们应该在视频里着重介绍商品，引导观众点击商品卡片进入详情页。

2）光合图文

核心数据指标：查看人数，人均停留时长，内容引导访客数，内容种草人数。

把视频按"查看人数"从多到少排序，在做数据分析的时候，重点分析查看人数最多的 10 条视频。同时要观察"人均停留时长"数据，人均停留时长越长，说明读者对该条内容越感兴趣。根据这些数据，可以倒推出精准的人群画像，从而对自己的视频进行有针对性的优化。

5.3 直播运营之筹备与测试

5.3.1 直播账号筹备

要在淘宝平台直播,除了需要有淘宝账号之外,还需要为账号开通直播权限,这样才能在平台进行直播带货。

5.3.1.1 直播权限的开通

第一步:在手机应用软件中心,搜索并下载最新版的淘宝主播 APP,下载完成后,用需要入驻的淘宝账号进行登录,进入应用程序的首页。

第二步:点击页面左侧上方的"主播入驻"按钮,如图 5-43 所示。

第三步:根据页面提示,完成实人认证,如图 5-44 所示。

图 5-43

图 5-44

第四步：根据页面的提示，上传直播账号所需头像，填写直播账号昵称，并勾选两个协议，点击"完成入驻"按钮。

5.3.1.2　账号等级及规则

商家在平台进行直播的过程中，直播账号的综合情况，会以账号等级的方式在前台进行展现。不同的账号等级对应着不同的平台工具使用权益、专属活动参与权和流量奖励。账号等级越高，在同行业的直播账号中竞争力越强。

淘宝直播账号共分为 V1—V7 这 7 个等级，商家在运营过程中可以通过提升账号的成长值来完成账号升级，如图 5-45 所示。

商家可以在淘宝主播 APP 首页点击"成长建议"按钮查看各项分值，如图 5-46 所示。

图 5-45　　　　　　　　图 5-46

在"等级中心"页面，点击成长值卡片，商家就可以进一步查看目前成长值的组成情况。当成长值总分离下一等级分值小于 50 分时，还可在该页面查看到更详细的涨分要求，如图 5-47 和图 5-48 所示。

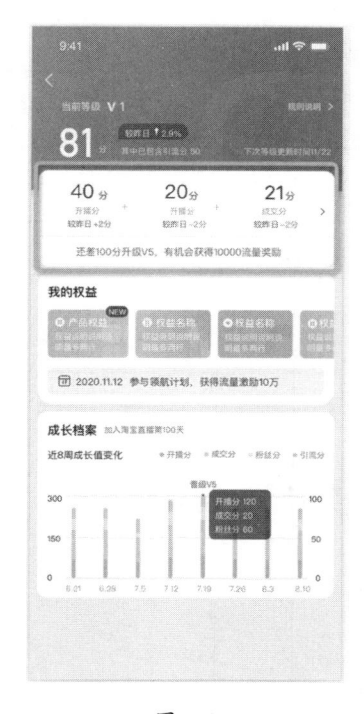

图 5-47　　　　　　　　　　　图 5-48

账号成长值由四项分数组成，分别是"开播分""粉丝分""成交分""引流分"。每项分值的上限不同，商家可以根据成长值"晴雨表"，对直播间的运营策略进行调整，提升直播表现，提高账号等级。

- 开播分，满分为 149 分，该分值的打分依据为近 30 天的有效开播天数。
- 粉丝分，满分为 249 分，该分值的打分依据为近 30 天场均观看人数，商家可以通过吸引新粉丝来增加粉丝基数，通过提高场均观看人数，达到增加粉丝分的效果。
- 成交分，满分为 599 分，该分值的打分依据为近 30 天的直播间引导成交的累计金额。商家可以通过提升直播间的日均访问客户数、日均商品点击率、日均成交转化率、日均客单价等多方面指标，综合提升直播间引导成交金额。
- 引流分，满分为 50 分，该分值的打分依据为近 30 天站外分享拉新人数、站内广告引流人数，可以通过商业投放，或在站外分享直播间链接提升此项分值。商家可以在流量券后台设置直播间分享渠道链接，并查看引流数据。

4 项能力分值的总和，为账号目前的成长值，每个账号等级对应的成长值如表 5-2 所示。

表 5-2　账号等级对应的成长值

账号等级	成长值
V1	0
V2	80
V3	200
V4	350
V5	650
V6	900
V7	1000

天猫商家和淘宝商家在升级路径上也略有差异，升级分如图 5-49 所示。

天猫商家	总分	开播活跃分	粉丝活跃分	直播成交分	引流分
V1	42	23	8	0	0
V2	140	52	13	63	0
V3	261	149	29	93	0
V4	448	149	124	179	0
V5	700	149	192	334	40
V6	932	149	208.5	544	48
V7	1,016	149	225.5	593	48

淘宝商家	总分	开播活跃分	粉丝活跃分	直播成交分	引流分
V1	43	34	6	0	0
V2	137	75	10	60	0
V3	263	149	51	71	0
V4	434	149	153	145	0
V5	689	149	200	325	35
V6	931	149	209	526	48
V7	1,014	149	222	592	50

图 5-49

如果总成长值降到当前等级最低门槛以下，等级是会被下调的，所以等级是有涨有跌的。努力提升账号等级，并保持一定的水平，可以让商家在直播运营过程中获得更多且更稳定的平台助力。

账号层级的奖励权益需要建立在账号安全码为绿码的基础上。账号在遵守平台经营规范，没有任何违规行为的情况下，会保持绿码状态。如发生违规行为，则会影响安全分分值，导致账号安全码变为黄码甚至红码。商家可以在直播后台的"直播"→"直播体检"中，查看账号目前的安全码情况。

V5 及以上等级的账号，若安全码非绿码，则等级暂停更新一周，商家需到体检中心查看并学习相关平台规则，等安全码为绿码后方可在下一个周一恢复等级更新。

如遇误判情况，商家可在后台提交申诉，申诉成功后的下一个周一将恢复安全码颜色及等级更新。

5.3.2 直播人物

在客户视角看来，好像只有主播一个人在镜头前与客户交流。但是想要真正做好一场带货直播，需要多种角色参与其中，各种人员协调配合，做好前、中、后期的工作，才能把精心设计的内容，完整地呈现在消费者面前，并取得良好的效果。

在未来电商直播的大环境中，拥有默契、高配合度的专业团队，将会是商家在直播赛道上竞争的关键。

5.3.2.1 主播人设定位

在整个直播团队中，如果按岗位优先级排序，那首先需要配备的一定是主播。作为直播中的核心人物，主播是整个直播交易环节中，对成交结果起到最直接影响的角色。

一个客户进入直播间后，通常会迅速做出两种选择：要么立刻离开，要么停留一段时间。然而，不论客户做出哪种选择，他们决策的快慢往往取决于对主播的第一印象。一旦客户产生对主播的认可和好感，就更愿意在直播间停留。在这个停留的过程中，客户可能会逐渐接受主播传递的信息，潜移默化地受影响，最终产生消费的欲望，在直播间成交。因此，吸引客户的喜爱和建立鲜明的主播个人形象是主播需要着重考虑的首要任务。

主播人设指的是主播在直播间内，用什么样的身份、角色和客户进行交流。建立人设的作用是拉近主播和客户之间的距离，增加客户对主播的信任度。选择一种适合的人设，能让主播在带货的道路上事半功倍。

电商直播的主流主播人设分为四大类。分别是"行业专家类""网红达人类""老板厂长类""专业导购类"。

在这四大类人设之下，能衍生出很多细分人设。比如，卖水果的生鲜类商家，就可以用"老板厂长类"人设思路，把主播设定成三代勤耕果园的传统农户，或者设定成产地的水果批发商。这两种人设带给客户的体验是不同的，前者体现出的是源头优势，"没有中间商赚差价"，后者则可以突出产地供应链的优势，择优而售，让客户享受到更低的价格和品质的保障。

但是具体人设需要与主播本身的特质进行匹配，匹配度越高，人设就越能立得住，客户的信任度也就会越高。比如，假设主播是一个皮肤白皙的女生，人设定位是在农田里耕作的农户，单从外貌上就无法匹配，客户最终也不会相信，那么这种人设就立不住。

除此之外，商家在设定主播人设时还需考虑到客户的因素。进入直播间的客户具有多样性，不同类别的消费人群对主播的喜好也各异。因此，并非所有直播间的客户都是主播需要吸引的目标。作为店铺辅助销售的关键渠道，直播间首先需要解决的问题是吸引店铺原有的客户，使他们对主播形成认同，并能够迅速做出购物决策。基于这一考虑，对客户进行画像分析也成为主播设定人设时的重要内容。

商家可以在生意参谋的"人群"→"行业策略"中，查看店铺近一月内的人群画像，如图 5-50 所示。

图 5-50

当人设确定好之后，还需要对人设和目标人群的双向匹配进行校准。"试跑"一段时间之后，在直播后台的"粉丝"→"用户画像"中，查看直播间到访的全部粉丝属性，是否跟店铺的主要人群标签一致。如果出现偏差非常大的情况，就需要重新评估人设和目标人群的匹配度。

5.3.2.2 主播人设塑造

优秀的主播人设,不光要定位精准,还需要好的呈现方式,这样才能让客户切身感受到人设的真实性。所以,对人物的塑造,是主播在定位好人设之后要重点下功夫的地方。部分新主播会认为,只要设计好话术,在直播间反复传输给客户,就是所谓的人设呈现。其实并没有这么简单。完整的人设塑造,就像影视剧演员在塑造影视角色上需要下功夫一样,由内而外去打造,才能使角色更为立体化。

在建立人设时,从内在入手是关键。内在表现通常体现在直播过程中,包括主播对专业术语的运用、对行业背景和文化历史的了解等。这些要素并非可以直观看到的外在显现,而是需要主播在日常直播中传达给观众,从而影响他们,树立他们对主播人设的认知。以一个护肤品配方师的人设为例,在介绍护肤品时,仅仅从外观、使用感受或功效出发,难以让观众感知到"配方师"这个内在身份。因此,在主播传递商品内容信息时,应从"配方师"这一职业的角度出发,讲解每一种成分的作用,阐述组合搭配的原理,介绍商品配方的研发背景,以及如何判断不同配方商品与个体肤质的适配度。这样的商品介绍既能使品牌信息传递得更加清楚,又突出了"配方师"这一人设的内在特征。

当然,人是"视觉动物",对他人的第一印象,往往会受到他人外在表现的影响。比如,我们看到穿着白大褂、戴着听诊器的人,会下意识认为这是一个医生,而碰到穿着围裙、戴着袖套的女性,可能会默认她是一位家庭主妇。刻板印象在每个人的心中都存在,这也是帮助主播打造人设的一个快速突破口。

5.3.2.3 直播团队架构

当然,要想取得出色的成绩并实现稳定增长,仅仅依赖主播的支撑是远远不够的。实现预期目标需要整个直播团队共同协作。团队的完整度、专业度和默契度决定了达成目标的速度。

商家们在组建自己的直播团队时,一定要注意,要根据当下生意的规模和对直播业务的规划来逐步完善直播团队架构。不能一味追求人员齐、人数多,而要在满足当下工作需要,并且成本控制得当的前提下,对需要拓展的业务进行人员岗位的补充。

在较为成熟、专业且人员配置完备的直播团队中,人员配置主要由两部分组成。一部分是在直播现场,需要配合主播共同出镜的前台工作人员,另一部分是不出镜解说,只在幕后协助完成直播的后台工作人员。

1. 前台人员配置

直播的更新周期、迭代速度都远高于传统商业形式，直播的形式多种多样，从一个人坐在镜头前直播，到一群人在镜头前娱乐带货，都是常见的直播形式。

通常意义下的直播前台工作人员有：主播、副播、助理和场控人员。

2. 后台人员配置

后台工作人员和前台工作人员同样重要，直播是否能有丰富的内容，取决于前期是否做好了充足的筹备和策划。后台工作人员中，最不能缺少的就是对整个直播工作进行统筹规划的人，他们是保证账号在持续直播的过程中能跟上平台营销节奏的基本保障。

随着团队的扩充，对直播业绩的预期会进行调整。随着账号粉丝的不断增加，直播间的内容和商品矩阵也需要进行定期迭代。这些工作通常由策划和商品岗位的成员协作完成。

当直播团队达到一定规模，有了 IP 效应时，为了突破客户群圈层并进入全域拓客阶段，还需要专门负责内容运营以及在不同平台间进行内容联动的工作人员，对直播账号的 IP 进行广泛宣传。

5.3.2.4　岗位类型划分

商家可以把工作岗位分为运营类、策划类、主播类和助理类这四大类。在每一个大类下也可以细分出很多分支工种。比如，运营类包含直播运营、数据运营、流量运营，策划类包含内容策划、商品策划，主播类包含主播、副播，助理岗则包含主播助理、运营助理。在实际应用中，通常也用岗位名称指这个岗位上的工作人员，比如"数据运营"既指数据运营岗位，也指做数据运营工作的人。

1. 运营类

运营类岗位的工作内容包括为直播账号制定直播策略、监控执行效果，并为账号和团队的成长提供相应的保障。

直播运营需要负责直播运营的整体方向，制定相应的工作规划。每个周期的工作都需要针对直播增长中的关键因素制定相应的方案，根据对团队各部门成员的能力和公司能力的评估，制定并执行相应的直播提升方案和操作流程。因此，运营岗的考核指标通常直接与直播账号的能力分值、账号等级以及权重指标进行关联。

数据运营和流量运营属于直播运营的细分岗位。数据运营的工作职责包括监测账号的各项数据指标，对每场直播的数据以及账号每天的整体数据进行留存，并进行全面分析。流量运营的工作内容与数据运营相似，都是负责单一的工作内容，但流量运营需要对整个直播账号的流量进行规划、预判和把控。

2. 策划类

策划类的工作人员需要对直播玩法、商品行情以及客户心理有所了解。该岗位主要负责账号直播内容的分类和迭代，以确保直播间商品和直播内容的呈现与直播运营的工作规划方向相匹配。

内容策划对细节的要求较高，通常负责整场直播的主题、节奏策划、活动玩法和商品的脚本优化，类似于电视剧组中的编剧角色，要为每个角色进行润色，为故事中的每个环节设计穿插过度，确保故事的完整和流畅。因此，内容策划在完成一场直播的细节规划后，需要与主播进行沟通，告诉主播自己的脚本应该如何呈现，并与主播共同商讨优化方案。策划方与执行方沟通越深入，最终呈现的效果才会越接近预期。

商品策划的工作内容是根据直播的主题和内容匹配相应的商品。如果直播中需要对接其他品牌、供应链、店铺的商品，商品策划也需要进行沟通，并确定商品权益。

3. 主播类

主播类岗位的工作核心是在直播间进行售卖，以及与粉丝互动。

主播在直播间将商品的卖点、直播间的活动和权益进行讲解，同时，还需要与直播间的粉丝进行互动，提升直播间的黏性。主播是与直播间销售关联最直接的岗位。

在主播团队中，副播的存在感往往会弱很多，他们的工作就是配合主播把直播内容呈现得更加生动，帮助主播把直播间氛围营造好。大多数直播团队中的副播，其实都是为主播岗位培养的备选人才，用以应对主播这个职位普遍存在的人员流动的情况。

4. 助理类

助理类岗位的工作没有特别明确的工作内容，通常由直播团队中各个重要岗位的工作来决定。

主播助理的工作是帮助主播在开播前整理当天直播要用到的商品、道具、物料等，在直播过程中为主播递送需要讲解的商品，工作内容更为基础。

运营助理的工作内容由运营总监直接安排，一般为直播运营中较为基础的操作型工作。

5.3.3 直播场地和直播场景

直播场地和直播场景的适合与否对于直播工作的推进和效果的提升会有很大影响。大部分商家认为，要想让直播间快速进入成熟期，一是要有优秀的主播，二是要有源源不断的流量。而优秀的直播场地和直播场景，是能使客户带来良好的初始互动数据的关键因素。

5.3.3.1 场景类型

商家在设计自有直播间的场景之前，首先需要根据行业情况，了解行业当中表现优秀的直播间使用的都是什么类型的直播场景。之后再根据自身的条件和行业情况，进行直播场景的方案定制。

直播场景通常分为两大类。一类是室内场景，也是绝大部分商家会选择的直播场景类型。我们所说的室内场景，通常是指选定一个封闭空间，在空间内规划部分区域搭建直播背景，放置直播设备，摆放直播商品。室内的优势在于，场地挑选范围较广，空间规划简单，网络情况稳定，而且不会受外部因素干扰。劣势则是这类室内直播场景的迭代速度慢，更新成本高，同质化严重。

另一类是户外场景，顾名思义，这类直播是将直播场地定在了户外的开放式空间中。这类直播场景的优势在于，户外的空间能给客户带来新鲜感，特别是一些产业带的生产场景，对客户的吸引力非常强，能给粉丝带去真实的体验感，增加粉丝对主播和商品的信任度，从而降低消费决策的难度，促成交易。

5.3.3.2 场地选择

两种直播场景各有优势，也各有弊端。所以商家们在选择直播场地之前，先要规划好直播间的场景类型。

室内直播涵盖多种形式，不同的直播形式对应不同的场地面积需求。例如，单人直播通常需要较小的空间，摄像头面前不会出现太多场景内容。单人直播的场地通常只需5~15平方米的空间。

在人数相同的情况下，站播的空间需求比坐播大一些。主播站播时，身体可能会移动，或有较大幅度的动作，而坐播基本上不会有太大幅度的动作，因此两种形式对空间面积的需求是不同的。这种小型直播间中也不适合摆放体积较大的商品，而更适合一些体积较小的商品，例如美妆、食品、文具等。直播间内摆放的直播设备也比较简单，不会占太大的空间。

相对于小型直播场地而言，30～50 平方米的中型直播场地更为常见。无论是坐播还是站播，在中型直播场地内，都有发挥的空间，商家可以搭建风格化的直播背景墙，装饰元素的可操作空间也更大、更多元化。在空间充裕的情况下，商家们还可以根据商品样品的情况设置样品陈列区，甚至划分直播区、设备区、中控区。中型直播场地较常见于中大型商品的直播间，比如服饰、箱包、小家电、花卉园艺等类目。中型直播场地对直播设备的要求不会特别高，以基础直播配置为常见直播设备。

大型直播间或者演播厅的面积通常都在 150 平方米以上，有些甚至超过 500 平方米。当然，这种场地并不适合所有商家，从常态化直播来看，需要这么大的空间的，直播的商品体积必然也不会小，比如汽车、大型家具等。在直播时，也不是把所有的空间都用于直播，商家可能会把展厅当直播间，直接在展厅内放置直播设备，规划直播区域。由于空间很大，对空间装修和直播设备的要求就会更高。

所以，在选择直播场地的时候，商家可以从三方面综合考虑。第一是可使用的备选场地面积大小，第二是商品的体积，第三是用于直播的设备或设备的采购预算。从这三方面综合入手选直播场地，一定可以起到事半功倍的效果。

5.3.3.3 场景搭建

直播间搭建主要指的是室内场地的直播场景构建。在整个直播间从无到有的建设过程当中，最重要的环节一定是场景搭建。作为商家，大家都希望用最少的费用，达到最优的效果。正式动工之前，每个人心里都有直播场景大概的样子，但具体要如何去实现？我们根据以下几种场景搭建方式来找寻灵感。

在整个直播场景中，直播背景可以称得上是灵魂要素。刚刚步入直播行业的商家，如果抱着试水的心态，通常会选择一面白墙作为直播背景，认为这样可以最大限度地控制试错成本。实际上这样的背景对直播带来不了正面影响，反而会让进入直播间的客户把注意力集中在主播的输出上，对直播内容的要求就会变高。所以直播间的背景最好是有内容体现的图案、画面、立体空间。即便想要控制初期开播成本，在直播间背景的制作材料上也是有很大的选择空间的。常用的直播间背景材料有直播背景布、KT 板、LED 电子大屏，以及绿幕。

对成本预算有严格要求的商家，在刚开播的时候，如果没有装修直播间的打算，可以选择直播背景布作为背景。直播背景布就是以广告喷绘的形式，把图案喷绘在广告布上，尺寸可以根据场地空间大小自由定制。由于近年直播行业的快速发展，人们对场景的要求逐渐变高，背景布的图案内容也较前几年做了很多改进和提升。比如近年流行的"裸眼 3D"技术就被运用于其中。加以灯光的辅助，直播间在手机端也能达到以假乱真的效果。背景布通常用龙门架挂在主播背后，或者直接固定在墙上，在使用的过程中一定要注意保持背景布的平整，否则会给人突兀的感觉。背景布适用于小型直播间或者坐播型的直播间。

KT 板也是喷绘的，但是它可以制作较大的版面。KT 板的优势在于制作成本较低，更换便捷。在使用的过程中需要将背景板固定好，注意安全问题。

LED 电子大屏的直播背景在大型品牌和头部达人的直播间中比较常见，由于其成本高，中小商家基本不会应用这类直播背景。它的优势在于可以随时无痕切换背景内容。不论是商品信息、利益点信息还是其他互动内容，都可以投在电子大屏上。如果预算充足，商品类型和 SKU 丰富，活动信息经常迭代，那么用电子大屏做直播背景会是不错的选择。在使用 LED 电子大屏作为直播背景的时候，一定要注意直播间灯光设备的遮光，不能有太多的光照射到电子屏上。

绿幕背景由于成本很低，也广受商家欢迎。绿幕背景的优势还在于可以随意切换直播背景内容，静态的或者动态的都可以实现。绿幕背景也从初代的纯绿色背景，迭代到了现在的 3D 沉浸式直播场景。虽然绿幕背景很受欢迎，但不难发现，在使用的过程中经常存在背景很假、画面色彩不协调的情况。这些问题出现的根本原因有两点，一是空间问题，二是布光问题。用绿幕做背景，一定要选择不容易反光的材质，这样在打光补光的时候才不容易出问题。主播距离背景的位置，要控制在 0.5 米以上。这样能避免由于距离过近、背景布反光导致的主播、道具泛绿的尴尬情况。根据背景的色调和光感调整直播间布光的色温、色调和明亮度，才能达到真实的效果。

5.3.4 其他要素

直播的软件设备和硬件设备的关系就像琴谱和琴一样，有了琴谱之后，也需要一把好琴才能奏出美妙的旋律。

5.3.4.1 软件设备

首先，需要在手机的应用商城中下载"淘宝主播"APP。除了用来直播之外，用它还能随时查看直播账号的各项关键数据，所以即便是用电脑进行直播的商家，也需要在手机上下载该应用，以便随时监控账号数据情况。

当使用电脑进行推流的时候，需要在电脑上下载相应的淘宝直播推流客户端。登录淘宝直播门户网站，点击页面中的"下载客户端"按钮，根据提示完成下载安装即可。

如果直播设备中有专业的控光设备、收声设备、摄像设备，则根据所购买的商品说明，下载安装对应的软件。

5.3.4.2 硬件设备

直播对于手机的要求：像素清晰，运行速度快，不卡顿。

选用手机作为直播设备时，需要配置相应的支架，用来固定设备，以达到稳定直播画面的效果。如在室内固定场所进行直播，可选用落地式支架。如在户外进行直播，建议选择手持杆或手机云台作为支架，如图5-51所示。

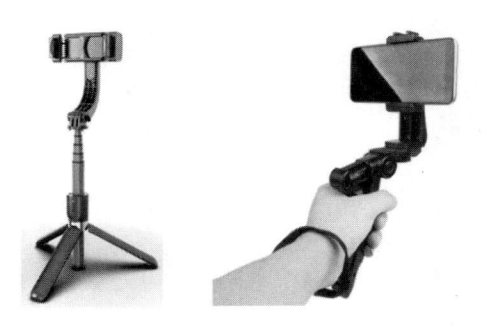

图 5-51

当直播画面为小幅场景+大幅商品的构图时，可以选用桌面补光灯或便携补光灯进行补光。桌面补光灯通常适合美妆、珠宝、文玩等类目商家在直播时用来补光，其优点为光线柔和且聚焦，能突出主体。便携补光灯通常直接安装在手机上进行近距离补光，常用场景为户外直播。图5-52所示为两种补光灯。

图 5-52

用手机进行直播时,手机中的内置话筒可自动完成收声工作,但内置话筒收声效果较差,在较大的直播空间中容易产生回声,在嘈杂的户外直播时也会影响收声效果,此类问题可以通过外置耳机或麦克风来解决。

无线耳机较为便携,自带降噪功能,但在使用过程中容易因环境因素而产生电流声,出现这种情况时建议更换外接有线耳机或手机专用"小蜜蜂"(一种无线扩音设备),如图 5-53 所示。

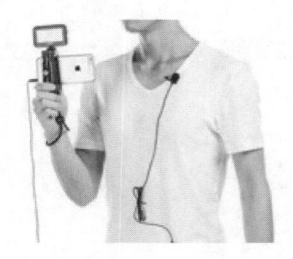

图 5-53

PC 端直播的摄像设备通常以网络会议摄像头为主。商家在选择摄像头的过程中应适当考虑直播商品、直播间环境、光线等综合因素,还需要考虑变焦倍率、对焦速度、画质像素等因素。图 5-54 所示为常用摄像头。

图 5-54

在 PC 端进行直播时，摄像设备通常都自带收声功能。但由于设备型号和性能的问题，也会存在收声清晰度低的情况。

如摄像设备不足以满足收声要求，可通过配置收声器来解决收声问题，例如坐播用领夹式收声器、站播用专业麦克风来进行收声，在使用麦克风的情况下通常需要额外配置专用声卡。图 5-55 所示为常用收声设备。

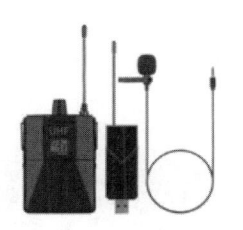

图 5-55

当直播画面为大幅场景+中、小幅商品的构图时，建议选用功率较大的补光设备。

环形美颜灯在选择的时候要注意灯具的大小，只露半身的直播建议选择中号或者大号灯圈，如背景露出较多，场景需要大量补光，建议选择常亮摄影灯作为补光设备，如图 5-56 所示。

图 5-56

5.3.5 直播发布流程

准备工作都完成之后，正式直播就可以开始了。在不同的推流设备下进行的直播，效果会有很大的差异，在操作端的页面也会有所不同。正式开始一场直播之前，商家需要将直播间创建好，并且留下充足的时间供系统进行人群预分配，让客户对本场直播进行预约。

不论是创建一场直播还是直播预告，在发布的过程中，必须完善直播间封面、标题、频道栏目等。在呈现效果和玩法上，PC 端的发挥空间要比手机端大得多。

5.3.5.1 手机端发布流程

第一步：在手机上打开"淘宝主播"APP，点击应用底部的开播按钮，如图 5-57 所示。

第二步：进入直播创建页面，点击封面图，选择"相册"中的成品图片，或选择"相机"进行封面拍摄，如图 5-58 所示。

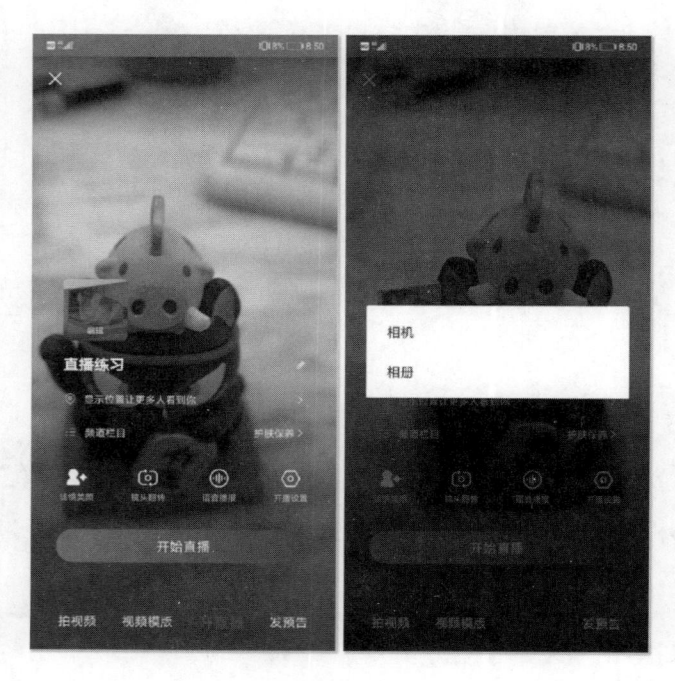

图 5-57

图 5-58

第三步：点击直播标题右侧的小铅笔图标，输入直播间标题，如图 5-59 所示。

第四步：点击页面中的定位图标，选择开播地点，如图 5-60 所示。

第五步：点击页面中的"频道栏目"，选择与直播间主营商品品类相符的直播频道，如图 5-61 所示。

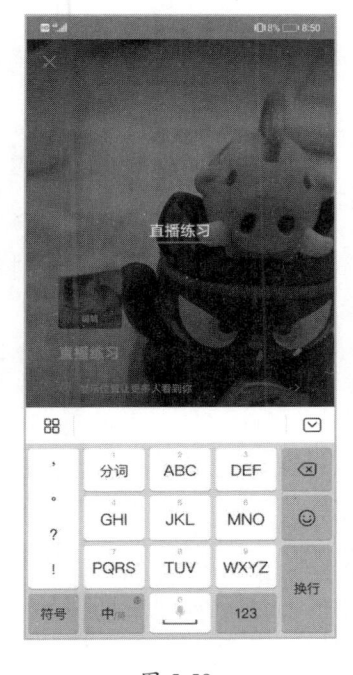

图 5-59　　　　　　　　　　　图 5-60

图 5-61

第六步：点击页面中的"开始直播"按钮，正式开始直播。

5.3.5.2　PC端发布流程

第一步：登录店铺千牛后台，进入"内容"→"店铺直播"页面，点击右上角的"发布直播"按钮。

第二步：进入"创建直播"页面，按页面提示选择封面图、直播时间、频道栏目。

第三步：点击展开"非必填项"，填写直播简介，上传预告视频（如无这部分素材，可以跳过）。

第四步：点击"创建直播"按钮。

第五步：在"直播"→"直播管理"页面，打开直播列表，找到需要开播的场次，点击场次右侧的"正式开播"按钮。

完成推流后就正式进入直播环节。在直播的过程中，不能一味讲商品，还要增加更丰富的互动玩法，这就需要学会运用电脑中控台的各项互动工具。

进入直播中控台，在直播列表中，找到写着"直播中"的场次，点击该场次右侧的"直播详情"按钮，就进入了本场直播的中控页面。

中控页面中包含实时数据、商品列表、策略推荐、画面预览、粉丝评论、互动中心等模块。

实时数据是用来监测直播间的实时表现的。

在商品列表模块可以添加和编辑购物袋中的商品链接。

策略推荐模块所显示的是系统根据当前的操作提示建议做的内容。

在画面预览模块中，可以看到直播间的画面。

在粉丝评论模块中，可以同步查看直播间客户的行为，可以第一时间回复客户的留言，与客户产生良好互动。

最重要的操作模块就是互动中心，直播间主要的互动工具都集中在这里。天猫店铺和淘宝店铺直播后台互动中心的工具是略有差异的，但都可以归纳为三大类：信息互动类、权益互动类、玩法互动类。

5.4　直播运营之策划与执行

在基础准备工作和操作流程类工作完成之后，不要马上开播。直播的真正魅力在于优质的内容输出。这需要有完整的内容策划和优秀的执行能力。好的直播，从策划好的内容开始。

5.4.1 直播主题

大部分商家在周期性的直播运营过程中，都是以同一种模式、同一类话术日复一日地播着。从店铺自身角度来看，这降低了内容创作成本，但是负面影响也是存在的。重复的内容会影响直播账号的粉丝回访率。

直播的内容可以分为两大类，一类是日常的直播，另一种就是主题型的直播。商家可以根据平台的活动主题制定内容，也可以自创主题。平台活动主题分为行业活动、周度活动、平台活动三大类，自创主题如店铺的店庆主题、上新主题、粉丝节主题等。

在平台直播主题活动期，推荐流量资源会根据相应的主题内容、主题涉及的商品类目进行倾斜，增加符合要求的直播间的曝光力度。商家参与平台的主题活动时，需要注意直播间主营类目是否符合平台要求，在类目符合的情况下，根据主题方向策划直播内容，可获得更多流量。图 5-62 所示为 2023 年 2 月淘宝直播活动日历。

图 5-62

5.4.1.1 日常直播

日常直播的核心任务是保证账号的活跃度，每日的开播时间和场次比较固定。日常直播可以锻炼主播的销售能力和互动能力。在维持稳定直播的前提下，还可以进行直播方案测试。

5.4.1.2 活动直播

在设计主题活动的直播内容时，需要先明确主题方向、活动时间、参与门槛、活动玩法等。

商家在制定活动直播方案的时候，除了要满足平台的内容要求之外，还要考虑本场直播活动的核心目的是什么，需要完成什么任务。很多商家认为活动直播一定要"冲"销售额，实际情况并不是全都如此。在无法达成大量的销售，而平台又有流量资源扶持时，就需要让流量沉淀下来，也就是常说的"转粉"。那么活动直播的所有脚本内容和互动玩法，都需要基于转粉进行策划。

所以活动直播的策划，一定要在明确核心使命的前提下，进行直播商品、活动权益、互动玩法、互动话题等一系列内容的设计。

5.4.2 选品排品

直播间的商品运营往往是运营环节中最容易被忽视的一块。商家店铺售卖的商品是固定的，可变动性非常弱，这会导致商家们在直播间商品上架的过程中抱着"有什么卖什么"的心态，一股脑将店铺商品直接上传至购物袋。这样操作的结果会是，直播间的选品没有重点，内容策划没有方向性，无法很好地完成直播目标。

直播间其实就像商业街上的一家家实体门店，有些店的业绩好，有些店的业绩差，而它们卖的是完全一样的商品，甚至价格都是一样的。原因就在于，业绩好的店铺为商品做了分类、打了标签，让客户从进门一刻就能清晰地知道，每一款商品值得有什么诉求的购物者"收入囊中"。而业绩不好的店，则是把商品杂乱无章地堆砌在店里，客户进店后无法被激起"逛"的兴趣，最终也不会购买。胜败往往就在这些细节上。

5.4.2.1　直播商品类型

直播间的商品也需要按照特定的运营逻辑进行上架，但是首先要明确直播间销售商品类型，再依照整体直播节奏和重要环节的安排，将商品逐一安排进脚本中。

大多数直播销售都逃不过"二八定律"，即一场直播的销售额中的80%来自这场直播中销售的20%的商品。因此，商家在直播间的商品布局中需要规划好"商品矩阵"。在直播销售的环节，商品可以划分为四种类型，分别是常规款、福利款、爆款、形象款。这四类商品在直播间所承担的任务是不同的。

在每个店铺的直播间里，我们打开购物袋都能看到置顶的热门款。通常，这个位置放置的都是店铺的爆款，即这个店铺当中最受欢迎、销量最好的商品。爆款是当季通过市场验证、迎合市场需求的热门商品，受众广泛，因此成交概率较大。而且，这些爆款商品一定有充足的库存，销售后可以正常发货。

客户会通过对比筛选出最具性价比的商品。因此，在直播间中，作为爆款的对比商品，可以再安排一些形象款。当然，手心手背都是肉，不能为了爆款而去打压形象款的口碑。形象款主要是为了凸显爆款的性价比，因此形象款的商品调性要进行提升，让高价的形象款作为店铺高品质商品的代表，这样既能衬托爆款的实惠，又能展现店铺的品质。在形象款的选择上，需要注意定价、商品调性、商品形象等因素，使形象款即便不会被客户购买，也能在客户心中留下高端的印象。

在卖货的过程中，直播间的互动氛围和流量权重是商家们需要关注的关键点。因此，在直播商品矩阵里还有一种福利款。福利款一定要受众广泛、性价比高，让进入直播间的客户都觉得能用得上，为了这个福利，愿意在直播间与主播产生互动。福利款的价格一定要比该商品在市面上的平均售价低很多，甚至可以略微亏损一些。

剩下的商品，如果没有承担特殊的任务，可以统一归类为常规款。当然，在爆款的生命周期结束之前，商家也可以在常规款中安排新品，观察数据，为下一个爆款做准备。

5.4.2.2　直播选品方式

商品是直播的核心，因此不能盲目选择。销售和互动表现不佳的商品会降低主播的销售信心，同时也会影响直播间的流量权重。在确定直播商品矩阵之前，商家可以先在直播间进行一轮商品测试。通过商品在直播间的数据表现，判断是否将该商品列入直播间销售商品中，并进行商品分类。

商品在直播间上架后，商家需要特别关注商品的点击率和转化率。点击率和转化率双高的商品一定是直播间的核心商品，承担直播间的主要成交任务。有些商品点击率高而转化率低，说明客户对该商品产生了兴趣，愿意点击查看，但由于价格或其他影响购物决策的因素，客户最终没有下单。这类商品基本可以判定为非爆款或者是处于衰退期的爆款。点击率低而转化率高的商品，意味着有兴趣点击的客户较少，但是看完之后愿意购买的人较多。这类商品通常是潜在的爆款。最后一类是点击率和转化率都不理想的商品，这类商品在直播间属于滞销品，需要尽快下架。

另外，商家在选品时还需要考虑客单价的维度，如果某些商品的客单价在直播商品梯队里处于很低的段位，那么即便点击率和转化率表现都十分良好，也只能划为福利款。客单价低的商品无法完成直播间的 GPM（每千次曝光成交额）指标，只有在点击率、转化率、客单价都表现良好的情况下，商品才能被划入爆款梯队。

5.4.2.3　直播排品方式

选好的商品，还要通过灵活的排品，才能发挥其最大的作用。所谓排品就是安排商品在直播中出现的场次、顺序等。直播过程中的讲品顺序，在准备脚本时就要安排好。账号在不同阶段的成长诉求是不同的，所以排品也要随着核心目的的变化而调整。

排品之所以重要，是因为每款商品所导致的客户在直播间的行为都是不一样的。而每种行为都会被系统捕捉，反馈给算法，衡量直播间的表现，从而给予对应的流量激励。

一场直播中无论有多少款商品，都需要在有限的时间内循环展示，以完成 GPM 和引流。福利款、爆款、常规款、形象款在一个循环周期内的排列顺序旨在实现这一目标。因此，在一个周期内，我们首先使用福利款来让客户与我们互动并保持驻留，接着通过爆款吸引高峰流量，然后切换到形象款，并对爆款进行二次激活。在流量曲线回落阶段，需要通过常规款进行过渡。在一个周期内，需要用多少常规款进行过渡，取决于直播的节奏和每个周期的时间。一个周期内只有一个流量高峰，需要在前半段进行"蓄水"，然后在后半段进行释放。因此，在前半段和后半段的过渡方面，商家可以根据自己的情况决定需要介绍的福利款或常规款的数量。遵循蓄水引流—承流转化—二次激发—过渡缓冲的原则即可。

5.4.3 互动玩法

在直播过程中，与粉丝互动是主播的重要任务。愿意参与互动的客户越多，直播间在线人数就越多。直播间的成交量受直播间的流量和转化率的影响。通过运用丰富的互动玩法，可以促使直播间的客户参与互动，这是直播过程中需要贯穿始终的任务线。

5.4.3.1 互动的目的

直播间的每一个动作都是有目的的，对应着需要完成的某一项指标。同样，直播间的互动也是为了完成直播中的权重指标。

直播间的粉丝是有等级的，数据表明，等级越高的粉丝，在直播间的成交贡献越大。主播在直播间充分与老粉丝互动，能增加粉丝与主播之间的情感，提高直播间的粉丝回访率。

而直播间的另一部分人并非粉丝，也许他们是第一次进入这个直播间，由于对直播间的商品和主播缺乏了解，他们通常抱着观望心态选择留下观看或者离开，没有产生太多的行为动作，也就无法实现权重指标提升。主播与粉丝之间的互动能很好地带动直播氛围，影响部分非粉丝的决策，若能让他们参与其中，也许就能完成权重指标的提升了。

5.4.3.2 互动的形式

主播想要完成跟客户的互动，可以通过很多方式来实现。比较基础的方式是主播们通过口播，与客户产生聊天式的互动，好的聊天氛围同样能带动直播间的销量。聊天式互动并不是纯粹闲聊，一定是有目的地引导话题，往最终需要销售的商品上引导。在互动过程中，主播可以多谈日常话题，以问句的形式让客户做选择题，这样互动门槛就低一些。当越来越多的客户看到大家热烈讨论的话题与自身也有关系，并且自己可以参与其中发表观点的时候，互动氛围就能被带动起来。主播在介绍商品的卖点和应用场景时，也会更加顺畅。

此外，还可以通过直播中控台的互动版面与客户进行互动，例如利用抽奖、分享裂变、粉丝权益等工具。主播可以在直播中持续发布活动玩法、活动权益、参与方式等信息，引导客户进入直播间参与互动。

当然，主播也可以利用自己准备的互动道具，结合口播提示的方式来吸引客户参与互动。例如，直播间常用抽奖互动方式，商家可以自行准备大转盘、抽奖箱等。

当客户在直播间产生互动行为时，就会同步延长停留时间。在这个过程中，主播的信息输出时间就变得更长。所以互动的核心，是需要通过增加客户的互动行为，增加客户停留时间，在停留时间内输出有效的商品或者促销信息，促进成交。

5.4.4 商品讲解

一切铺垫工作都是为了成交，成交的核心仍然在于商品本身是否能打动客户。擅长讲解商品并能够生动传达商品亮点的主播，转化率表现通常是非常优秀的。除了在直播中推动转化外，在直播结束后，优秀的商品讲解可以被录制成商品介绍，继续在店铺商品运营中发挥作用，为商品在其他场合的成交转化提供支持。

大多数主播在介绍商品时缺乏重点，一味地赞美商品的优点，却很难让人真正感受到商品的独特优势在何处。而优秀的主播在商品讲解方面则逻辑清晰，能够巧妙抓住商品的亮点，刺激客户的心理，激发其购买欲望。不难发现，为了在直播间取得良好业绩，主播不仅需要提前对商品进行充分了解，还需要培养自己的讲解技巧，以更有效地传达商品信息。

5.4.4.1 商品卖点提炼

在构建商品的讲解话术之前，主播们需要先梳理并充分了解商品的卖点。卖点指的是商品所具备的独一无二、与众不同的特性。这个特性可以是商品的物理属性，也可以是经过营销包装的使用属性。

商品的卖点主要分为基础卖点和核心卖点两大类。基础卖点可以从商品的物理特征出发进行收集，类似在上传商品时填写的属性信息。这些卖点包括商品的材质、规格、外观、工艺、功能和品牌等。如果基础卖点中包含可延伸的特殊卖点，就可以深入挖掘和包装这些特殊卖点，实现商品的差异化呈现，使其在市场上形成人无我有、人有我优的竞争优势。这些需要深入挖掘和包装的特殊卖点即为商品的核心卖点。

商家在提炼卖点时，首先需要在基础卖点上做加法，全面挖掘商品的所有物理属性，并进行集中整理。以一包抽纸为例，作为常见的生活用品，它可能看似没有特别的亮点。然而，卖点的提炼需要从最基础的属性入手。这些基础属性包括抽纸的用料、成分比例、纸张层数、印花工艺、香味颜色、包装规格等。

纸巾是市场上已经成熟的商品，其在品类上很难实现创新和突破。因此，可以将核心卖点集中在与同类商品的差异化上，例如工艺、材质等方面。需要注意的是，在表达时，要从客户的利益角度出发，阐述这些卖点能为客户带来什么好处、解决什么问题。在表达核心卖点时，除了站在客户的视角进行阐述之外，通过添加具体的使用场景，可以更加引人入胜，更容易打动客户。

5.4.4.2　讲解话术解析

在全面了解商品之后，筛选出需要表达和呈现的信息。这些内容可以通过主播口头表述的方式在直播间进行传达。在实际讲解的过程中，所使用的词汇和语法通常与书面表达有所不同。讲述的内容保持条理清晰、明确易懂，才能真正让客户理解。

主播的话术可以采用总—分—总的结构，即首先介绍商品的基础属性（总），接着深入介绍细分卖点、超级卖点（分），最后介绍适用人群、应用场景或使用建议等（总）。这种表述结构是最常见的，有助于使客户对商品有详细且清晰的了解。

此外，在内容表达方面，主播务必站在客户的受益视角进行内容输出，这样能有效提高直播成交的概率。

5.5　直播运营之数据优化

在完成直播后，还有两项关键任务：直播数据的监测和直播数据的复盘。定期复盘有助于商家更迅速、更有效地提升在直播领域的表现。

复盘一词是围棋术语，指的是每结束一盘棋后，棋手都会回顾当时的落子顺序，思考是否存在更优的解法。而在直播工作中，复盘就是通过分析直播间的数据，帮助商家迅速发现工作计划中存在的问题，并通过数据链推导找到解决问题的方法。因此，定期进行直播复盘有助于提升团队的专业能力，优化直播间的各项数据，从而获得更好的直播结果。

5.5.1　数据监测

复盘要建立在数据分析的基础上，以指导优化工作朝着正确的方向发展。因此，在进行复盘之前，需要首先提取和分析直播账号、单场直播的数据。可以直接进入生意参谋，提取直播相关的具体数据。数据提取路径为生意参谋中的"流量"→"店铺来源"，在这里可以找到直播在店铺中的多项数据表现。

在生意参谋的"直播"页面，可以查看直播账号整体的表现情况。导航栏中包含的数据维度有：直播概况、直播间业绩、本店商品成交数据、商品分析。这个页面的数据与直播后台的数据版面是一致的。

生意参谋中的数据，是在店铺层面对直播渠道的数据记录。要分析单独直播渠道的具体表现，则需要从直播后台的取数入口进行数据抓取。两者统计方向不同，所以取数路径和算法也会有所差异。

查看单场直播的数据时，商家需要在PC端直播后台页面，点击"直播"→"直播管理"，然后找到需要查看的直播场次。在列表右侧点击该场次的"数据详情"按钮进行数据查找。该页面记录了本场的详细数据，包括转化效率、商品明细、流量来源、实时趋势等关键指标。商家可以根据自身需求，在页面右上角进行访客身份切换，以查看相关数据。访客身份类型分为：会员、观众、新客。

数据版面的正中心显示了该场直播的重要数据表现，包括最高在线人数和成交金额。当直播正在进行时，该页面所显示的在线人数为实时在线人数。右侧还有该场直播当前的推荐流量竞争力。推荐流量竞争力是从两个维度进行打分的，分别是"实时推荐流量交易指数"和"实时推荐流量内容指数"。在时间节点、内容表现、售卖商品、成交金额等方面都一致的前提下，推荐流量竞争力可能不同。

当直播正在进行中的时候，商家需要实时监控数据版面的数据，特别是实时在线人数和推荐流量竞争力的变化。商家需要根据这两个数据维度，判断接下来的直播策略是否需要调整。这也是直播运营在直播进行时的一项非常重要的工作内容。

除了单场次的直播数据，直播运营还需要对账号整体的情况进行数据监测和数据留存。在直播中控台页面点击左侧导航栏中的"数据"选项，下拉出的子目录包含了整个直播账号在淘宝直播中的全部数据。

5.5.2 策略优化

商家要想持续得到好的结果，就需要不断优化直播策略，提升直播数据。直播的策略优化主要从实时流量、转化能力、粉丝基数这三个维度展开。

优化过程中需要遵循一个原则，就是控制变量。每次优化只调整一个点，其他问题点先不处理，这样才能保证它的优化是不被任何其他因素影响的。

实时流量的量级由基础权重和动态权重决定。当直播流量出现波动时，需要首先从账号的层级和分值方面查看是否有较大变动，这是构成基础权重的关键要素。实时流量的动态权重需要通过监控互动率、转粉频率、停留时长、成交体量和成交密度等指标来评估。当这些数据指标过低时，就需要调整主播的互动话术、转粉频率和转粉权益策略。

在后台数据中，商品点击量等数据都能直观反映直播间当前的转化能力。优化这些数据需要从人货匹配、商品呈现、权益力度三个方面进行。要分析直播间进入的人群是否与商品的受众匹配，如果画像差异较大（例如商品面向年轻受众群体，但直播间进入的却主要是中老年群体），就需要借助付费工具，调整直播间的主要人群画像。在确保人群匹配的前提下，如果转化仍未得到明显提升，就需要对商品在直播间的销售脚本和话术进行优化。在两者都完成优化的情况下，可以通过调整权益的力度和权益释放的频次，综合提升直播间的转化效率。

粉丝基数和直播间的转粉率是挂钩的，商家每日都需要观测这部分数据。直播间的粉丝比对直播间没有认知的访客贡献要大得多，对于账号权重的提升有着很大的帮助。

直播策略的复盘优化是为了让商家在直播的道路上不断进步，保障直播间在不断变化的行业竞争局势下保持稳定，避免被淘汰，从而得到更好的结果。

第 6 章 客服运营

电商客服岗位是店铺运营中非常重要的岗位。客服人员通常也简称为"客服",他们具有塑造公司形象的能力,既是商品导购专家,又是专业知识的代表。通过了解客户的需求,他们可以巧妙引导客户选购,提高转化率,并提升客单价。客服在这个过程中不仅能给客户留下深刻印象,还能使客户对店铺产生信赖,增加客户对店铺的黏性。客服以服务为本职,以销售为目的,为客户提供全方位的服务和解决方案。

6.1 售前客户承接

6.1.1 人工客服接待流程与技巧

6.1.1.1 售前工作职责与操作流程

1. 售前工作职责

售前客服人员简称"售前",主要完成以下任务。

(1)做好客户售前答疑工作,介绍店铺商品的优势、卖点、材质、尺码、口碑等,主动挖掘客户对商品的需求,介绍商品,引导客户下单,完成销售目标。

(2)做好关联销售,结合商品特性及活动利益点,进行商品搭配销售,提高销售额。

(3)涉及取消订单、退货退款时,售前需先针对客户诉求进行挽留(可利用客服补偿权限),挽留不成功的,按照转接规范转给售后客服人员。

(4)具备危机意识,安抚客户情绪,例如在客户准备向平台投诉本店铺时,需安抚客户情绪,避免投诉产生。

(5)收集客户意见及日常运营页面的问题,及时反馈给运营端,做好客户流失分析,促进服务优化和销售转化。

(6)及时反馈客户建议、疑难问题,协助其他部门人员进行信息收集工作。

2. 售前日常工作流程

1)客户购物流程

如图 6-1 所示,客户进入店铺后,客服应该积极主动发送欢迎语,然后了解客户的需求,帮助客户查找相关信息,以满足其需求。接着,检查客户是否有其他想要选购的商品,进行关联销售。对于咨询而未下单或已下单但未付款的情况，需要及时了解原因，并进行催拍和催付款。当客户下单后，客服需要进一步核实订单信息，并邀请客户入会成为店铺的会员，或者邀请其加入粉丝群，为后期私域运营做好铺垫工作。最后，进行礼貌的收尾工作。这些流程构成了客户购物的完整流程。

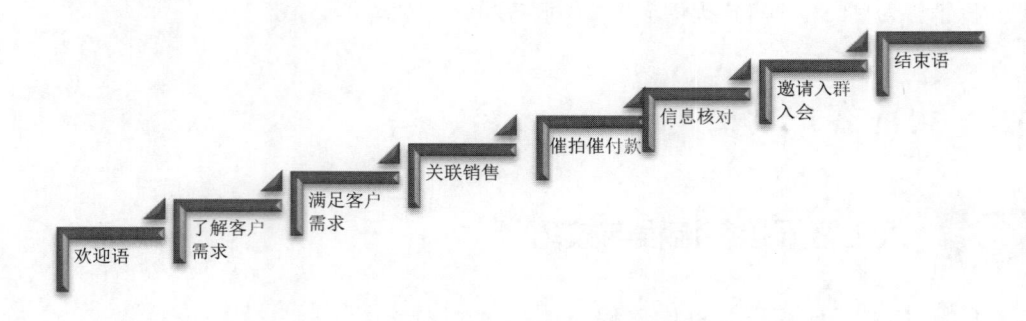

欢迎语 → 了解客户需求 → 满足客户需求 → 关联销售 → 催拍催付款 → 信息核对 → 邀请入群入会 → 结束语

图 6-1

2）交易促成流程

（1）售前接待：客户通过浏览网店页面进入店铺后，可能因对商品、活动等信息不太确定而向客服咨询。客服接到客户后首先要积极地与客户打招呼，发出欢迎语，然后了解客户具体的需求，并有针对性地给予回复。回复之后，客服要向客户介绍店铺的一些活动、优惠搭配等信息。如果店铺当前没有活动，客服要引导客户成为店铺会员，并告知将来的优惠活动等。接下来，客服要关注客户是否还有其他问题，如果没有，就可能进行催下单和催付款的工作。完成这一步之后，进入"送客"环节。在礼貌地发送结束语的同时，客服还需邀请客户对提供的服务进行评价，以待后续更好地提供服务。

（2）活动预热：客户进入店铺后，如果活动尚未正式开始，正处于预热期，客服需要先了解客户的需求。如果客户的问题有现成的解决方案，那就直接提供信息。如果客户希望提前了解活动价并咨询具体到手价，客服可引导客户先了解店铺和平台的整体活动情况，鼓励客户将商品加入购物车，在活动开始后再完成付款。此时，客服需要查看客户是否已经是店铺的会员，以便在活动开始时进行有效的转化。在活动开始时，客服可以给客户留言告知，并引导其完成购买。

（3）咨询断货：如果客户想购买的商品刚好没有了，客服需要核查总库存表，确认是否有库存。如果有，可以请求运营帮助增加库存，并立即通知客户拍下。同时，客服需要了解客户是否有其他顾虑，并适当地向客户介绍商品的卖点、好处和权益，促进转化。如果实际上没有库存，客服不应直接告知客户缺货，而是应先安抚客户情绪，然后推荐店铺的类似款给客户，观察客户是否接受。接着，逐一向客户介绍这款商品的卖点、权益等信息。如果客户对推荐的商品表示满意，客服可以继续后续流程，如催下单和催付款等，以促进订单的完成。

（4）修改地址：如果客户在购买后需修改地址，客服首先要查看当前订单情况。一般来说，在未发货的情况下，修改成功率较高（当然这取决于具体商家的政策）。客服可以尝试帮助客户修改地址，请客户提供正确的地址信息，尽最大努力为客户解决问题，客户通常会对此表示感激。如果物流已经是发货状态，客服可以尝试与物流方联系，询问是否还有修改地址的可能性。如果物流方表示不支持修改，客服可以建议客户用退货退款并重新下单的方式来解决这个问题。

（5）咨询议价：客户提出希望获得更多优惠时，客服不应直接拒绝，因为此时客户的购买意愿可能很高。店铺通常都有可领取的优惠券，客户可能并未注意到，客服可以直接提供给客户。如果客户使用了优惠券，客服可以检查有没有店铺会员可以享受的独特权益。此外，客服还可以尝试申请比店铺优惠券力度更大的优惠券，因为许多店铺赋予了客服这样的权限。如果没有这样的权限，客服可以灵活运用店铺的服务和商品品质等来赢得客户认可，最终促使其转化。

（6）异常情况回复：客户咨询的问题，客服若能够解答，应该迅速回复客户。如果遇到之前未培训过或自己无法确定如何回答的问题，应该第一时间寻求组长（上级）的帮助。切不可凭想象随意回复。如果组长不在场，可以先进行登记，待组长后续分析问题并整理解决方案时再向客户提供答复。对于较为罕见但有一定代表性的异常问题，客服可以将其整理归档，在周会中分享解决方案，或者交给培训组同事通过培训方式宣导，也可以将这类问题放到知识库中，以便后续复盘和参考。

6.1.1.2 售前接待转化技巧

1. 对品牌及商品的了解

一般品牌及商品信息获取渠道有商品详情页、商品手册、商品本身，还可以通过客户反馈、订单评价、社交平台等获取这些信息。

1）对品牌周边信息的了解

售前客服在入职初期一般都会参加公司的新人培训，其中会包含品牌相关信息的培训，这部分内容对于后期接待客户而言是非常重要的。

2）对店铺主推款、爆款的了解

店铺主推款以及爆款商品在一家店铺中的销售占比很高，店铺针对这两类商品会有专门的活动设计，以及权益体系设置，因此也会有更多客户看到这些商品，客户咨询量也更大，客服需要对这些商品的活动玩法、库存情况、赠品情况等信息非常了解，当有客户想要咨询的时候能第一时间给予解答。

2. 沟通技巧提升策略

在接待客户的时候，不仅要做到响应快、应变能力强，还要非常用心，做到这三点才能提升客户的购物体验。那么客服学习沟通技巧就很重要，我们来看看如何运用一些沟通技巧提升询单转化率。

1）店铺活动、权益介绍

有些客户进店是从商品详情页进来的，对于活动相关的信息也不是很清楚，在了解商品属性的时候也会忽略权益信息，这时候客服需要将店铺活动及商品权益信息介绍给客户。如图 6-2 所示，客服完全可以将店铺设置好的 90 元优惠券主动推荐给客户，以促进成交。

图 6-2

2）商品库存情况

很多客户自己不去看库存信息，而会找客服询问，这时客服一定要耐心帮忙核查是否有客户需要的尺寸、型号的商品。因为当问到库存问题时，就表示客户的购买意向非常明确了。

6.1.1.3 售前服务核心评估指标

1. 询单转化率

询单转化率=最终付款人数/询单人数，询单转化率指标是售前客服最核心的一个评估指标。

2. 响应速度

响应速度包含首次响应速度和平均响应速度，首次响应速度是指客服对客户第一次回复用时的平均值，平均响应速度是客服对客户每次回复用时的平均值。

3. 客单价

客单价指通过本客服的服务成交的客户平均每次购买商品的金额。客服客单价=客服的关联销售额/客服服务过的成交人数。

4. 回复率

客服个人的旺旺回复率=回复过的客户数/接待人数=（接待人数−未回复的人数）/接待人数。

5. 问答比

问答比=客服消息数/客户消息数，这个指标关系到客户体验，能影响最终转化率，所以客服要非常留意。

6. QA 评分

QA 评分是质检专员根据企业制定好的质检标准抽查客服聊天记录后给出的评分。

7. 客户满意度

客户满意度是对客服表示"很满意"或"满意"的客户占比，客户满意度="很满意"或"满意"评价数/评价总数。

如图 6-3 所示，对客服的监管一般都有辅助工具，从中可以看到客服接待客户时各考核项的表现。

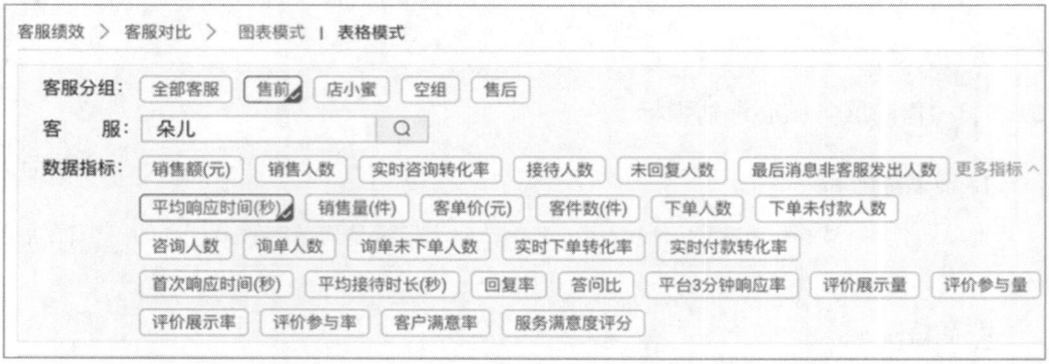

图 6-3

6.1.2 智能客服业务技能和配置技巧

6.1.2.1 智能客服介绍

智能客服一般指商家版智能客服机器人，它可以在人工客服离线时自动上线接待客户，可以在人工客服繁忙时优先接待客户。

6.1.2.2 智能客服核心功能与配置

智能客服自带一些强大的功能，能提供行业通用包，自动为商家梳理高频问题，商家也可以对这些问题进行设置。

我们来看看智能客服阿里店小蜜的具体信息。

如图 6-4 所示，阿里店小蜜的模块有问答管理、商品知识、店铺诊断、数据统计、跟单助手、营销增收、质检培训、拓展功能、店铺管理等。下面对其中部分模块展开介绍。

图 6-4

1. 问答管理

问答管理模块包含以下内容。

售前导购下单：回复询价、关联商品回复、推荐尺码、包邮、议价、回复商品优惠、回复活动内容、商品属性情况、商品对比。

售中订单咨询：回复发货时间、发货快递问题、订单修改问题。

售后退款服务：回复退货流程、回复退货注意事项。

2. 商品知识

智能知识库也是智能客服的"大脑"，包括官方知识库和自定义知识库。官方知识库就是官方按类目帮商家整理出来的一些常见的场景以及通用性的话术。客户的问题在官方知识库里面没有的话，商家可以在自定义知识库里面添加。

商家还可以根据自己店铺所在的行业来订阅行业包，假设你是服装行业的，就可以参考图 6-5 中的内容。

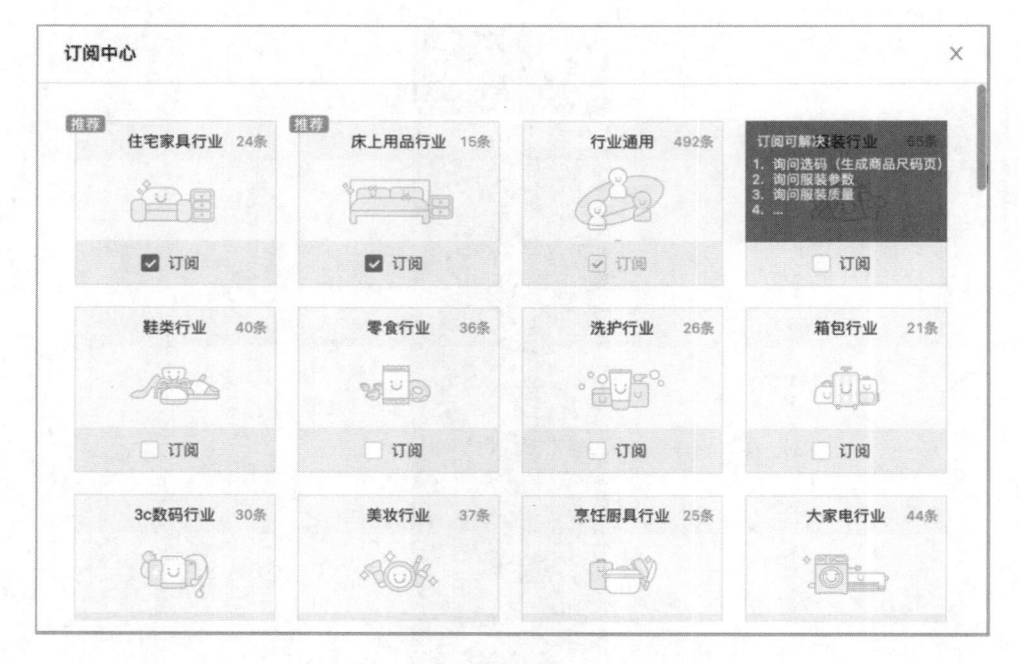

图 6-5

3. 数据统计

图 6-6 所示是智能客服的数据统计模块,下面我们讲解其中的"全自动数据"部分。

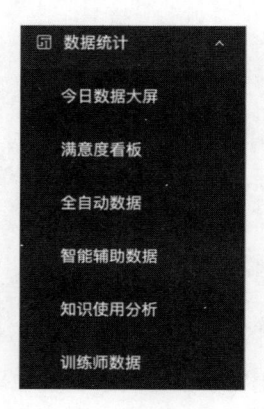

图 6-6

全自动数据包含排名、接待和转人工率、询单转化、智能催拍、商品推荐等功能。每个功能都有商家与行业整体水平的对比数据,各项数据都支持选择时间范围。

我们来看一下它们的具体功能。

（1）排名：通过它可以看到自己的店铺与行业整体水平的差距，如图6-7所示。

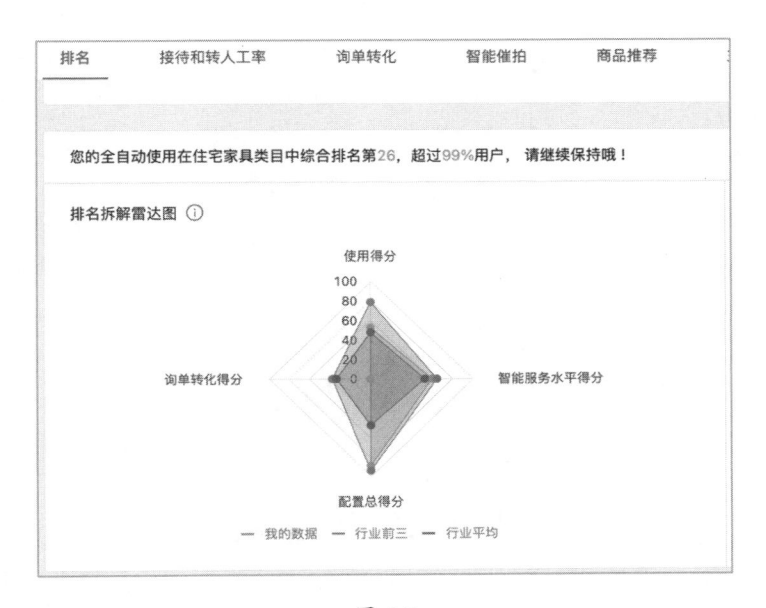

图 6-7

（2）接待和转人工率：在这里主要能看到智能客服的问题解决情况，除了图6-8中所列的内容外，还可以看到具体的接待量、接待会话数、接待占比、转人工率等关键数据，非常能体现智能客服的表现。

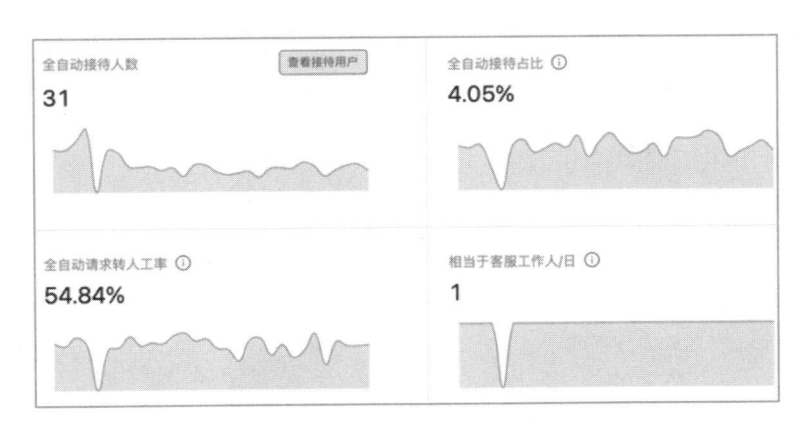

图 6-8

(3) 询单转化：在这里主要能看到询单转化的分布图。如图 6-9 所示，我们可以清晰地看到从智能客服接待到下单的数据，方便我们继续跟进，提升询单转化率。

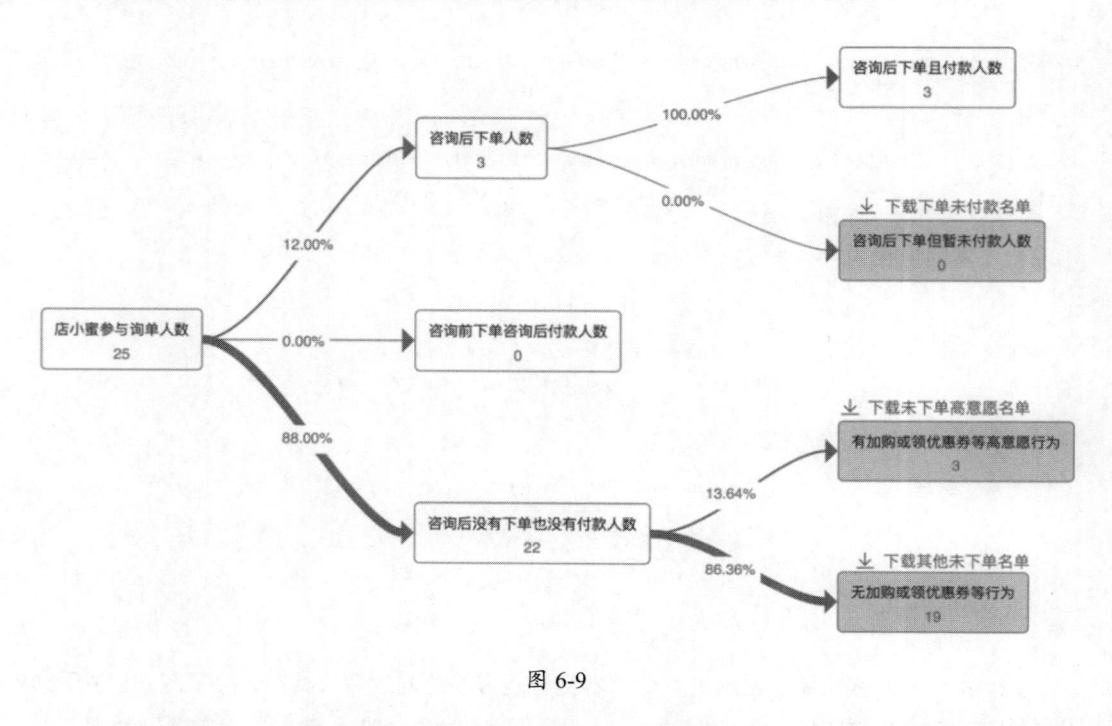

图 6-9

(4) 智能催拍（催拍数据）：智能催拍 2.0 版数据看板已上线，增加了催拍明细查询、未催拍原因查看等功能。

(5) 商品推荐：在这里可以查看智能客服商品推荐的效果，尤其是最后的转化金额，如图 6-10 所示。

日期	收到商品推荐人数	收到推荐后店铺内下单人数	收到商品推荐后店铺内支付人数
20221030	213	62	53
20221029	719	161	138
20221028	605	155	141
20221027	565	149	134
20221026	614	168	148
20221025	726	173	145
20221024	1,195	487	372

图 6-10

4. 跟单助手

如图 6-11 所示，跟单助手包含跟单场景任务、疲劳度控制、过滤人群设置等模块。

图 6-11

1）跟单场景任务

跟单场景任务的主要内容如图 6-12 所示，配置人员需要非常了解这些功能，并做好后台设置工作。各模块的功能从其名称及下方的定义中就可以看出，这里就不一一展开了。

图 6-12

如图 6-13 所示，任务列表中可以显示配置后系统的执行情况，方便配置人员监管任务进展。

图 6-13

如图 6-14 所示，在场景汇总效果中，可以看到配置任务后的整体效果。

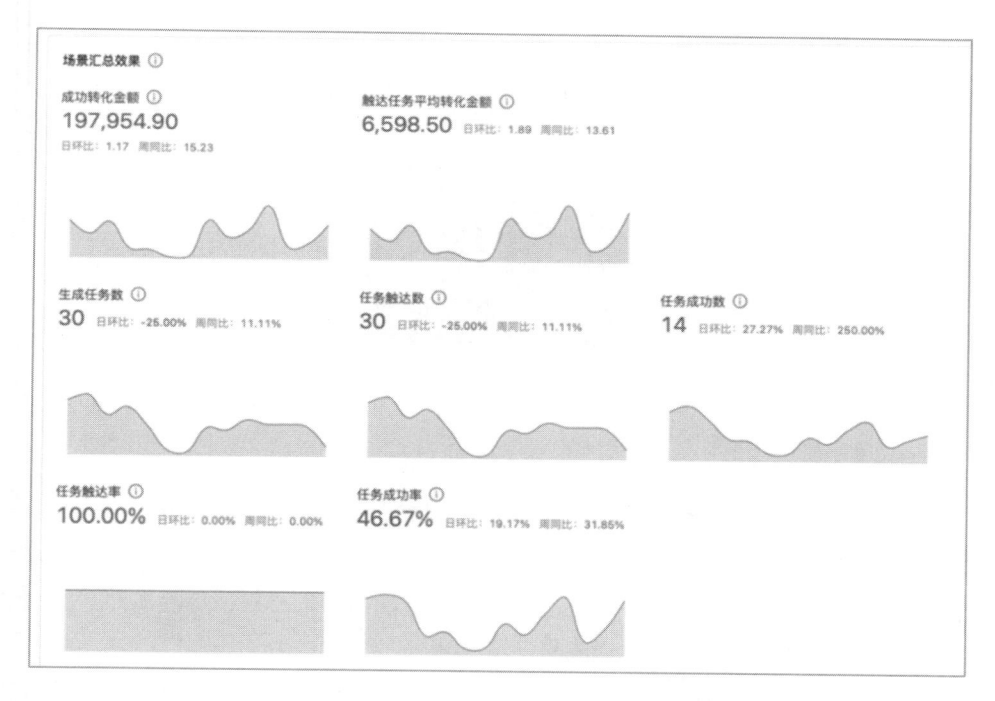

图 6-14

2）疲劳度控制

生效场景一：对商家主动发起的运营场景进行控制，如果单个客户同时命中多个场景任务，遵循先到先得原则。

生效场景二：对于商家主动发起的服务类场景进行控制。

疲劳度设置：操作页面如图 6-15 所示，最大为 10 天，最小为 1 天。

图 6-15

3）过滤人群设置

进行过滤人群设置之后，可以让部分客户不再收到商家推送的营销信息。

5. 营销增收

如图 6-16 所示，营销增收包含智能商品推荐、主动营销话术等模块。

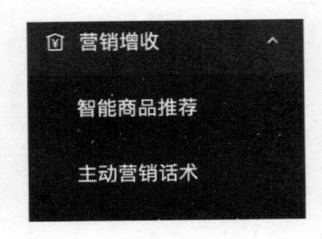

图 6-16

1）智能商品推荐

智能商品推荐功能可以给客户提供求购推荐、搭配推荐、功能详细说明。

2）主动营销话术

主动营销是指智能客服针对高意愿客户，通过智能卖点、历史评价等提升他们的购买意愿，或者挖掘潜在问题，最终促成成交。

（1）智能卖点：智能客服将根据商品的特征，智能生成商品卖点（目前只覆盖部分商品及部分行业）。

（2）历史评价：根据商品的历史评价，生成营销话术推送给客户，让客户对商品产生好感。

（3）活动优惠：客户对商品有购买兴趣时，智能客服将自动推荐该商品可用的优惠券等。

（4）服务保障：智能抓取店铺内商品的服务保障信息，解答客户咨询的相关问题。

（5）猜你想问：猜测客户可能还想问的问题，主动提出，解决客户疑虑。

6. 质检培训

质检培训有两个版本：基础版、专业版，总共有四个功能：服务总览、实时告警、常规质检、客服培训。

其中服务总览是非常重要的功能，如图 6-17 所示，通过服务总览中的今日监控数据模块，可以一目了然地获取质检结果信息。

图 6-17

6.1.2.3 智能客服核心评估指标

评估智能客服的关键指标有智能客服销售完成率、问题解决率、与人工转化率的差值、服务满意度等。

如图 6-18 所示，智能客服服务客户之后，会对客户进行满意度调查。

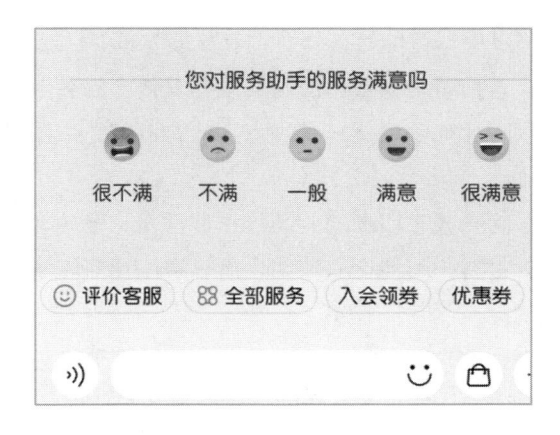

图 6-18

6.2 售后问题处理

6.2.1 售后工作职责与操作流程

6.2.1.1 售后工作职责

售后客服人员简称"售后",负责客户所有售后问题的解答,以下是一些常见的工作职责。

(1)及时反馈客户建议、疑难和风险点,协助组长进行信息收集工作。
(2)具备危机意识,安抚客户情绪。
(3)结合商品知识、业务流程、沟通技巧,完成店铺的各项要求及KPI指标。
(4)收集客户意见反馈,以及日常运营页面或活动中的问题,及时反馈给运营端。
(5)汇总售后问题的原因,针对发货、物流等提出改善性建议。
(6)做好售后邀评,提高售后满意度。
(7)及时跟进物流进度,提升售后服务单的处理进度。

6.2.1.2 日常工作流程

为了快速有效地处理客户的售后问题,提高客户的服务体验,需根据业务的类型及场景制定处理流程。

售后问题处理流程可以根据订单状态分为"未发货"和"已发货"两大类场景。

在未发货的情况下,客户若看到自己的商品没有发货,就会向客服咨询,客服需要耐心地帮客户查看具体原因,比如是缺货还是没有上传物流信息,当排查到具体原因后就按照流程为客户解决。

在已发货的情况下,客户找客服沟通的场景也非常多。比如客户因为未收到货、丢件来找客服寻求原因,这时候客户可能会有情绪,所以客服要非常耐心地接待客户并尽快为客户跟进。

如果商品有质量问题,客户要求退货或者换货,不管要怎么处理,客服确认商品有质量问题后,要马上向客户致歉,然后看客户的诉求做退换货处理。

七天无理由退换货也是常见的情况,客服需先了解一下原因,看有没有机会挽回,如果不能挽回，那就按流程进行退换。

6.2.2 售后服务场景

只要商品寄出了，后面的问题就归售后来处理，包括退换货、物流问题、客户投诉、中差评等。下面列举一些常见的场景，并给出处理流程。实际场景复杂多变，无法全部列出，商家或售后可参考下面的例子进行处理。

6.2.2.1 退货退款场景

1. 未收到货场景

1）订单页面物流无记录，客户申请退款

处理流程：

①安抚客户。

②联系物流核实。

③若未发货，应及时退款给客户。若已发货，则需联系物流方截回商品，并退款给客户。

2）物流在途中时客户申请退款

处理流程：

①安抚客户，告知客户商家会联系物流方截回商品，或请客户协助拒收商品。

②等商品返回后，退款给客户。

③因商家、物流责任导致商品返回

处理流程：

①安抚客户。

②联系物流方确认货物情况，确认责任方。

若是商家责任，则商家退款给客户，自己承担损失。

若是物流责任，则商家退款给客户，损失由物流方承担。

2. 已收到货场景

1）客户收货后发现少件

处理流程：

①安抚客户。
②请客户提供包裹的有效图片。
③联系仓库核实发货情况。
④请物流方提供客户本人签收底单，或客户授权的第三方合法签收凭证。
⑤若为仓库责任或非本人签收，则商家向客户致歉，并直接同意客户的退款申请。若为物流方责任，则商家同意退款申请后与物流方协商处理。

2）商品有肉眼可见的质量问题

处理流程：
①安抚客户。
②根据图片核实问题。
③在不影响二次销售情况下，同意退货退款，如有运费险可提醒客户使用。

3）客户要求退差价

处理流程：
①核实客户是否在支持部分退款的名单内。
②告知客户是否符合退差价要求，若符合则直接退款。

6.2.2.2 异常售后场景

1. 客户发票信息不完整

处理流程：
①核实客户订单页面是否备注有发票信息。若没有则联系客户，请客户提供发票信息。
②告知客户补寄发票的具体时间，并补寄发票。

2. 补发赠品、配件

处理流程：
①安抚客户。
②确定赠品、配件寄送时间，并按时寄出。
③提供赠品、配件寄出的物流单号。

6.2.3 售后问题处理

每一位客服都有自己独特的处理投诉的方法，不同的方法适用于不同的客户。作为一名优秀的客服人员，只有了解并灵活运用多种解决问题的技巧，才能在处理售后问题的过程中得心应手，赢得更高的客户满意度。

6.2.3.1 售后问题处理规范

1. 服务态度要求

态度诚恳，热情周到，有问必答，严禁出现态度生硬、指责客户、不耐烦等不礼貌的行为。

在客户问到不熟悉的业务时，不得不懂装懂，不得推诿，不得搪塞客户，应婉言向客户解释并询问相关人员后再做解答，必要时可请相关人员代答。

若工作中不小心出现了差错，不得强词夺理，应诚恳接受客户批评，主动致歉并立即纠正错误。

遇到个别客户的失礼行为，要克制忍耐，不与客户争辩，尽量用自己的态度引导客户。

2. 开头语及问候语应答规范

1）欢迎

用"上午好""您好"等向客户问候，在国家法定节假日，可以用"节日快乐"等向客户问候。

参考话术：

您好，我是 5 号客服，很高兴为您提供本次服务！

2）等候

在接待过程中，如遇到客户长时间等待的情况，应第一时间向客户表达真挚的歉意。

参考话术：

感谢您的耐心等候，以下是我的查询结果。

3）情绪安抚

在接待过程中，如遇到客户不满，应第一时间致歉并承认错误，及时帮助客户解决问题。

参考话术：

对不起，由于我们的工作没做好给您添麻烦了，请您原谅，我们会尽全力协助您解决问题！

4）投诉处理

在接待过程中，遇到客户投诉时，应及时致歉，并协助受理投诉，给客户一个满意的答复。

参考话术：

您好，非常感谢您的建议，我们会尽快向上级反馈，并在 12 小时内给您回复，请您相信我们！

5）转接处理

在接待过程中，遇到客户咨询的售后问题需要转接时，在转接之前应该先征得客户的同意再进行转接。

参考话术：

您好，您这个问题需要我们的专业客服处理，我帮您转接过去，您看可以吗？

6）结束前询问是否还有其他问题

在接待客户时，若客户没有响应，应及时询问客户是否需要提供其他帮助，禁止没有任何询问就主动结束与客户的会话。

参考话术：

您好，看到您 3 分钟没有咨询了，请问还有什么可以帮您的吗？

7）结束语

结束服务时，应对客户的光临表示感谢，有礼貌地与客户进行道别。遇到国家法定节假日，应向客户适当送上祝福与问候。

参考话术：

感谢您的光临，请您对我的服务做出评价！如有疑问，欢迎您再次发起咨询！

6.2.3.2 客户投诉的处理技巧

客户投诉的原因一般是对商品质量或服务不满意，在遇到客户投诉时，可按如下方法处理。

1）让客户发泄

通常客户会带着怒气投诉,这是十分正常的现象,此时客服应接受客户的投诉,引导客户讲出原因,然后针对问题进行解决。这种方法适用于几乎所有的投诉处理,是采用最多的一种方法。

2)委婉否认

当客户提出自己的异议后,客服先肯定对方的异议,然后再陈述自己的观点。这种方法特别适用于澄清客户的错误想法的场景,常常起到出人意料的效果。

3)转化问题

这种方法适用于因误解而导致的投诉,首先让客户明白问题所在,当客户明白是因为误解而导致争议时,问题也就解决了。

4)主动解决问题

如果商品有瑕疵或服务质量不能令客户满意,就应当承认错误,并争取客户的谅解,而不能推卸责任,或者寻找借口。承认错误是第一步,接着应当在明确承诺的基础上迅速解决问题,在事发的第一时间解决问题成本才最低。

6.2.4 售后服务核心评估指标

1. 响应速度

响应速度包含首次响应速度和平均响应速度,其具体含义与售前服务核心评估指标中的类似。

2. 回复率

客服个人的旺旺回复率=回复过的客户数/接待人数=(接待人数−未回复的人数)/接待人数。

3. 问答比

问答比=客服消息数/客户消息数。

4. QA 评分

QA 评分是质检专员根据企业制定好的质检标准抽查客服聊天记录后给出的评分。

5. 退货率

售后客服应通过沟通或补偿措施、退换货等方式降低退货率，提升销售额。

6. 客户满意度

与售前服务核心评估指标中的客户满意度类似，客户满意度是对客服表示"很满意"或"满意"的客户占比，客户满意度＝"很满意"或"满意"评价数/评价总数。

第 7 章

会员运营

7.1 势在必行的企业会员数字化

大数据时代，无论是探究行业的发展趋势，还是分析行业的发展现状，都要用到数据。数字化体验不再只是"加分项"，而是"必需项"。"会员数字化"便是这个体验中的关键。会员数字化带给零售企业的价值体现在三个方面：营销价值、决策分析价值、传播价值。

7.1.1 传统会员与数字化会员的区别

数字化会员运营与传统会员运营的区别首先是运营媒介不同，传统会员的实物卡、短信、客服呼叫中心，已逐渐被电子会员卡、小程序、会员运营系统等取代。

其次是数字化会员体系重构了"人货场"的重心，让企业从原先的重视门店员工"人效"转移到更重视单一客户带来的"客效"，从原先单一的商品到现在的综合权益，从单一的卖场到多维场景，都是传统会员向数字化会员迈进的表现。

7.1.2 数字经济时代的会员运营目标

数字经济时代的会员运营目标体现在以下 5 个方面。

企业销售移动化：由门店会员向线上会员转化，会员可以通过移动支付随时随地购买商品。

品牌传播社交化：品牌传播除了传统的媒体广告，还开始重视客户的声音，利用会员体系实现客户裂变。

会员互动个性化：会员标签的细化，让企业的会员互动也变得"千人千面"。

流量变现多样化：企业的流量可通过直播、短视频、知识付费等多种方式变现。

数据孤岛中台化：最终，企业的大数据建设，通过中台实现 APP、官方网站、小程序、等多渠道数据的汇总、互通，消除数据孤岛。

7.2 实现客户分层的会员等级

划分会员等级就是将会员分层，方便商家根据会员的贡献、价值进行差异化管理，为不同等级的会员匹配不同的权益，以此来提升会员的活跃度、忠诚度。

7.2.1 会员等级的划分

会员等级的划分，在强复购行业和弱复购行业中理念不同。

强复购行业指服饰、美妆、食品等行业，客户的复购周期较短，商家可以用"消费金额"和"消费频率"这两个指标对客户进行分层。

弱复购行业的复购周期较长或复购的可能性较低，这时候做会员分层应该更注重会员的互动和传播，所以可以用"互动指数"和"消费意向"作为主要指标。

常用的会员运营软件将会员分为 V1 至 V4 四个等级（其中 V 是 VIP 的简写）。

如天猫客户运营平台，在忠诚度管理中，会按照上面的等级划分对会员进行分层，分层的维度是交易额或交易次数。例如，只要客户满足交易额达到 1 元或者交易次数达到 1 次的条件，即可成为商家的 V1 会员，如图 7-1 所示。

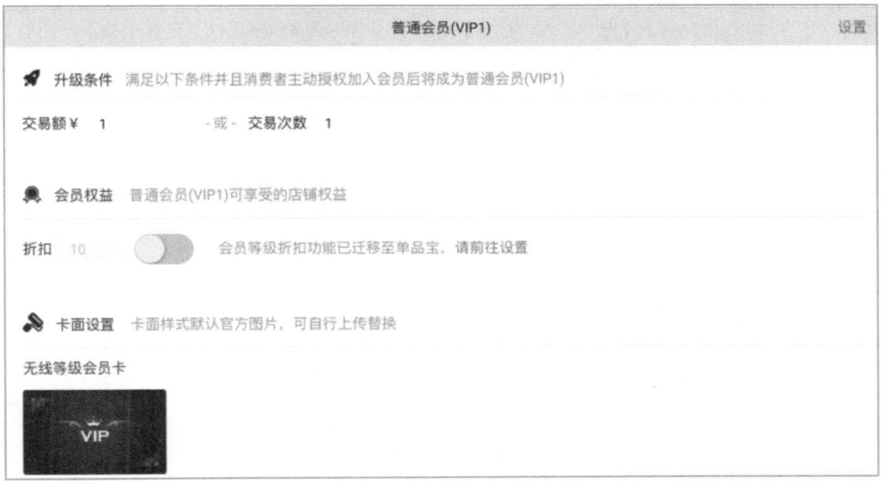

图 7-1

店铺的 V1 和 V2 会员是店铺会员的主体，所以在设置时门槛不宜过高，主要目的是增加店铺的会员基数，而 V3 和 V4 会员对店铺创造的价值远远高于 V1 和 V2 会员。所以，针对高价值的会员，商家要设置差异化的服务来提升会员体验，从而提升会员的留存率和忠诚度。

7.2.2 不同等级会员的权益打造

不同等级的会员享受的权益不同。在会员入会开卡时，我们可以为他们提供新人礼包，礼包中可以包含优惠券、积分、赠品小样等，目的是促使他们开卡时完成首次交易。同时，对于高价值的会员也可以增加一些差异化服务，如表 7-1 所示。

表 7-1 会员等级和权益

权益	V1	V2	V3	V4
等级条件	消费 1 次	消费 2 次	消费金额达 3888 元	消费金额达 8888 元
会员折扣	9.8 折	9.5 折	9.2 折	8.8 折
活动提前通知	√	√	√	√
活动专享优惠券	√	√	√	√
会员积分活动	1 倍	1 倍	1.2 倍	1.2 倍
包邮特权	不包邮	不包邮	终身包邮	终身包邮
退换货保障	7 天无理由	7 天无理由	10 天无理由	15 天无理由
生日礼券	满 500 元减 100 元	满 500 元减 100 元	满 700 元减 150 元	满 800 元减 200 元

另外可以设置一些会员专属商品、会员专属券、回购礼等来引导会员成交，不同等级的会员权益一定要有差异，这样才能刺激会员升级，如图 7-2 所示。

图 7-2

7.3 细化客户画像的会员标签

客户标签就是对客户某个维度特征的描述。依托大数据的发展，我们分析客户的消费习惯，并为其打上标签，然后可以有针对性地推送信息，实现精准营销。会员标签所组成的会员画像，就是精准营销的关键。

会员标签通常分为三类：属性标签、行为标签、价值标签。

7.3.1 会员的属性标签

属性标签通常指客户的自然属性，如性别、年龄、地域、职业、性格特征等。

不同属性的客户在消费习惯上也会有所不同。比如美妆类目，18～24岁女性和25～35岁女性对护肤的需求是不同的，18～24岁女性的需求可能是日常保湿，但是25～35岁女性的护肤需求中抗衰老、去皱、淡斑等功能性需求明显增加。不同地域的客户需求也会有所不同，例如家具类目，南方客户通常会问"家具发霉"的问题，而北方客户则担心冬季有暖气的时候"家具因干燥而开裂"的问题。

属性标签可以让我们清晰地了解店铺会员的人群结构，例如核心人群的年龄段、地域、性别等，了解了这些信息，在把握商品的使用场景和人群的需求痛点时会更为精准，也利于我们提升广告投放的精准度，利于商品的迭代研发。

7.3.2 会员的行为标签

第二类标签是会员的行为标签。客户进店后，会产生很多的行为，有商品行为也有消费行为。

商品行为包括浏览、收藏、加购、咨询、分享、购买等。消费行为包括最近一次购买时间、购买金额、购买频次，它们可以组成 RFM 模型，如图 7-3 所示。

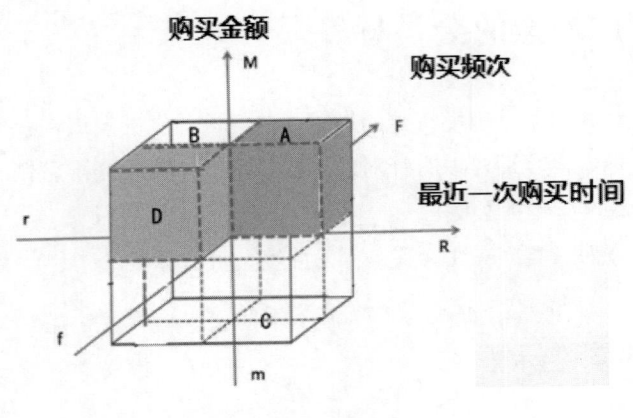

图 7-3

Recency（最近一次购买时间）：这个值越小代表客户价值越大，它意味着客户刚刚消费完，对商品还保持着记忆。

Frequency（购买频次）：这个值越大代表客户复购越频繁。

Monetary（购买金额）：这个值越大代表客户购买金额越高。

值得注意的一点是，会员的行为标签不能只考虑购买这一种行为，尤其对于决策周期较长的品类，也要注意会员的收藏、加购等标签。会员运营的目标是引导会员的行为，例如对于喜欢浏览的会员，我们可以引导他们收藏、加购，对于喜欢收藏、加购的会员，我们可以引导他们完成购买，而对于已经购买的会员，我们可以引导他们分享、评价等。

7.3.3　会员的价值标签

第三类标签是会员的价值标签，是指会员对于品牌或店铺贡献的价值，会员按价值标签通常分为五个等级，如图 7-4 所示。

（1）超高价值会员：正常引流的强需求型客户，特点是客单价高、复购频率高、毛利高、互动多，能主动为店铺成长提出建议。

（2）高价值会员：正常引流获取的需求型客户，符合超高价值的某一项或几项高指标，贡献较高毛利，乐于分享与传播。

（3）中价值会员：正常引流获取的需求型客户，有一定毛利贡献，愿意参与互动，在引导下会晒图、给好评。

（4）低价值会员：低价引流获取的冲动型客户，毛利贡献低，几乎不互动，很少给好评。

（5）超低价值会员：低价引流获取的精明型客户，不互动，不给好评，遇事常要求补偿，退换货较多。

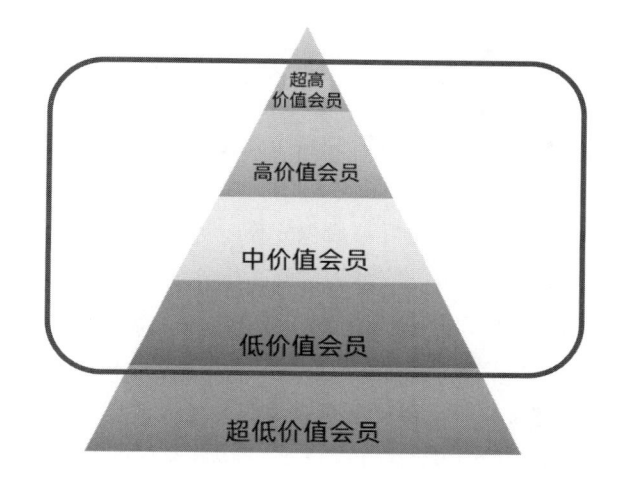

```
                    超高
                   价值会员

                  高价值会员

                 中价值会员

                低价值会员

              超低价值会员
```

图 7-4

会员运营的核心人群就是超高价值、高价值和中价值会员，要为他们提供差异化服务和精准营销，来提升会员的活跃度和忠诚度，从而保持店铺长久的利润。

7.4 提升客户留存率的会员积分

积分是联系会员与商家的纽带，也是会员营销的抓手。通过积分，可以将会员"锁定"在店铺内，减少流失，而积分也会刺激会员进行互动及消费，提升店铺销售额。

7.4.1 会员积分吸引力不够的原因分析

很多商家已经在店铺中设置了会员积分，但是会员对此兴趣不大，主要的原因有两点：一是积分玩法太单一，不能覆盖大多数会员的需求；二是积分换购的门槛太高，导致会员参与率低。

在设置积分玩法的时候，类目不同，积分的目的也不同。对于重视交易金额的类目，例如食品、美妆、服饰等类目，在设置积分体系时应该更重视交易积分。但是对于大家电、家具等复购率低或单价高的类目，在设置积分体系时，应更重视互动积分。

7.4.2 获取积分的途径

获取积分的途径一般有四种。

（1）一次性获取。例如客户在开卡、完善个人信息、填写调查问卷、初次消费、会员等级升级时，可以获取积分。

（2）消费获取。例如交易积分、月消费积分等。

（3）互动获取。例如签到积分、收藏浏览商品积分等。

（4）裂变获取。例如客户在分享优惠券、邀请开卡、邀请点击、邀请购买等场景中可以获取积分。

积分的获取往往需要商家引导会员去完成，例如在设计会员页面时，应该简单明了、突出主题、且吸引人眼球。互动设计需丰富多彩，以满足不同类型会员的偏好。在玩法上，不宜太复杂，积分获取越容易，客户参与度越高。比如签到是参与度最高的一种玩法，因为客户只需要点击一下即可获取积分，而问卷调查需要客户填写很多信息才可以获取一点点积分，客户的参与度自然不高。

7.4.3 消耗积分的玩法

优秀的积分消耗玩法会刺激会员获取积分，常见的积分消耗玩法一般有五种。

（1）换购：积分可抵消一部分商品价格，如图 7-5 所示。

（2）换券：积分可兑换优惠券，优惠券可以分为有门槛优惠券和无门槛优惠券。换购的优惠券可用于购物，如图 7-6 所示。

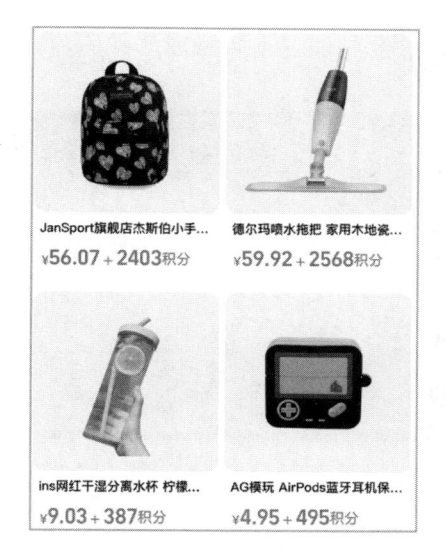

图 7-5

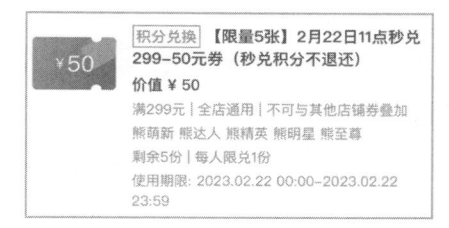

图 7-6

（3）兑换礼品：积分可兑换礼品，礼品分为虚拟礼品和实物礼品两类，如图 7-7 所示。

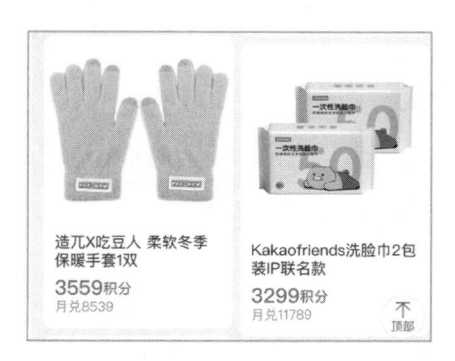

图 7-7

（4）抽奖：积分可用于抽奖、翻牌、刮刮卡等游戏，如图7-8所示。

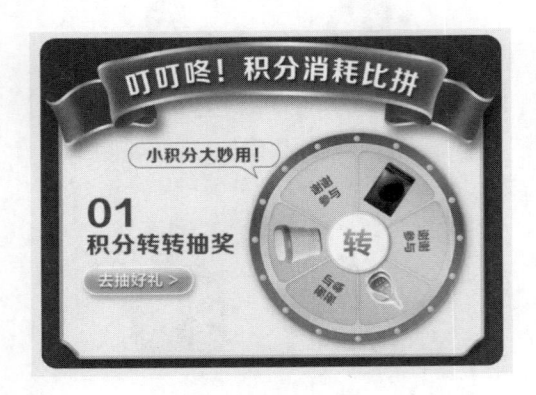

图 7-8

（5）兑换服务：积分可兑换店铺特权服务，如专属客服、包邮、延保、保价、无理由退换等服务。

在会员的全生命周期中，积分的玩法可以贯穿始终。

在拉新阶段，积分玩法的主要目的是提升会员的满意度，可以设置一些积分活动，如积分返利、积分赠送、签到送积分等，主要是为了吸引会员的眼球，提升入会率。

在激活阶段，积分玩法的主要目的是提高会员的活跃度，增加会员黏性。可以利用积分抽奖、签到送积分、游戏互动送积分、交易送积分、积分换购等方式来引导会员参与。让会员意识到积分的价值，重视积分，乐于参与。

在留存阶段，积分玩法的主要目的是提升会员忠诚度，提高留存率，可以利用的积分玩法有积分兑换礼品、积分特权、积分关怀等。

7.5 探寻会员招募底层逻辑

7.5.1 多场景多触点招募潜在会员

店铺在做会员招募的时候，一般会有三种场景。

（1）基础场景：如自运营渠道全链路招募（通过会员中心、店铺、直播、群聊等）、公域招募（通过会员码、行业会场、品牌会员、付费渠道等）、裂变招募（老带新）。

（2）进阶场景：粉丝转会员，已购人群的招募。

（3）高阶场景：线上线下全域会员招募。

下面介绍最常见的两种招募场景。

1. 自运营渠道全链路招募

店铺的访客大多对所在店铺、相关品牌或者商品是有兴趣的。有的客户决策周期偏长，不会立即购买，所以我们需要引导这部分潜在客户成为会员，从而能够有更多的方式方法进行二次触达，使其产生购买行为。常见的自运营场景有以下几种。

店铺首页引导入会（见图7-9）、商品详情页引导入会（见图7-10）、店铺直播间引导入会（见图7-11）、客服欢迎语或互动服务窗引导入会（见图7-12）、店铺会员中心引导入会（见图7-13）、店铺动态引导入会（见图7-14）。

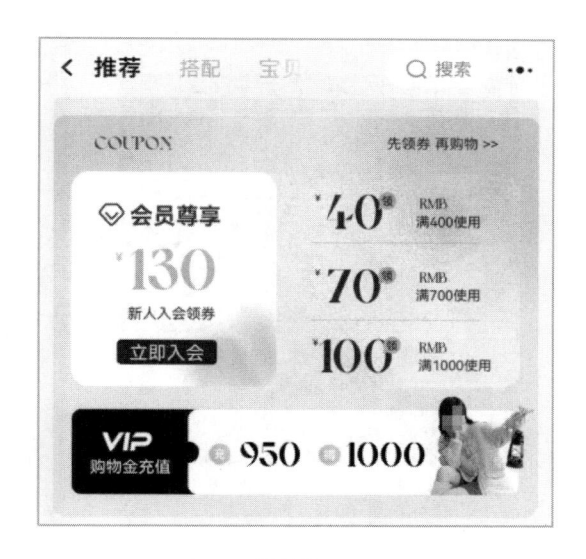

图 7-9

图 7-10

图 7-11

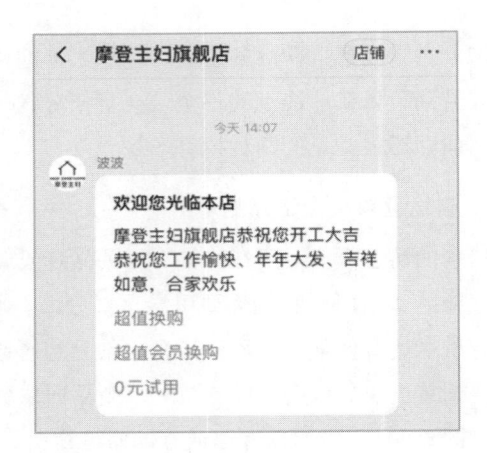

图 7-12

图 7-13

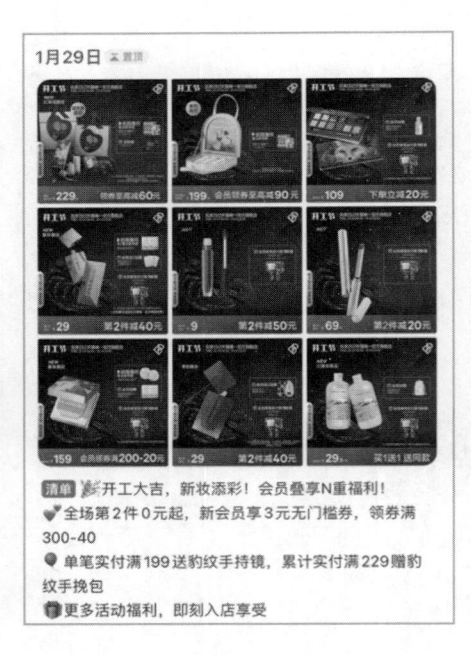

图 7-14

2. 已购人群招募入会

之前购买过店铺商品但未入会的客户也属于非常精准的目标人群，我们可以引导已购人群入会，引导其产生复购。操作步骤如下。

步骤1：在商家工作台的"用户"里找到"用户运营"→"人群管理"，点击右侧的"新建人群圈选"按钮，如图7-15所示。

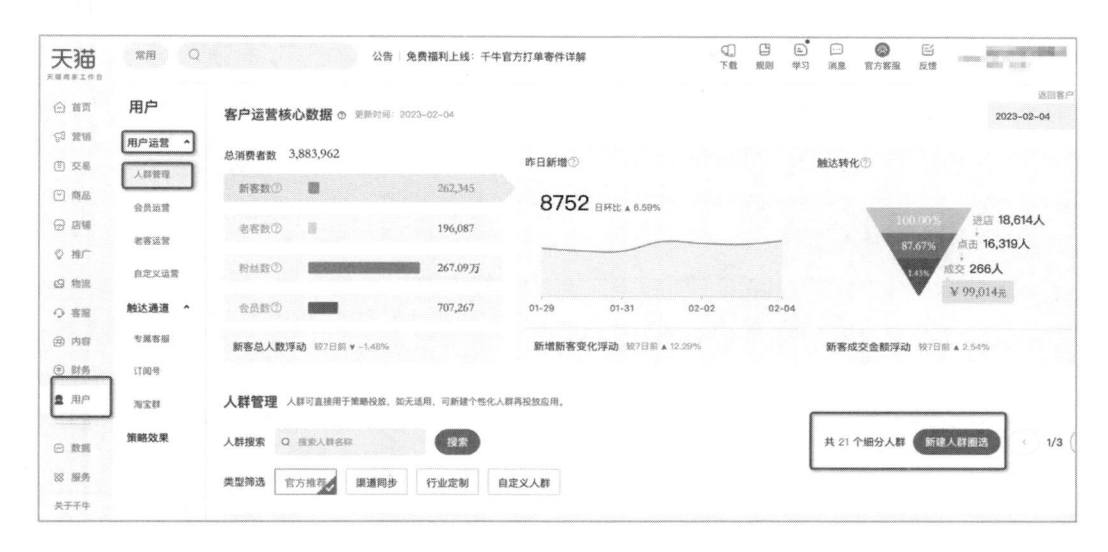

图 7-15

步骤2：在"会员等级"对话框中勾选"非会员"复选框，如图7-16所示。

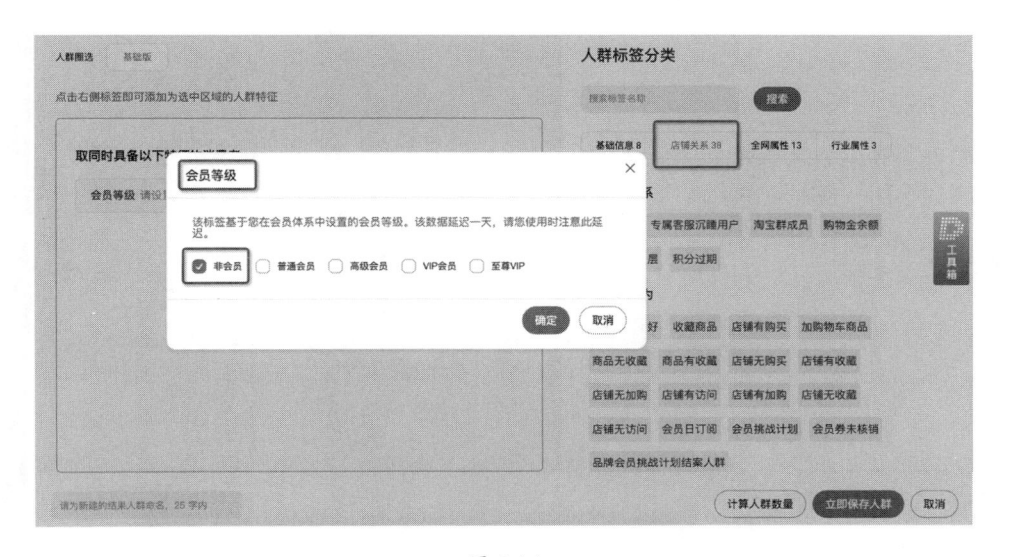

图 7-16

在"最近付款时间"对话框中,选择时间跨度,一般为最近两个月,但不同店铺的时间跨度可不同,如图 7-17 所示。

图 7-17

步骤 3:给圈选人群命名,再点击"立即保存人群"按钮,如图 7-18 所示。

图 7-18

步骤 4：可以利用短信、会员中心、店铺、专属客服等对这部分人群进行触达，引导其入会，如图 7-19 所示。

图 7-19

7.5.2 差异化权益服务引导入会

招募会员的时候，往往需要为新入会的会员匹配相关的权益。在设计引导入会的权益的时候，主要注意两方面：适用性和即时性。适用性是指所承诺的入会权益是不是对新会员适用，即时性是指这个权益是不是马上就能使用。

新会员礼包一般有三种：一种是优惠券，一种是礼品，一种是优惠券和礼品的组合，分别如图 7-20～图 7-22 所示。

1. 优惠券礼包

我们在设置新会员的优惠券的时候不可避免地会遇到一个问题：给新会员的优惠力度大还是给老会员的优惠力度大？实际上任何一种选择都会伤害到另一方，所以需要注意的是尽量保持优惠力度不变，而通过门槛的变化来满足不同人群的需求。

图 7-20 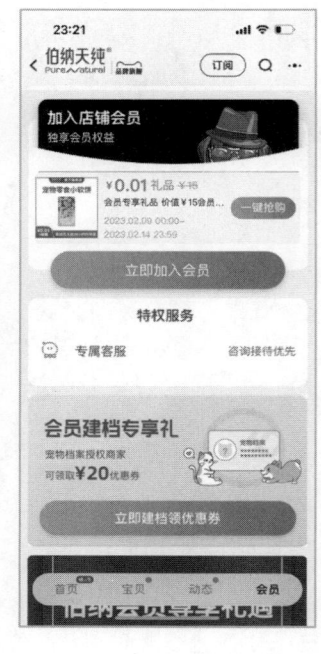　　　　　　　图 7-21 　　　　　　　图 7-22

例如一个店铺的老客户的平均客单价是 500 元，我们可以给予 95 折的店铺优惠，那给老会员的优惠券就可以是满 600 元减 30 元。新会员因为信任等问题，第一次购买的金额不会那么高，也许只有 300 元，这时满 600 元减 30 元的优惠券对于新会员的适用性就没有那么强了，所以给新会员的入会权益就可以是满 400 元减 20 元的优惠券。这样，针对客单价是 500 元左右的老会员的优惠券是满 600 元减 30 元的，针对客单价是 300 元左右的新会员的优惠券是满 400 元减 20 元的，都能满足他们的需求，且不会引起矛盾。另外，优惠券的生效时间也尽可能设置为"即领即用"，满足"即时性"的需求。

2. 礼品礼包

在引导新会员入会的时候可以设置礼品，例如让客户在刚入会的 24 小时内可以用 0.01 元的价格购买指定的礼品。这里有几点需要注意：第一，需要先将这个礼品发布到店铺的"赠品"类目中，价格不要设置成 0.01 元，需要设置成这个礼品本身的价格；第二，尽可能将这款商品设置成不包邮，这样符合条件的新会员可以用 0.01 元+运费的价格拍下这个礼品，引导客户再购买店铺内的其他包邮商品。一般来说美妆店铺可以设置小样为礼品，母婴店铺可以设置试用装为礼品。

3. 优惠券和礼品的组合礼包

如果发现单独设置优惠券或者单独设置礼品对于"诱惑"客户入会的作用不大，那我们可以设置礼包为两者的组合，从而满足不同的客户的需求，提升入会率。

除了以上提到的新会员礼包，我们还可以设置会员服务权益来引导客户入会，例如"会员优先接待""会员安心退""会员 15 天无理由退换货""会员优先退款""会员早鸟价""会员优先购"等，这些服务权益的配置能大大提升客户的入会率。

7.6 解读会员促活商业模式

会员促活，即用各种模式促使会员更加活跃。在吸引客户成为会员后，促活是一项重要的任务。

7.6.1 用活动引导会员首次转化

在很多店铺中，还未在店铺有过下单行为的客户也可以注册入会，这叫"0 元入会"。这部分客户虽然没有购买过商品，但是有入会的行为也代表他们对于店铺或者商品是感兴趣的，只差最后的"临门一脚"就能完成首次购买。而这样的"临门一脚"往往需要商家做好活动设计。常见的活动设计有以下几种。

1. 新会员礼包

我们可以为刚入会的会员设置一个可以直接领取的新会员礼包，通过礼包里包含的权益来刺激新会员形成首次转化。礼包一般有三种，在上一节中已做介绍。

2. 会员首单礼金

首单礼金即新会员可以用设置好的低价购买首单商品，会员首单礼金不计入最低标价，而且有较大概率获取公域流量的扶持。图 7-23 所示为会员首单礼金设置。

3. 会员早鸟价

会员早鸟价可以给会员让利，利于增加店铺新品的销量，增加新品的评论、客户秀。图 7-24 所示为会员早鸟价设置。

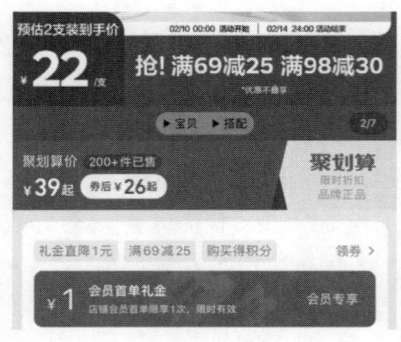

图 7-23 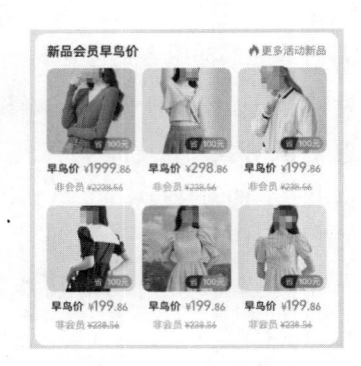　　　　　　　　　　　　图 7-24

4. 会员买赠、会员加赠

会员买赠：会员购买指定商品时，可获得额外赠品。支持预售订单、现货订单两种情况下的买赠，但普通客户下单无法获得赠品。

会员加赠：会员购买指定商品时，可额外获得会员专属的赠品。支持预售订单、现货订单两种情况下的加赠。图 7-25 所示为会员加赠设置。

5. 会员优先购

会员优先购是指向店铺会员提供专属商品提前购的权限，一般可以选择店铺内性价比高的商品、优势新品、联名 IP 款等对于客户有很强吸引力的商品，这样一方面可以引导未入会但想购买商品的客户先入会，另一方面也能刺激入会但未转化的客户购买。图 7-26 所示为会员优先购设置。

图 7-25 　　　　　　　　　　　　图 7-26

7.6.2 用互动提升会员活跃度

平台提供了多种会员运营小工具，支持签到送积分、商品浏览送积分、优质评价送积分等互动方式，商家可通过互动赠送会员积分，提升会员的参与度和活跃度。

（1）签到送积分：设置好活动起始时间，活动时间不短于 7 天，不长于 1 年，设置好每天签到赠送的积分。建议递增式配置积分，例如第 1 天签到送 5 积分，第 2 天签到送 10 积分，第 3 天签到送 15 积分，等等，这样可以鼓励会员完成整个活动周期的签到。图 7-27 所示为签到送积分设置。

图 7-27

（2）商品浏览送积分：设置好活动时间，选择好需要会员浏览的商品，然后设置好会员完成浏览任务以后可获得的积分。通过这个活动不仅能提升会员的活跃度，还能提升商品的曝光率和转化率。

（3）优质评价送积分：设置好活动时间，在活动期间会员发表带图或带视频的评价可获得积分，促使会员提供高质量的内容，提升商品的转化率。

7.7 用数智化设计促进会员留存

7.7.1 用体验设计提升会员忠诚度

我们在经营店铺的时候，大部分时候都是在和竞争对手比拼商品、流量、技术，但是站在客户的角度去思考，还有很多重要的维度，例如服务。其实在现有的商业环境里，已经有很多行业的很多商家因服务好而"出圈"，在客户心中留下了很好的印象，客户不仅仅自己会优先选择该商品或服务，还会进行口碑传播，介绍新客户。其实这在电商运营中同样适用，在竞争对手还没有重视之前，我们能把客户体验做到极致，就是一种竞争优势。

影响客户体验的环节有很多，主要的服务场景可以分成三种。

第一种：消除客户的负峰值体验。所谓负峰值体验，是指客户在购买过程中不好的体验，商家需要定期去客服人员那里查看有哪些不好的体验反馈，分析问题出在哪里，然后有针对性地解决问题。

第二种：打造客户的满意体验。商家需要站在客户的角度，思考客户在意的是什么，如何打造客户的满意体验；也可以找到行业里的优秀商家，自己作为一个客户去他们的店铺中完整地体验一次购物；还可以作为一个客户，在自己的店铺里体验一次完整的购物流程，通过对比找出自己店铺服务的短板，查漏补缺。

第三种：创造客户的峰值体验。所谓峰值体验，是指超出客户预期的体验，其优点有很多，比如可以让客户记住这个店铺，可以是形成口碑传播的最好理由，可以大幅度提高客户的忠诚度，可以形成独特的竞争优势，等等。

7.7.2 解读大促会员运营链路

大促是会员运营的一种重要场景，对于商家来说，大促配合会员玩法能很好地对会员进行促活。对于客户来说，大促的时候商品的优惠力度非常大，他们非常愿意购买或复购。

大促一般分为蓄水期、预热期和爆发期。

在蓄水期，会员运营的关键指标是会员招募数、优质会员人数占比等。重要运营方式有直播间引导入会、会员日、积分抽奖、群聊签到等。

在预热期，会员运营的关键指标是会员权益发放量、预售会员成交占比、会员积分核销率等。重要运营方式有专属客服"万券齐发"、直播间会员专属权益发放、大促预售清单下放、积分兑换、红包喷泉等。

在爆发期，会员运营的关键指标是会员成交率、优质会员占比等。重要运营方式有会员挑战、会员抽签、会员首单礼金发放等。

第8章

数据运营

每一次运营方式的调整，在店铺后台都会产生相应的数据，在店铺经营过程中，通过数据反馈评估运营的效率已变成运营人员的基础技能。淘宝、天猫官方数据工具是生意参谋，在生意参谋中，可以详细查看流量、品类、交易、内容、服务、市场、竞争、活动等数据，为店铺经营提供参考。

8.1 数据运营总体策略

根据销售额公式，销售额=访客数×转化率×客单价，可以看到四个核心指标分别是销售额、访客数、转化率、客单价。

销售额是指客户在 PC 端和手机端支付金额的总和。

访客数是指统计时间内观看店铺直播或短视频、浏览店铺自制图文、浏览全屏微详情、访问商品详情页及店铺其他页面的去重后的人数。

转化率是指统计时间内，支付客户数与访客数的比值，即来访客户转化为支付客户的比例。

客单价是指统计时间内，支付金额与支付客户数的比值，即平均每个支付客户的支付金额。

由此可见，销售额是结果指标，访客数、转化率、客单价是影响因子，可以通过优化后三者增加销售额。但通过对单个数据的分析，并不能全面分析店铺经营状况。

在店铺经营中，为了提升店铺总的商品销售额，加强店铺管理，运营人员通常需要了解更细致的情况，例如每天卖了多少商品、店内哪些款式更受客户喜欢、竞争店铺是否卖得好等情况，需要借助生意参谋的数据分析能力，进行店铺优化。

8.2 生意参谋数据详解

8.2.1 流量数据分析

流量是影响业务结果的关键因素，也是展开后续运营动作的基础。分析流量相关数据，可以帮助运营人员更高效地得到业务结果。

在解析流量数据的过程中，首先要分析流量来源数据，目前在淘宝、天猫平台，流量来源有 8 种，如图 8-1 所示，分别是淘内免费、付费流量、自主访问、淘外媒体、淘外网站、大促会场、淘外 APP、其他来源，在日常分析数据时，可以选择按照实时、1 天、7 天、30 天、日、周、月、自定义 8 种方式进行分析。

流量来源	访客数
淘内免费	688,854 -24.51%
付费流量	62,090 -40.78%
自主访问	15,032 -22.93%
淘外媒体	225 -59.82%
淘外网站	187 -3.61%
大促会场	186 -80.38%
淘外APP	0 -
其他来源	0 -

图 8-1

其中，淘内免费流量是运营人员较为关注的流量。淘宝、天猫作为成熟的电商平台，拥有多个免费流量来源，比如手淘搜索、手淘推荐、手淘淘宝直播、逛逛、日常营销活动等。图 8-2 展示了某店铺的淘内免费流量状况，由图可见，该店铺近期主要免费流量来源是手淘推荐、手淘淘宝直播、手淘搜索。其中，手淘搜索是精准的流量渠道，一般情况下，客户有需求才会去搜索相应关键词，而数据显示，该渠道的访客数下降了 41.27%，出现了较大变动，运营人员需要仔细分析原因，提升手淘搜索渠道流量。

淘内免费流量渠道对不同店铺可能有所差异，有的店铺搜索流量大，有的店铺推荐流量大。而付费流量的流量渠道相对固定，有直通车、万相台、淘宝客、超级短视频、聚划算、红包省钱卡、引力魔方、超级直播等，如图 8-3 所示。

流量来源	访客数	下单买家数	下单转化率
⊖ 淘内免费	688,854 -24.51%	5,399 -27.28%	0.78% -3.66%
⊕ 手淘推荐	463,729 -20.17%	561 -8.03%	0.12% +15.20%
手淘淘宝直播	175,452 -27.18%	719 -40.43%	0.41% -18.19%
手淘搜索	48,625 -41.27%	3,264 -24.16%	6.71% +29.12%
短视频全屏页上下滑	22,009 -39.42%	265 -37.05%	1.20% +3.90%
逛逛	11,978 -54.46%	- -	- -

图 8-2

流量来源	访客数	下单买家数	下单转化率
⊕ 淘内免费	688,854 -24.51%	5,399 -27.28%	0.78% -3.66%
⊖ 付费流量	62,090 -40.78%	3,094 -29.39%	4.98% +19.24%
直通车	44,942 -46.46%	1,792 -30.14%	3.99% +30.50%
万相台	17,569 -20.51%	1,204 -25.45%	6.85% -6.21%
淘宝客	2,212 -36.78%	337 -34.69%	15.24% +3.31%
超级短视频	633 +300.63%	- -	- -
聚划算	30 -3.23%	0 -	0.00% -

图 8-3

按流量渠道分析完访客数据后，还要分析流量渠道所带来的效果。可以在生意参谋中点击流量渠道后面的"来源效果"按钮查看具体分析，如图 8-4 所示。

下单买家数	下单转化率	操作
5,399 -27.28%	0.78% -3.66%	趋势
561 -8.03%	0.12% +15.20%	人群透视 来源效果 趋势 助力推荐 人群推荐
719 -40.43%	0.41% -18.19%	人群透视 来源效果 趋势 人群推荐
3,264 -24.16%	6.71% +29.12%	详情 人群透视 来源效果 趋势 人群推荐
265 -37.05%	1.20% +3.90%	人群透视 来源效果 趋势 人群推荐

图 8-4

在运营人员管理店铺的过程中,通常还需要自建报表,分析流量数据。图 8-5 所示的报表中,记录了店铺重要的流量来源,并且算出了变化率。如手淘推荐渠道 12 月访客数比 11 月增加了 83.58%。

流量来源	11月访客数	12月访客数	变化率
手淘推荐	311888	572577	83.58%
逛逛	70986	30702	-56.75%
手淘淘宝直播	155328	236078	51.99%
手淘搜索	48898	79743	63.08%
短视频全屏页上下滑	12407	35275	184.32%
淘内免费其他	12136	17303	42.58%
手淘淘金币	1303	2163	66.00%
手淘问大家	3052	4663	52.79%
手淘其他店铺商品详情	1665	2334	40.18%
手淘旺信	2549	4038	58.42%
天猫榜单	2293	2312	0.83%

图 8-5

除此之外，生意参谋的流量板块还提供了动线分析功能，可以分析访客的店内路径（见图 8-6）、流量去向、页面分析、页面配置。

入口页面	下单买家数 访客数	访客数	占比	下单买家数	占比	下单转化率
店铺页		6,110	0.82%	759	9.82%	12.42%
店铺短视频页		327,598	44.14%	248	3.21%	0.08%
店铺直播页		197,279	26.58%	289	3.74%	0.15%
商品详情页		111,529	15.03%	6,254	80.92%	5.61%
商品微详情页		99,432	13.40%	162	2.10%	0.16%
店铺其他页		272	0.04%	17	0.22%	6.25%

图 8-6

8.2.2 品类数据分析

1. 分析品类数据

品类是指商品的类别，一个店铺可以经营多个品类的商品，而每个品类都可能随着市场的波动出现销售淡旺季，所以，在店铺数据分析中，需要分析品类数据，以更好地指导备货和规划营销方向。在生意参谋中，可以通过品类 360 板块找到店铺品类数据。如图 8-7 所示，在该店铺某月的销售金额中，滑板品类贡献最大，而玩具等品类销售金额为 0。

掌握每个月店铺销售的品类节奏，可以验证近期的营销策略是否成功、新品销售是否达到预期目标。

图 8-7

2. 分析单品数据

可以通过生意参谋的商品 360 功能分析全店每款单品的详细数据。如图 8-8 所示,在搜索框中输入店铺商品的标题、ID、URL(统一资源定位符)或货号即可查看单品详细数据。

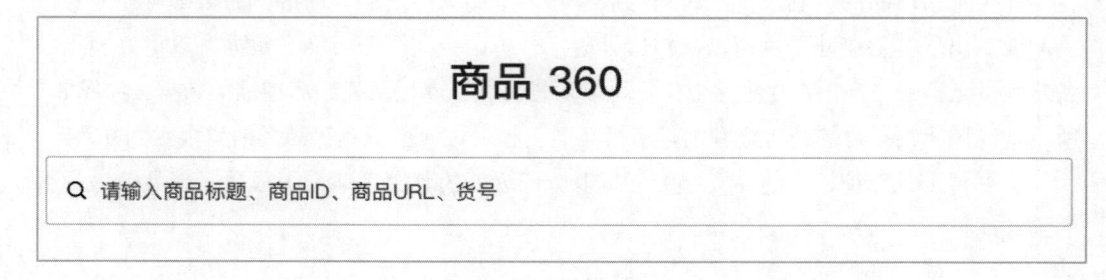

图 8-8

如图 8-9 所示,在"单品表现"栏目,可以看到单品营收、访客规模、转化效率、客户单价等数据。

图 8-9

如图 8-10 所示,在"销售分析"板块的"核心概况"栏目,能看到商品访客数、商品浏览量、平均停留时长、商品详情页跳出率、商品加购人数、商品加购件数等数据。点击数据指标,生意参谋能直接生成曲线图,便于运营人员分析指标变动趋势。在图中可看到,访客数在 1 月 21 日降到最低点,然后缓慢回升,即在除夕降到最低点,大年初一开始逐步恢复。找到此趋势后,在付费流量的引入上,可以在过年前降低预算,除夕过后逐步增大投放。

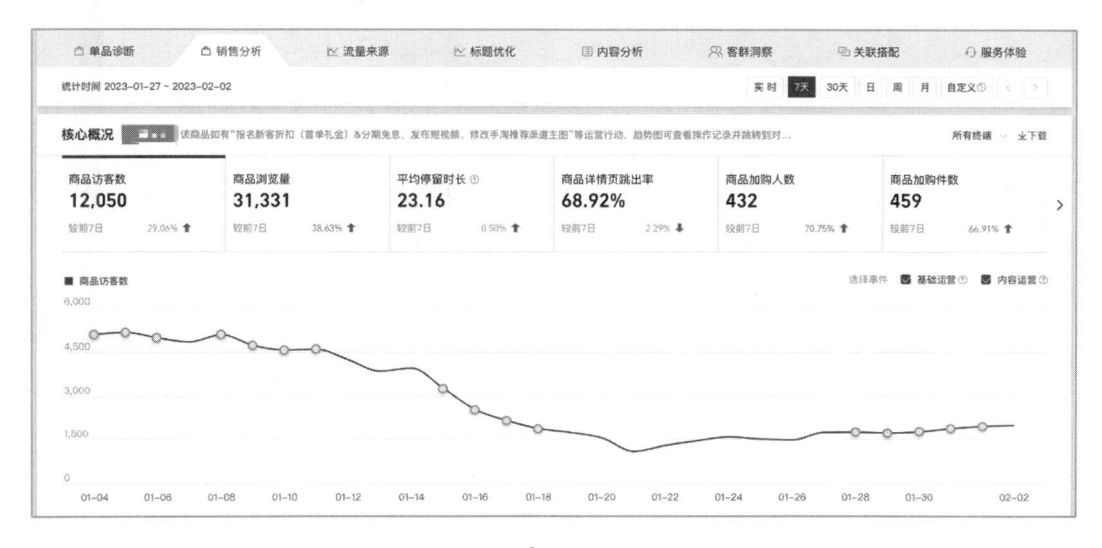

图 8-10

在"流量来源"分析板块，可以分析单品的流量来源。如图 8-11 所示，该单品访客来源前三名分别为直通车、万相台、手淘搜索。由此可见，该单品的流量以付费流量为主，而转化率前三名分别为手淘搜索、直通车、万相台，意味着免费的搜索渠道能带来更多有价值的客户，运营人员需要稳住并提升搜索流量占比，以提高单品转化效率。

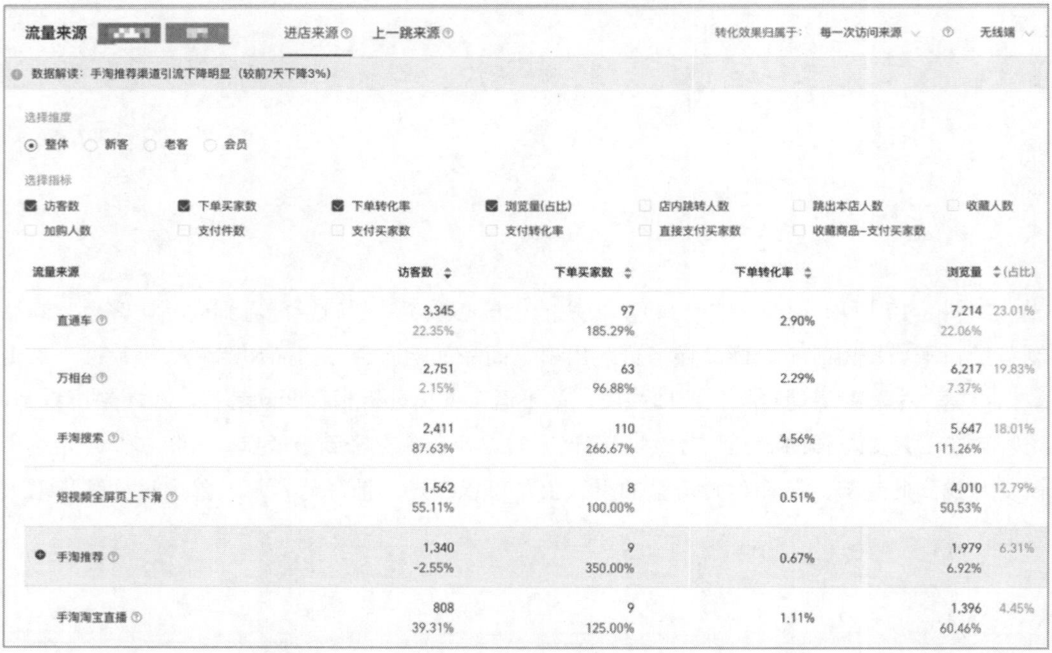

图 8-11

如图 8-12 所示，在"标题优化"板块，生意参谋能自动将商品标题拆分，拆到最末级的关键词，同时应用颜色来区分引流效果，便于运营人员找到引流效果差的词进行替换或删除。

如图 8-13 所示，在"内容分析"板块，可以直观看到单品在直播、短视频、图文中的表现情况，分析单品的内容表现力，便于运营人员决策是否增加直播、短视频、图文的投入。

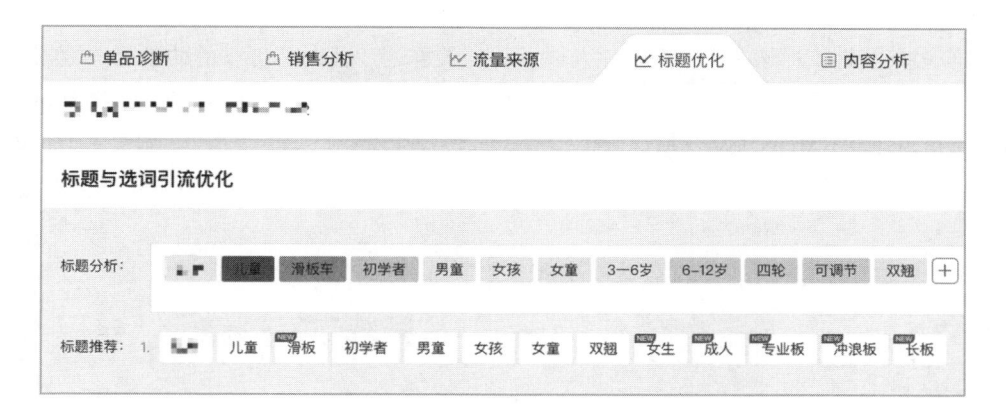

图 8-12

图 8-13

如图 8-14 所示，在"客群洞察"板块，可以直观看到单品的搜索人群、访问人群、支付人群数据，还可以看到客户的新老占比、预测年龄分布、预测性别占比、兴趣偏好（偏好度）等。在个性化推荐的淘系平台中，人群标签的精准度直接影响到转化效果。最精准的人群是单品支付人群，其次是搜索人群、访问人群。运营人员可以借助此处的数据，评判近期的引流人群是否精准，访问人群和支付人群越相似，流量效率越高。如果有差异，也可以依据支付人群的特征，反向制定访问人群的优化方向。

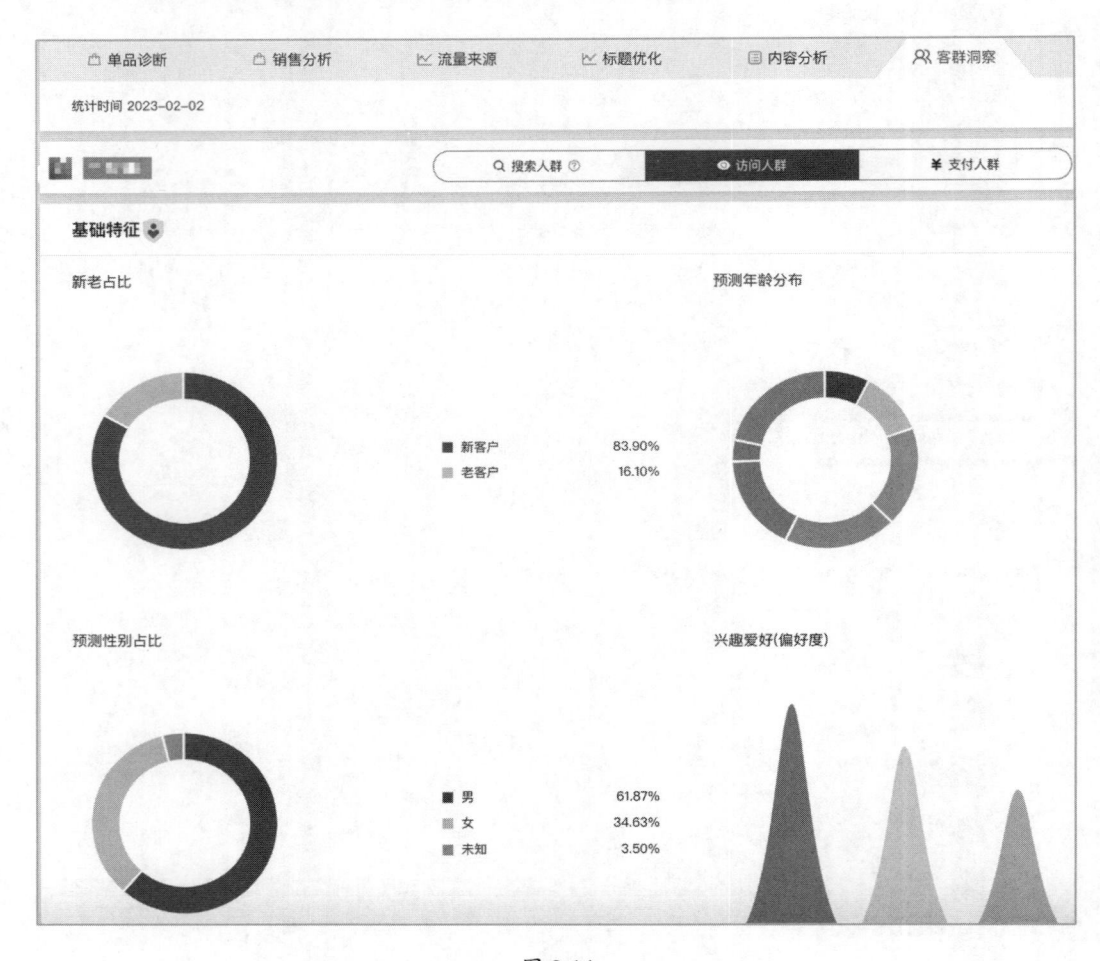

图 8-14

在"关联搭配"板块，如果设置了商品关联，即可分析关联商品的访客数和支付客户数，如果没有设置关联，可以参考系统给出的连带商品推荐，尝试进行单品连带设置，提升客单价，如图 8-15 所示。

图 8-15

如图 8-16 所示，在"服务体验"板块，能看到单品的评价、问大家、退款情况。运营人员可以由此评估单品的服务情况，有针对性地进行服务优化，打消客户顾虑。

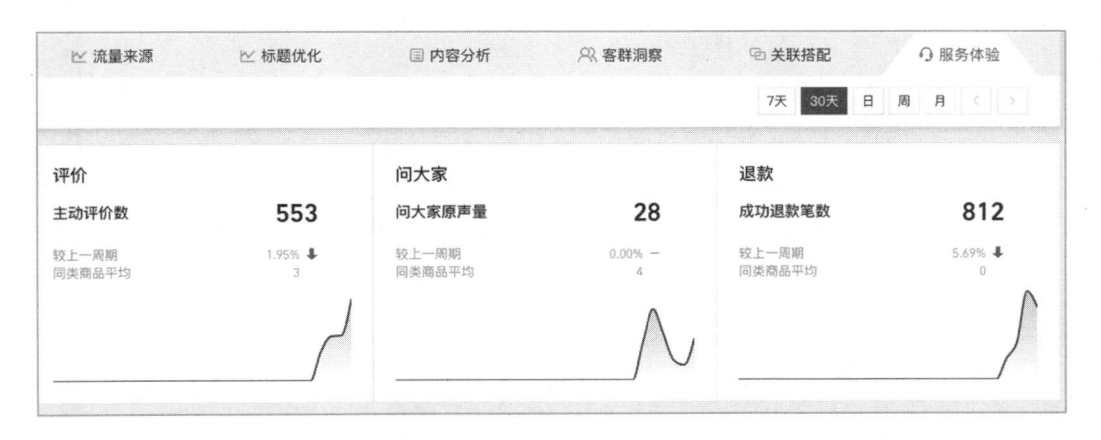

图 8-16

8.2.3 交易数据分析

对于交易数据，运营人员通常需要分析交易概况、交易构成数据。

如图 8-17 所示，在"交易构成"板块可以看到 PC 端和无线端的支付比例，绝大多数店铺的支付以无线端为主。

终端	支付金额	支付金额占比	支付商品数
PC端	12,083.40	0.42%	11
无线端	2,888,776.22	99.58%	19

终端构成解读：PC端和无线端都很给力，齐头并进，整体拉动全店支付金额上涨 191.11%，了解更多更细粒度数据，查看类目构成。

图 8-17

运营人员分析交易数据时，还需要分析价格带数据。如图 8-18 所示，该店铺主售价格段为 150～350 元，其次是 350 元以上。如果想要获取更多的客户，可以重点关注 40～150 元的价格带。

价格带构成

价格带	支付买家占比	支付买家数	支付金额	支付转化率
0-10元	5.38%	537	5.51	49.91%
20-40元	0.00%	0	0.00	0.00%
40-150元	5.05%	504	79,924.73	6.41%
150-350元	57.35%	5,725	1,241,773.07	2.63%
350元以上	42.45%	4,238	1,579,156.30	4.79%

图 8-18

8.2.4 内容数据分析

随着手机淘宝的多次改版调整，内容在手机淘宝中所占的比重逐步增加。图文、短视频、直播并驾齐驱，内容运营也成为店铺运营中不可缺少的环节。在做内容数据分析时，首先要了解内容概况，掌握内容的全局表现。

在生意参谋中，可以看到详细的短视频数据。如图 8-19 所示，在光合视频的"整体概况"板块中，可以看到光合视频整体的曝光、查看、互动、引流、种草成交等数据。

分析出全店自制内容的效果，有助于优化内容方向。分析完整体概况，还要分析单条短视频数据。在生意参谋后台能看到热门视频的内容方向，通过分析单条短视频的查看次数、商品点击次数、引导加购件数、种草成交金额，可以发现更受客户喜欢的视频，为短视频脚本创作提供方向。

行业榜单也是一个重点分析方向。通过查看热度榜、引流榜、种草榜，可以学习行业优秀案例，提升团队的视频制作能力，如图 8-20 所示。

图 8-19

图 8-20

8.2.5 服务数据分析

分析服务数据,可以评估客服人员的工作效率。在图 8-21 中,可以看到客户满意率 78.94%,较上月下跌 14.02%,需要抽查部分聊天记录,追踪数据下滑原因。

图 8-21

在"店铺绩效"页面中，不仅可以分析自有店铺数据，还能同步观察同行的平均数据和优秀数据。如图 8-22 所示，近 7 天全店访客数平均值为 27 786，超越了"同行同层均值"，下一阶段的目标可设定为超越"同行同层优秀"访客数。

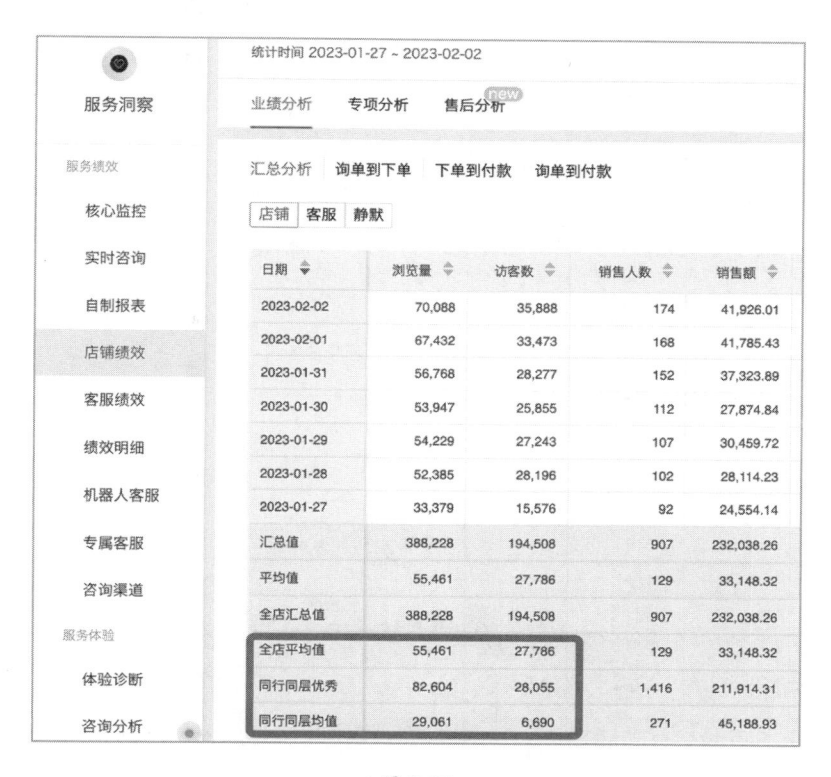

图 8-22

8.2.6 市场数据分析

分析市场的趋势有助于掌握销售趋势，在生意参谋的市场板块，运营人员常用的有市场大盘、市场排行、搜索分析、行业客群等数据。

1. 市场大盘

在市场板块，可以查看近三年的行业数据。

交易指数是指统计时间内，根据商品交易过程中的核心指标如订单数、客户数、支付件数、支付金额等，进行综合计算得出的数值，它不等同于交易金额，但是可以通过观察交易指数判断销售趋势。图 8-23 中的折线图展示的是某类目近一年的交易指数趋势。

我们还需要分析访问人气。访问人气是指根据统计周期内的访客数拟合出的指数类指标。访问人气越高，表示访客数越多。对访问人气进行分析，有助于运营人员制定全店引流节奏和销售节奏。

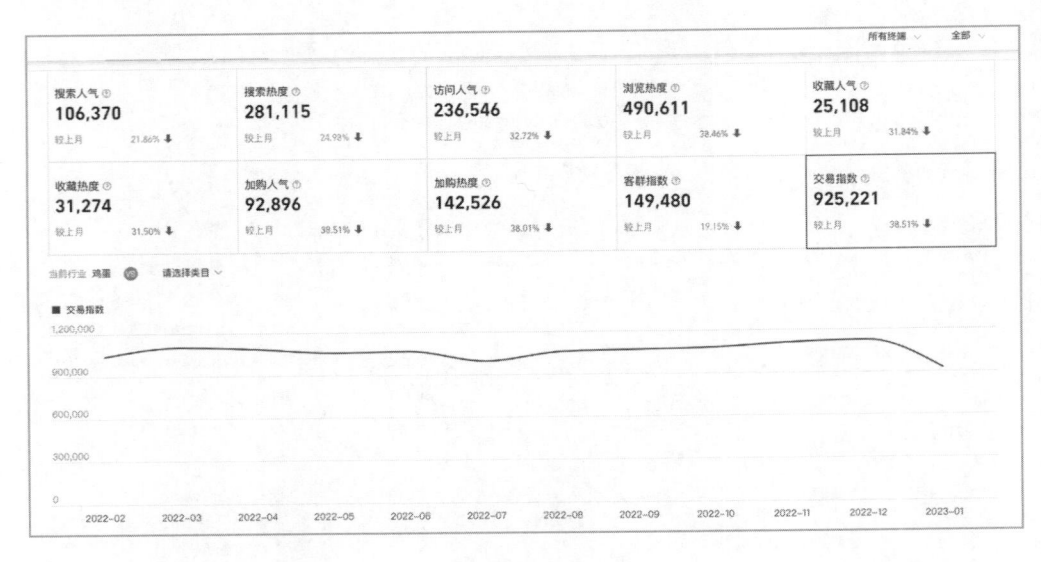

图 8-23

2. 市场排行

生意参谋的市场排行功能提供三种维度的分析，分别是店铺、商品、品牌，如图 8-24 所示。通过对市场排行数据的分析，可以迅速了解所选时间段的商品状态，通过对高交易商品榜的分析，能知晓哪些商品的售卖情况较好，可以为运营人员选择商品提供参考。通过对高流量商品进行分析，可以知晓哪些商品更易于获取流量，再结合竞品分析，确定该商品流量的具体来源，有助于运营人员发现优质引流渠道。通过对高意向榜单的分析，可以知晓客户近期有意向购买的商品，有助于运营人员分析商品表现力，为优化商品结构提供方向。

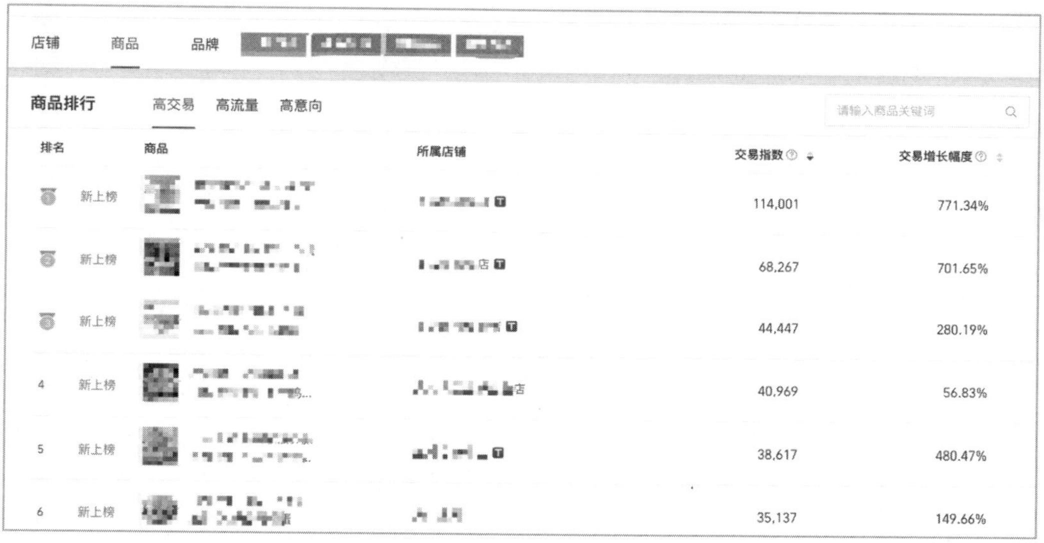

图 8-24

3. 搜索分析

在搜索分析板块，可以查询任意关键词的数据，为标题优化、商品选择、直通车推广选词提供依据。"概况"页面展现了各关键词近期的搜索人气、搜索热度、点击人气、点击热度、点击率、交易指数、支付转化率等数据，通过这 7 组数据的对比，即可选出更为合适的有竞争力的关键词。在"相关词分析"页面（见图 8-25），还能查看相关搜索词、关联品牌词、关联修饰词、关联热词的数据，帮助运营人员扩大选词面，改善引流效果。

4. 行业客群

行业客群分析主要用于分析单个行业的人群画像，了解该行业的人群特征，为店铺营销活动的设计、付费推广工具的人群定向、店铺标签的校准提供依据。如图 8-26 所示，在客群占比中，可以关注性别分析、年龄分析、职业分析、TOP 省份数据，观察店铺人群转化效果。

图 8-25

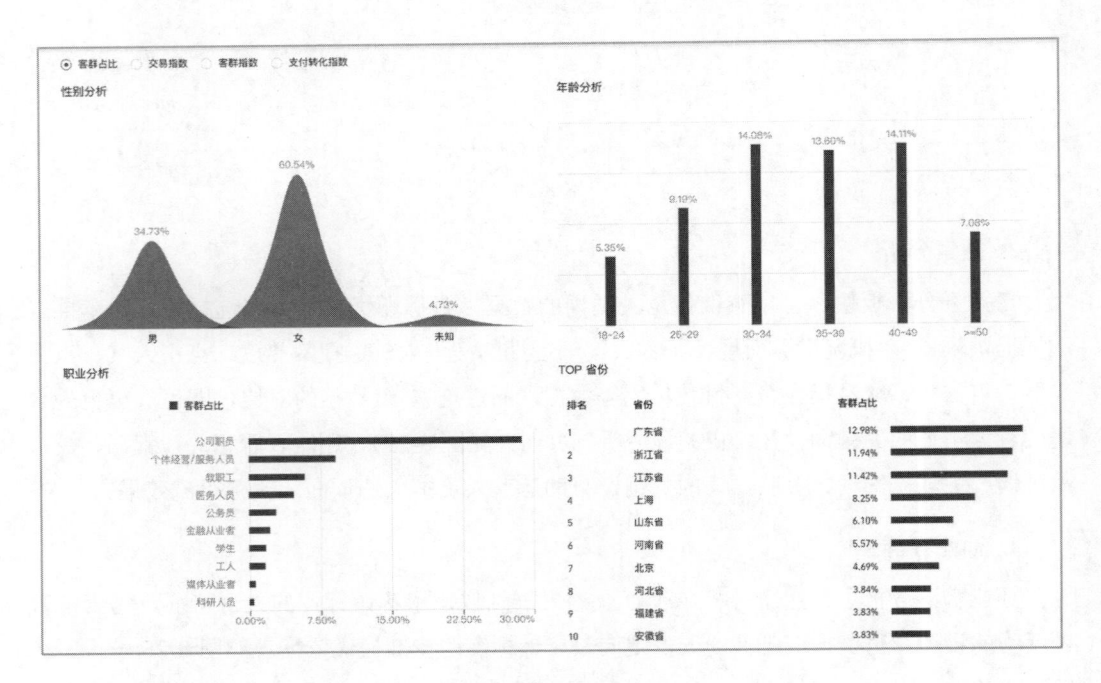

图 8-26

8.2.7 竞争数据分析

竞争数据分析是店铺经营中非常重要的能力，通过分析竞争对手，能快速进行自我调整，找到提升的方向。竞争分析分为竞店分析和竞品分析两个维度。

如果不会寻找竞争对手，可以通过竞店识别功能，找到高流量、高销量的店铺进行监控。选择好竞争店铺后，全面进行数据对比。

如图 8-27 所示，在进行销售分析时，可以同时对比本店和两家竞店的数据。通过数据对比发现三家店铺在交易指数、流量指数、搜索人气、收藏人气、加购人气等指标上的差异。

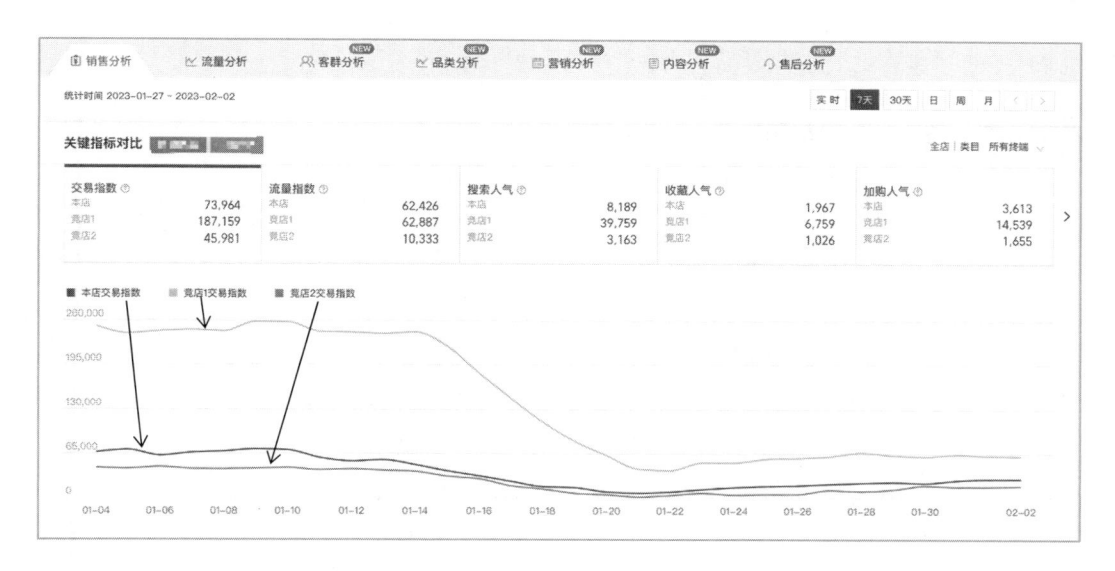

图 8-27

如图 8-28 所示，在进行流量分析时，可以对比三家店铺的流量差异，竞店 2 以付费流量为主，本店和竞店 1 则以淘内免费流量为主，而竞店 1 付费流量远高于本店，本店可以想办法增加付费流量，以获取更多客户。

竞品分析和竞店分析类似，主要对比本店商品和竞争商品的关键指标，通过关键指标能找到核心差异，制订超越竞品的计划。

流量来源	本店 流量指数	竞店1 流量指数	竞店2 流量指数	本店访客数
淘内免费	60,890	51,181	6,235	164,541
付费流量	11,948	35,525	7,900	9,633
自主访问	4,616	16,783	2,150	1,912
淘外网站	397	941	134	36
淘外媒体	321	243	0	26
淘外APP	0	0	0	0
其他来源	0	107	0	0
大促会场	0	0	0	0

图 8-28

8.2.8 活动数据分析

淘宝、天猫店铺在经营过程中，会参加非常多的活动，每场活动的数据对店铺经营都十分重要。分析活动数据非常方便，在生意参谋的"作战室"里，集合了活动的相关数据，全年活动信息都可以在"作战室"中找到。

活动的数据可分为预热期、活动期和复盘期三个维度，不是每场活动都有预热期，但都有活动期和复盘期。图 8-29 和图 8-30 所示分别是一场活动的活动期和复盘期的数据截图，可以看到，复盘期的数据更为全面地包括了新客户相关数据。

活动期核心指标 一键转化

注：指标为活动开始截至所选日期的累计效果。若指标非以"活动商品"前缀的，则都是以统计全店的效果。

支付金额	支付件数	客单价	支付买家数
1,204,323.21	5,744	288.18	4,179

访客数	支付转化率	活动商品支付金额	活动商品支付件数
247,885	1.69%	1,197,676.28	5,535

活动商品支付买家数	活动商品访客数	活动申请退款金额	
4,147	100,817	128,684.30	

图 8-29

第 8 章 数据运营 | 237

```
活动复盘核心指标  一键转化
注：指标为活动正式开始截至结束累计效果，若指标单以"活动商品"前缀的，别都是以统计全店的效果

支付金额 ⓘ          支付件数 ⓘ          客单价 ⓘ          支付买家数 ⓘ
1,204,323.21       5,744              288.18            4,179

访客数 ⓘ            支付转化率 ⓘ         活动商品支付金额 ⓘ   活动商品支付件数 ⓘ
247,885            1.69%              1,197,676.28      5,535

活动商品支付买家数 ⓘ  活动商品访客数 ⓘ      新买家支付金额 ⓘ    支付新买家数 ⓘ
4,147              100,817            982,024.66        3,600

支付父订单数 ⓘ       人均浏览量 ⓘ         活动退款成功金额 ⓘ
4,723              2.96               180,096.37
```

图 8-30

如果有预热期，则可以看到预热加购人数、预热加购件数、预热收藏人数等数据，如图 8-31 所示。通过对比预热加购数据，可以检验店铺蓄水期和预热期的策略是否有效。

```
预热期核心指标  一键转化
注：指标为活动预热开始截至所选日期的全店效果

预热加购人数        预热加购件数         预热收藏人数        预热收藏次数
1,459              1,950              375                402

预热访客数          加购转化率 ⓘ         收藏转化率 ⓘ
73,483             1.99%              0.51%
```

图 8-31

在进行活动详情分析时，还能观测到活动开始后每小时支付金额的柱状图，如图 8-32 所示。由此可以分析出活动每个阶段的爆发力度，从而评估全店的活动计划是否合理，为下一次活动的安排做参考。

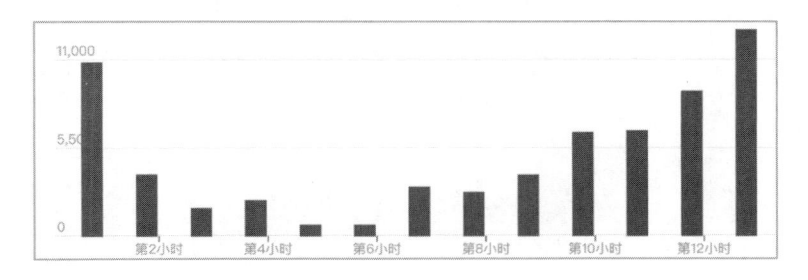

图 8-32

第 9 章
团队运营

电商公司要想提高自身的综合竞争力，扩大线上营销规模，减少经营成本，实现利润最大化，最有效的途径之一就是组建自己的电商团队！那么电商公司该如何组建团队，如何让电商团队发挥出自己应有的作用呢？这时需要一个有强大执行力的团队。本章将带大家一起了解电商团队从搭建到分工、绩效考核的必备知识。

9.1 电商团队组织架构

电商团队要想长久发展，并在日益激烈的竞争中站稳脚跟，就必须有一个能支撑团队长期发展的组织架构。

电商团队的架构一般分为四个层级：决策层、管理层、执行层及操作层。电商团队在工作执行中要力争做到"五带"，即：工作必带目标，目标必带计划，计划必带方案，方案必带检查，检查必带结果。

如图 9-1 所示，电商团队由决策层（如总经理）明确营销方向，制定框架并做出整体决策。管理层（如电商总监）整体负责团队管理、营销目标、资源分配。执行层负责计划制订、流程梳理等，并对结果担责。最后，由操作层员工进行具体操作。

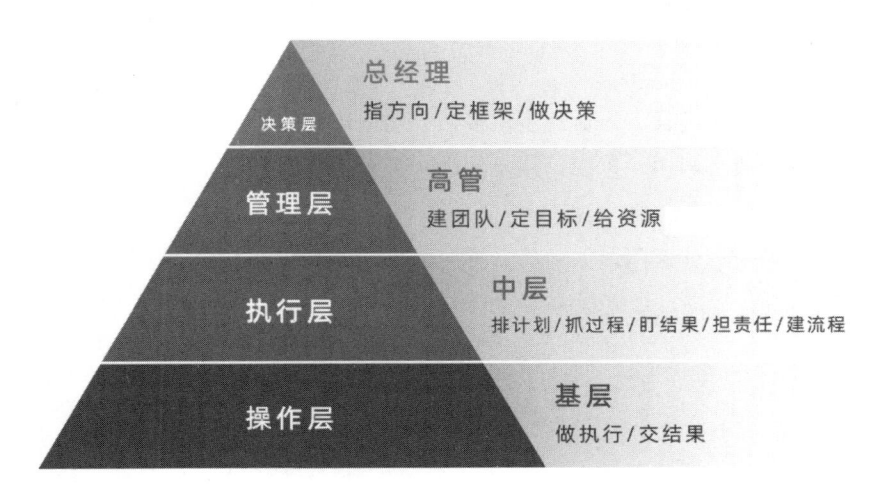

图 9-1

电商公司的组织架构根据公司规模和业务类型，大致分为三类。

1. 直线式组织架构

此类架构适用于规模比较小的初创型电商公司，从高管到基层垂直领导，因此被称为直线式组织架构，如图9-2所示。

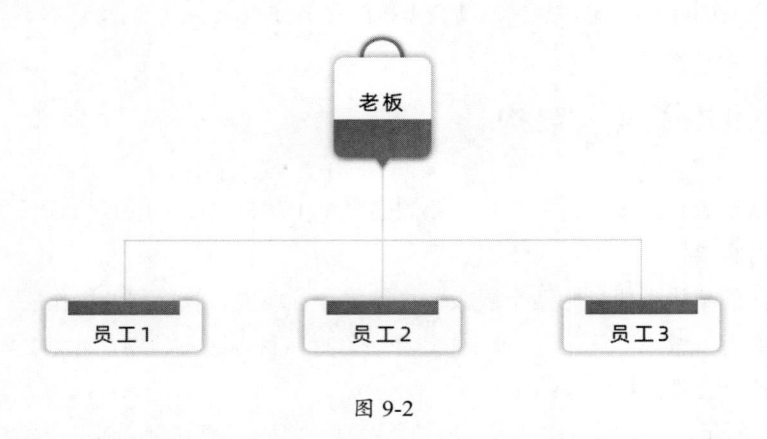

图 9-2

此类架构将所有的管理职能都集中到了老板一个人身上，老板的能力显得尤为重要，需要了解多种电商知识和技能（运营、采购、推广、财务等）。初创期的公司人员较少，此类架构基本能满足电商业务的需要。

2. 职能式组织架构

随着公司营销规模的增长，人员逐步增多，公司内部可以设立部门或小组，将同类型的岗位放在一个部门或小组内，以部门或小组为单位对老板进行汇报，此类架构称为职能式组织架构。

此类架构按职能来划分部门，如运营、推广、采购、财务、行政人事等部门，各部门皆由公司老板直接进行管理，由老板集中控制和统一指挥，如图9-3所示。

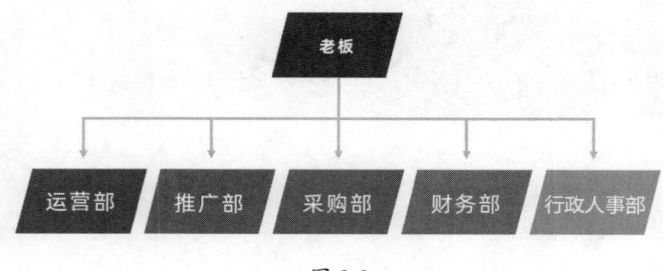

图 9-3

此类架构在电商行业中非常普遍，适用于中小规模、商品比较单一的公司，有利于提高员工的工作效率，降低管理成本，同时方便按部门进行考核。但此类架构也会导致各部门各自为政、部门间协作性差，也缺乏灵活性。

当公司的部门更多时，涉及事务也会更多，而各部门都需要向老板进行工作汇报，这时老板的压力就会很大。所以，当产品线增多或目标市场的范围增大时，还有一种组织架构可能会用到，就是矩阵式组织架构。

3. 矩阵式组织架构

矩阵式组织架构，是在把直线式组织架构按职能重新划分的基础上，又增添了一个横向系统，一般按商品或项目分类，如图9-4所示。

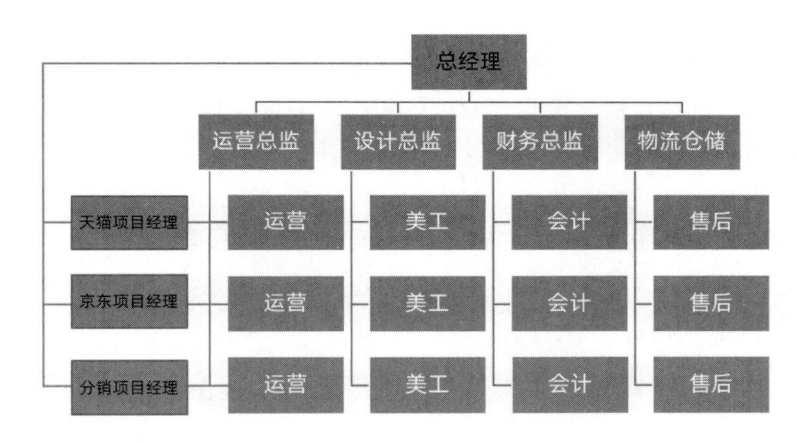

图 9-4

此类组织架构下，财务人员要有较强的财务核算和财务管理能力。由于有部门经理分管各项事务，总经理可以从繁重的工作中解脱出来，其压力就会减小。此类组织架构比较适用于商品品类多、营销方式复杂、合伙形式多样的大中型公司。

在实践中，电商组织架构的安排涉及公司规模、商品种类、营销方向、公司管理、经费配置等方方面面，需参考上面三种架构，结合自己的实际需求，合理设计最适合自己的组织架构。

9.2 电商岗位分工协同

有了合理的电商组织架构,也需要有合理的岗位配置及分工协同,才能使架构发挥更大的作用。通过明确各层级员工的本职工作内容,可以提升个人执行及组织协同效率,为管理层的指挥决策保驾护航。

9.2.1 电商岗位配置

在当前新媒体营销盛行的背景下,网店团队的形式大致分为三类:电商平台网店团队、内容电商团队、综合型网店团队。

1. 电商平台网店团队

电商平台网店团队是指纯网店经营模式下的团队,是依托天猫、淘宝等中心化电商平台开设店铺进行商品销售的网店团队。团队配置有店长/运营、美工、推广、客服、仓储等岗位,如图9-5所示。

这是最基本的电商团队形式,在店铺处于初创期时,为了降低人员成本,团队甚至可以精简至运营、美工、客服三个岗位,此时老板也是员工,承担其擅长的职能,而其他的工作职能也会相应叠加在几个人身上。

电商平台网店团队 → 店长/运营、美工、推广、客服、仓储

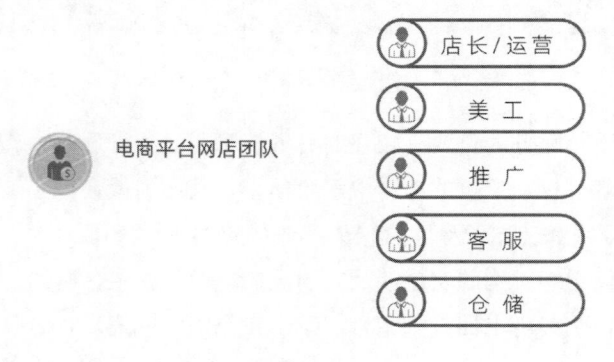

图 9-5

2. 内容电商团队

随着智能手机与5G网络的发展和软硬件技术的成熟,短视频营销、直播营销等已成为

电商最重要的营销形式，在抖音、快手、小红书等内容平台中呈现出百花齐放的状态，网络营销也从传统的网店销售走入了短视频、直播带货的时代。在这种形势下，很有必要建立内容电商团队。

内容电商团队分为直播电商团队和短视频电商团队，如图9-6所示。有些店铺中也存在两种团队的结合形式。

```
内容电商团队

直播电商团队          短视频电商团队
  主 播                 主 演
  策 划                 策 划
  场控/运营/推广         摄 影
  助理/副播              美 工
  招 商                 运营/推广
```

图 9-6

1）直播电商团队

直播电商团队主要在直播间进行直播营销，包括店铺直播与达人主播两种形式。店铺直播团队以主播为中心，达人主播团队以达人为中心，达人可以是临时聘请的人员。

2）短视频电商团队

短视频电商团队通过短视频进行商品"种草"及商品营销，配置有主演、策划、摄影、美工等人员。需要注意的是，因为短视频"种草"性强、转化率低的特性，以电商营销为目的的短视频电商团队一般不会长期单独存在，在有了一定基数的粉丝后，需要配合直播电商团队进行更好的营销变现。

3. 综合型网店团队

如果想要扩大网络营销的规模，同时增加市场营销的体量，增强品牌自身影响力，以上较为单一的团队形式就不适用了，这时需要一个综合型网店团队。

综合型网店团队是网店经营和内容运营全渠道布局的电商团队，其配置如图9-7所示。

综合型网店团队

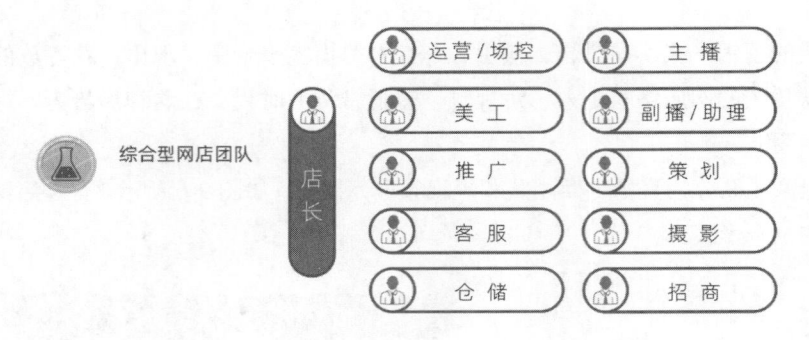

店长
- 运营/场控
- 美工
- 推广
- 客服
- 仓储
- 主播
- 副播/助理
- 策划
- 摄影
- 招商

图 9-7

电商岗位的配置还因公司规模大小不同、电商营销性质差异而不同，各部门安排的人数也会有所差别，商家可以根据公司实际情况进行对应安排。初创型或小型公司中常常是一人多职，而大中型公司中则有职能分明的团队。

9.2.2 岗位分工职责

在了解了电商岗位的组织架构及人员配置后，我们再来具体了解各岗位的分工职责。

1. 店长

店长负责店铺整体的运营管理，协调各项资源配置，制订店铺全年、季度、月度营销计划和各部门工作规范，并协调各部门推进执行，完成营销目标。

店长需要对全店业绩负责。

2. 运营

规模较大的电商公司会设置运营部，并设立运营总监、运营专员等岗位。一般运营总监有一名，运营专员可以是一至多名，其岗位职责如下。

1) 运营总监

（1）负责网络营销工程总筹划、战略方向规划、商业全流程的规划和监视控制，负责部门绩效目标达成。

（2）负责网站的筹划指导和监视执行。

（3）负责网站商品文案、品牌文案、资讯内容、专题内容等的撰写指导。

（4）负责网站推广策略的制定，负责策略的执行指导和监视管理。

（5）负责本部门的筹划、建立，员工的招聘、考核、管理。

2）运营专员

（1）负责网站的数据分析和运营提升。

（2）负责搜索竞价平台的管理。

（3）协助部门经理建立网络营销的流程体系。

（4）负责公司网站规划的落地执行。

（5）协助部门经理筹划建立部门管理体系，协助进行员工招聘、考核、管理。

3. 视觉设计

视觉设计人员负责设计制作主图、海报、详情页、首页、活动页等，负责全店视觉装修，延伸工作包含摄影、摄像、视频剪辑等。

规模较大的电商公司会设立视觉部，并设立视觉总监/经理、美工等岗位。

1）视觉总监/经理

（1）负责电子商务整体形象的创意设计，把握店铺的整体风格和视觉呈现，全面提升公司电子商务网站的整体视觉效果。

（2）全面负责公司创意设计的评判和指导工作，配合公司整体的营销策略以达到预期的市场效果。

（3）熟悉新商品开发，能根据市场流行趋势和客户需求、商品结构、用料工艺等提出设计方案，并能够根据设计方案和设计构想，完成商品创意设计工作。

（4）加强设计团队专业能力的提升，确保公司年度视觉设计目标的实现。

2）美工

（1）负责公司网站的设计和前台制作。

（2）负责网站的图片制作工作。

（3）负责直播间、短视频在运营过程中的美工设计。

（4）对网站客户的视觉体验负责。

4. 推广

推广人员要通过掌握平台的多种推广手段，进行站内、站外多渠道推广引流，以实现商品销售转化。

规模较大的电商公司会设立推广部，并设立推广总监/经理、推广专员等岗位，来执行公司较为复杂的推广计划。

1）推广总监/经理

（1）配合公司的整体经营战略，制定品牌提升的市场策略。

（2）年度、季度、月度、阶段性活动方案及媒体推广方案的策划及组织落实。

（3）打造及推广公司自媒体，提升粉丝数量及活跃度。

（4）活动推广、媒体传播渠道的建立与维护，以及实施效果管控。

2）推广专员

（1）负责传播文案、创意文案、软文、新闻的撰写和发布。

（2）负责论坛事件营销的创意和执行。

（3）负责媒介公关和广告投放的执行和监测。

（4）负责各种网络推广形式的规划和执行。

5. 主播

主播负责开展直播，介绍商品及利益点，跟客户互动，对客户进行引导。并与策划、推广、美工、客服等岗位人员配合，优化直播，以实现商品销售。

6. 副播

副播协助主播开展直播，与客户互动并进行引导，负责直播间琐事的处理，在各大平台发布直播预告，并参与策划直播的内容。

7. 场控

场控人员负责场地的软硬件环境搭建，配合直播间互动，当直播过程中出现差错、事故时还负责直播间"救火"工作。

8. 策划

策划人员对接其他部门或岗位人员，负责商品选择、促销活动策划，负责各种内容的策划、制作与分发。

9. 摄影/摄像

摄影/摄像人员根据脚本进行场景选择、打光布置，进行商品照片、短视频内容的拍摄、后期剪辑、合成制作等工作，延伸工作包含拍摄构思、脚本创意、摄影棚及摄影器材的管理维护。

10. 客服

客服人员负责客户接待，处理商品的售前售后问题，收集客户意见和建议，并维护店铺评价。

11. 仓储

仓储人员对商品进行库存管理，按照规范处理货物的入库、摆放、打包，与快递公司对接，根据订单情况发货，处理退换的商品。

12. 招商

招商人员挖掘优质主播及分销商，进行商品品类规划，并根据商品的生命周期或季节性给予可行性改进方案，负责招商洽谈，对不同的主播及分销商品数据进行跟踪研究和优化。

9.2.3 团队协同配合

在明确了电商团队岗位配置及分工职责后，还要进行团队建设，不仅强调个人的工作成果，更强调团队的整体业绩。

电商营销中的很多环节有相互依存、层层递进的关系，如图 9-8 所示，"前线作战部队"进行的店铺运营、活动策划及推广投放活动，需要"运营保障部队"中的运营、美工、客服人员给予良好的配合，同时"后勤支持部队"要能及时发货，及时处理退货等。其中一个环节"掉链子"，就会影响整个电商团队的工作效果、营销效率。

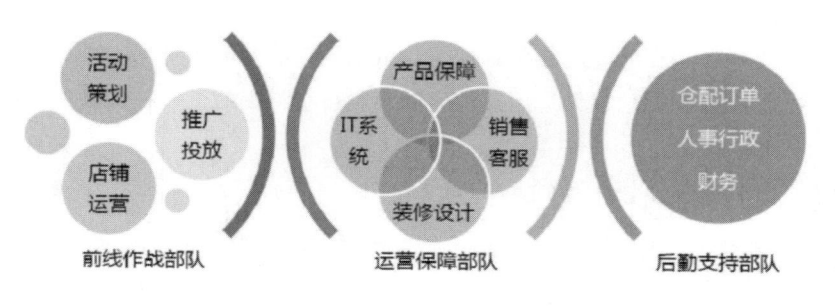

图 9-8

9.3 电商团队绩效考核

电商团队的绩效考核，是在既定的战略目标下，运用适用于此岗位的标准和指标，对员工过去的工作及成果进行评估，并借助评估结果对员工的工作进行正面引导。

电商公司每月都会制定运营目标，为了更好地完成目标，需要把目标分阶段分解到各部门，再由各部门派发至每一位员工身上。也就是说，要保证每个人都有任务。绩效考核就是对员工完成目标情况的跟踪、记录、考评。

有了绩效考核，就会形成公司管理的约束力，可以防止员工"偷懒"。同时考核结果可以作为员工评薪定级的依据。

9.3.1 合理的薪酬体系

合理的薪酬体系能客观公正地反映员工的工作业绩、工作能力及工作态度，促使员工不断提高工作效率和自身能力，提升公司的整体运行效率和经济效益。

工作业绩主要表现在月销售额和对上级安排的工作的完成情况等方面。

工作能力要根据本人实际完成的工作成果，及各方面的综合因素来评价。

工作态度可以从积极性、主动性、责任感、信息反馈的及时性、对公司的忠诚度等角度来评价。

9.3.2 绩效考核制度

绩效考核是指公司在既定的战略目标下，运用特定的标准和指标，对员工的工作行为及取得的工作业绩进行评估，并运用评估的结果对员工将来的工作行为和工作业绩产生正面引导的过程和方法。

考核形式分为两种，分别为 KPI 和 OKR。

1. KPI

KPI（Key Performance Indicator，关键绩效指标）是通过对组织内部流程的输入端、输出端的关键参数进行设置、取样、计算、分析，衡量流程绩效的一种目标式量化管理指标，是把公司的战略目标分解为可操作的工作目标的工具，也是公司绩效管理的基础。

建立明确且切实可行的 KPI 体系，是做好绩效管理的关键。

2. OKR

OKR（Objectives and Key Results，目标与关键成果）是一套定义和跟踪重点目标及其完成情况的管理工具，主要作用是明确公司和团队的目标，以及明确每个目标达成的可衡量的关键结果。

3. OKR 与 KPI 的区别

（1）KPI 很多时候只是做到了"考核"这一步，并不是完整的绩效管理体系。而 OKR 是先制定目标，再对目标进行量化分解，最后考核完成情况。

（2）OKR 实行的前提是员工具有主观能动性、创造性，并且具有较高的职业道德素养和突出的专业技术能力。OKR 体系下的目标，是由个人提出然后由组织确定的，这与常规的 KPI 自上而下的方式不同。

第 10 章

平台规则

无规则不成方圆，电商平台也有相应的规则体系，只有深刻了解了这些规则，商家才能更好地生存与发展。

电商平台的规则细分起来可能有几百条，但主要可以分为平台规则、交易规则两方面。本章将围绕这两方面，以淘宝平台为例为大家进行重点讲解。

10.1 电商平台规则

10.1.1 淘宝规则获取途径

手机端：打开手机淘宝，登录商家账户，点击"我的淘宝"按钮找到"官方客服"板块，点击进入聊天窗口后输入"淘宝规则"即可查看。

PC端：打开淘宝主页，登录商家账户，点击右上角的"商家中心"按钮，进入商家中心页后，在左上角点击"更多"选项卡，把鼠标移动到下拉列表位置，即可看到"规则中心"按钮，点击可查看相关的规则。

10.1.2 开店规则

注册成为淘宝商家之前，需要阅读商家注册规则。

1. 注册流程

进入淘宝主页后，单击首页的"免费注册"按钮，进入注册页面，根据提示填写基本信息，包括会员名、密码、邮箱等信息。其中带星号的为必填项目。阅读页面下方的服务协议，若无异议，请单击按钮同意服务条款并提交注册信息。

2. 会员名要求

淘宝会员名一经注册就不能更改。会员名由 5～20 个字符（包括小写字母、数字、下画线、中文）组成，一个汉字相当于两个字符。

如想注销会员名，那么该会员名必须无任何交易行为（如出价、购买、出售、投诉、评价等）。

如果被注册的会员名无交易记录，并且超过一年的时间无登录行为，淘宝有权收回该会员名。

3. 密码的设置

密码由 6~16 个字符组成。单独使用英文字母、数字或符号作为密码的安全性很低。为保证安全，可使用英文字母、数字、符号的组合密码。

4. 电子邮件的填写

请输入常用的电子邮件地址，淘宝会向这个邮箱发送确认邮件和所有的交易邮件。淘宝会员的邮箱地址具有唯一性，所以注册时输入的邮箱地址必须是之前未注册过淘宝的。

10.1.3 支付宝与淘宝账户绑定规则

支付宝账户和淘宝账户只能进行一对一的绑定。淘宝账户若绑定了认证过的支付宝账户，则意味着其淘宝账户通过了支付宝认证。

一个身份证可以对多个支付宝账户进行认证，但是只能选择其中一个与淘宝账户进行绑定。如果由某身份证认证过的支付宝账户已经绑定了淘宝某账户，那么其余由该相同身份证认证的支付宝账户将不能与任何淘宝账户成功绑定。

10.1.4 商品发布管理规则

淘宝制定的商品发布管理规则及判定规则如下。

1. 禁止和限制交易物品发布管理规则

禁止发布的物品：毒品、发票、股票、债券、证券、彩票、政府文件、伪造品、黄色淫秽物品，含有反动、种族或者宗教等法律禁止内容的出版物、文件、资料等。非法所得之物，易燃、易爆、有毒、有腐蚀性的化学物品，管制刀具，香烟等烟草制品。任何侵犯他人知识产权的物品。药品、医疗器材、E-mail 地址、未注册的磁带或者光盘、共享软件。

限制发布的物品：文物、动物、植物、外币、地铁票、酒精饮料、集邮票品。

2. 重复铺货商品发布管理规则

同款商品不允许不同颜色、不同大小规格、附带不同的附赠品的分别发布。同款商品通过更改价格、时间、数量、组合方式及发布形式进行多次发布时，属于重复铺货。

3. 商品价格或邮费不符的商品发布管理规则

商品价格或邮费不符主要包括两种形式：一是商品的价格或邮费违背市场规律和所属行业标准，二是商品的价格和描述价格严重不符。这两种商品要修改价格或邮费后发布。

4. 广告商品判定规则

对于商品描述不详、无实际商品、仅提供发布者联系方式的商品（住宅类除外），淘宝均将其判定为广告商品。

5. 乱用关键词商品判定规则

商家在商品名称中乱用品牌名称或与本商品无关的字眼的，淘宝会判定相关商品为乱用关键词商品。

6. 放错类目商品判定规则

商品属性与所选择的类目不一致，或商品错误放置在淘宝推荐的类目下的，淘宝判定其为放错类目商品。

7. 处罚规则

一个自然季度内，违反商品发布管理规则的商品累计满 30 件时，将会被处罚限制交易一周，满 60 件时会被限制交易一个月，同时其店铺被关闭，所有未出价商品下架。

10.1.5 网店名及其他信息规则

1. 网店起名规则

（1）别具一格，独具特色。自己的小店在名字上体现出一种独立的品位和风格，能吸引浏览者的注意。

（2）简洁通俗、朗朗上口。店名要简洁明了，通俗易懂，如果用生僻字，就不容易为浏览者所熟记。

（3）用一些符合正常审美观的名字。不要剑走偏锋，为引人注意而使用一些低俗、惹人反感的名字。

2. 其他信息规则

（1）商品名称中尽量添加更多能被搜索到的关键词。

（2）商品的品牌、产地一个都不能少。把商品的品牌、产地罗列出来，不但会提高商品被搜索到的概率，还会提高商品的基本信用，让客户感觉很规范。

（3）少采用稀有的关键词，多用易记的普通文字。

（4）店名要与自己的经营商品相关。如果名字与商品无关，很可能导致浏览者的反感。

（5）个人认证的网店名称不得包含让客户混淆的词汇，包括但不限于"特许经营、特约经销、总经销、总代理、官方、代理、加盟、授权、直营"等（企业认证网店也不能使用）。

10.2 电商交易规则

10.2.1 虚假交易

虚假交易指通过虚构或隐瞒交易事实、规避或恶意利用信用记录规则等不正当方式，获取商品销量、店铺评分、信用积分、商品评论或成交金额等不当利益的行为。虚假交易行为处罚分为两类：一般违规行为（A类），严重违规行为（B类）。

10.2.1.1 违规扣分与违规处理措施

（1）情节轻微的，采取违规行为纠正措施。

（2）情节一般的，每次扣A类12分。

（3）情节较严重的，每次扣A类48分。

（4）情节严重的，每次扣B类48分。

客户如协助商家进行虚假交易，淘宝视情节严重程度可采取销量不累计、屏蔽评论内容、评分不累计、限制客户行为等措施。

10.2.1.2 常见的虚假交易方式

1. 发布无实质交易内容的商品

（1）发布纯信息，比如减肥秘方、赚钱方法、会员招募、商品知识介绍、购物体验等。

（2）发布免费获取或价格奇低的商品，比如无偿从发行方获得的优惠券或资格券、免费商品，1 元以下虚拟类商品和服务类商品等。

（3）在搭配套餐等打包销售形式的商品描述中，明确表示仅部分商品会发货。

2. 采用以下形式进行虚假交易

（1）将一件商品拆分为多种不同形式或在不同页面发布。

（2）将赠品打包出售或利用赠品提升信誉等。

（3）使用虚假的发货单号或一个单号重复多次使用。

（4）以直接或间接的方式，变更商品页面信息或大幅度修改商品价格。

（5）其他进行虚假交易的形式。

10.2.2 七天无理由退货

七天无理由退货，指客户在签收商品之日起七天内，对支持七天无理由退货并符合完好标准的商品，可发起七天无理由退货申请。

客户退回的商品应当完好。赠品遗失或破损、发票遗失不影响商品退货，赠品破损或遗失做折价处理，发票遗失由客户承担相应税款。

如客户存在滥用七天无理由退货行为，则所有运费均由客户承担。

10.2.3 违背承诺问题

违背承诺指商家未按约定或淘宝规定向客户提供服务，妨害客户权益的行为。违规扣分与违规处理措施如下。

（1）商家违背发货承诺，情节一般的，向客户赔付一定的金额；情节严重的，会面临下架商品、删除商品等处罚。

（2）商家违背交易方式、服务承诺的，由平台每次扣 4 分。

（3）商家违背特殊承诺的，由平台每次扣 6 分。

有延迟发货、虚假发货等违背承诺的行为的，需向客户支付该商品实际成交金额的 10% 作为违约金，且赔付金额最高不超过 100 元，最低不少于 5 元。

10.2.4 发票问题

客户在天猫平台、淘宝平台上购买商品时,有权向商家索取相关购货凭证,如发票、服务单据等。保税进口商品按海关监管规章进行管理,无法开具发票,商家可提供其他相关购货凭证。

1. 退货退款时发票处理原则

若之前商家向客户提供了发票,而交易最终退货退款,客户需将发票一并退回。客户未退回发票的,若由客户个人原因导致退货退款,视同原发票丢失,客户需根据实际情况承担因原发票丢失导致的税费款损失(如有)。若非客户个人原因导致退货退款的,由双方自行协商处理。

2. 发票争议举证

若客户对收到的发票有疑问(如客户称发票存在开错等情形),请客户提供相关凭证证明该问题,例如阿里旺旺聊天记录或照片等。若能证明商家所寄发票存在开错等情形,客户可视实际情况,要求商家补寄或更换发票进行补救。

3. 发票的运费争议

交易中的运费争议,根据"谁犯错,谁承担"的原则处理,但买卖双方协商一致的除外。

双方若因其他发票问题发生纠纷,可申请平台介入,平台会根据实际情况判定责任。

附录 A 全域运营

如今，用户时间碎片化现象加剧，流量分散是很多商家面临的问题，全域运营概念应运而生。限于篇幅，下面只对全域运营相关平台做简单介绍。

抖音

平台介绍

2016年抖音APP正式上线，这是一个面向全年龄段用户的短视频社区平台。一开始的抖音以纯娱乐为主，随着"手指舞""海草舞"等热点的兴起与传播，抖音注册用户量不断上升。在抖音"记录美好生活"，达人们创作着专业领域的内容，普通用户们分享着各自的生活点滴，无数的网友趣评不断创造着流量神话。

用户画像

抖音的男女用户占比相对均衡，男性用户52%，女性用户48%。与快手相比，抖音用户更城市化一些，二三线城市用户占抖音用户的56%。

达人合作

抖音官方合作平台叫星图，有达人合作需求的商家、品牌方可登录星图官方网站筛选合适的达人进行合作。达人合作的形式一般为三种：视频挂小黄车购物链接、口播品牌宣传、直播带货。

企业号

企业主体一般会注册"蓝 V"认证的企业号，企业号与达人号的不同之处在于，企业号更便于进行营销性视频内容的发布，其账号主页会有视频置顶、主页外链、私信自定义回复、POI（Point Of Interest，兴趣点）地址认领等更多功能，以便企业引流转化。

如图A-1所示，登录抖音APP，在"我"→"创作者服务中心"中，点击"全部"按钮，然后在"我的服务"中选择"企业号开通"，即可进入企业号申请页面。根据页面提示，完成上传营业执照、企业身份验证、付费资质审核等步骤，等待平台审核即可。

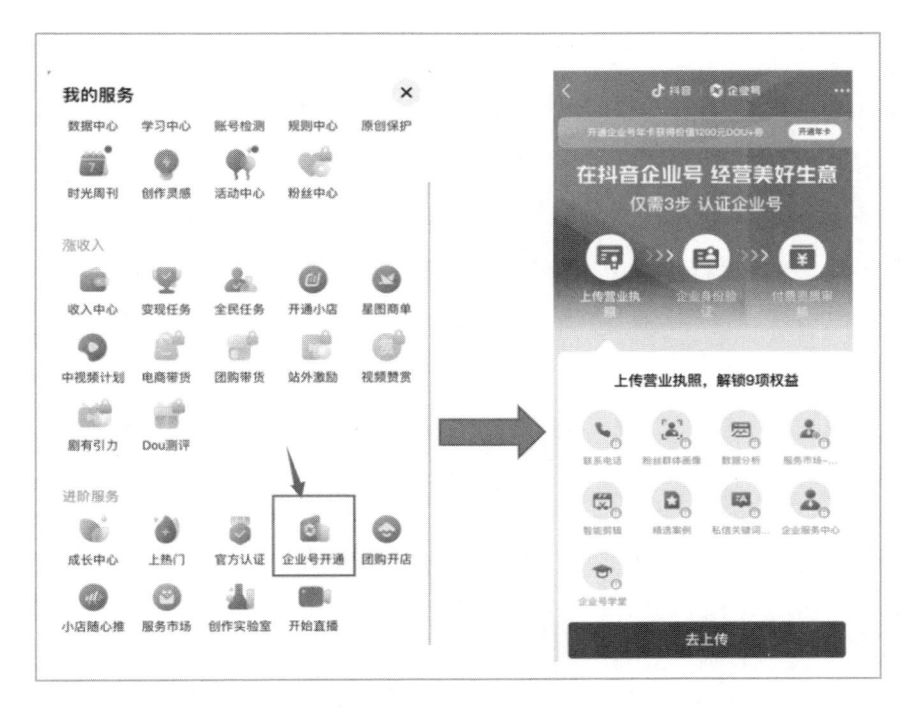

图 A-1

抖音企业号的运营，有三大内容方向：

剧情类：通过剧情的演绎传递品牌影响力。

技巧类：分享某一领域的技巧，如服饰类的商家分享穿搭技能。

知识类：传播对应领域的知识，如"丁香医生"。

小红书

平台介绍

小红书从社区起家，用户喜欢在社区里分享生活各领域的经验，除了美妆、个人护理，还涉及运动、旅游、家居、酒店、餐馆等，触及了消费经验和生活方式的方方面面。小红书目前月活跃用户超过 2.6 亿名，有几百万条笔记分享吃、穿、玩、乐、买的生活，是名副其实的"带货种草"基地。

用户画像

小红书的用户相对小众一些，以一二线城市的女性用户为主，男女用户比例达到了 3∶7，用户核心年龄段是 24～35 岁。

达人合作

小红书的官方达人合作平台叫"小红书蒲公英"，登录其官方网站可筛选合适的达人进行合作。

企业号

小红书也有自己的"蓝 V"企业号，认证企业号的用户享有开设店铺、商业投流（投流是投放流量的简称，意为通过付费获取流量）等功能，商业投流可以更方便地为店铺引流。

如图 A-2 所示，打开小红书手机 APP，按照以下顺序点击进入企业号认证页面："我"→左上角三条线符号→"设置"→"账号与安全"→"身份认证"→"企业认证"。

图 A-2

若无小红书账号，首先要先注册一个小红书普通账号，然后为其进行企业号认证。认证通过后，该账号将变为企业号身份。为避免误将私人账号认证成企业号，建议注册一个全新的小红书账号用于企业号认证。

进入企业认证页面，填写相关资料后，用支付宝扫码完成认证费用支付。认证成功的企业号一年内有效，企业号需参加年审，若认证审核失败，审核费用不予退还。

快手

平台介绍

在快手平台，用户可以用照片和短视频记录自己的生活点滴，也可以通过直播与粉丝实时互动。快手的内容覆盖生活的方方面面，用户遍布全国各地。在这里，人们能找到自己喜欢的内容，找到自己感兴趣的人，看到更真实有趣的世界，也可以让世界发现真实有趣的自己。

用户画像

快手拥有超过 5 亿名活跃用户，快手的用户群体中，超过 3/4 的用户为"85 后"。

达人合作

快手的商业化营销服务平台为"磁力引擎"，旗下拥有磁力聚星、磁力金牛、信息流广告等一系列商业服务工具和平台，助力品牌打造快手营销新主场。

企业号

快手企业号拥有线下门店展示、商品展示、品牌话题展示、服务预约等功能，可帮助企业高效引流。

如图 A-3 所示，打开快手 APP，点击屏幕右下角的"我"→"账号与安全"→"加 V 认证"→"企业认证"，在跳出的页面中点击"免费开通"按钮，填写并上传相关资料，然后等待审核即可。

图 A-3

除了抖音、小红书、快手这三大主流平台，B 站（哔哩哔哩）、微博、知乎也是很好的站外引流渠道。